문화코드
브랜드
디자인
방법론

문화코드 브랜드디자인 방법론

발행일   2018년 8월 8일

지은이   최 인 영
펴낸이   손 형 국
펴낸곳   (주)북랩
편집인   선일영   편집   오경진, 권혁신, 최예은, 최승헌, 김경무
디자인   이현수, 김민하, 한수희, 김윤주, 허지혜   제작   박기성, 황동현, 구성우, 정성배
마케팅   김회란, 박진관, 조하라
출판등록 2004. 12. 1(제2012-000051호)
주소   서울시 금천구 가산디지털 1로 168, 우림라이온스밸리 B동 B113, 114호
홈페이지   www.book.co.kr
전화번호 (02)2026-5777   팩스   (02)2026-5747

ISBN   979-11-6299-255-5 03320 (종이책) 979-11-6299-256-2 05320 (전자책)

이 도서의 국립중앙도서관 출판예정도서목록(CIP)은 서지정보유통지원시스템 홈페이지(http://seoji.nl.go.kr)와
국가자료공동목록시스템(http://www.nl.go.kr/kolisnet)에서 이용하실 수 있습니다.
(CIP제어번호: CIP2018023394)

이 저서는 2015년 정부(교육부)의 재원으로 한국연구재단의 지원을 받아 수행된 연구임
(NRF-2015S1A6A4A01011924)

브랜드를 만드는 힘, 문화
브랜드가 되는 방법, CCBD

문화코드
브랜드
디자인
방법론

최인영 지음

북랩 book Lab

머리말

브랜드를 만드는 힘, 문화
브랜드가 되는 방법, CCBD

글로벌 시장에서는 수많은 브랜드가 존재한다. 그리고 브랜드들은 매일 치열하게 경쟁하고 있다. 이런 치열한 경쟁 속에서 살아남는 브랜드도 안심하게 쉴 수는 없다. 새로운 브랜드의 도전은 지속될 것이며 죽어가는 브랜드는 우리 기억 속에서 지워지고 있기 때문이다.

무엇이 브랜드를 살리고 죽이는 것일까? 그것을 결정짓는 중요한 역할은 언제나 소비자에게 주어진다. 소비자들이 브랜드를 구매하고 사용하고 전파하기 때문이다. 그러므로 브랜드는 소비자들을 설득해야 한다. 브랜드는 소비자들에게 인정을 받아야 한다. 브랜드는 소비자들의 마음과 머리에 각인되기 위해 노력해야 한다.

어떤 방법이 가능할까? 가격, 유통, 마케팅, 디자인, 질, 소비자 관리 등 체계적으로 성공적인 브랜드를 구축하고 관리하는데 신경을 곤두세워야 한다. 이를 위해 다양한 분야에서 브랜딩에 관련된 연구를 진행하고 있다. 시각디자인 분야에 종사하는 디자이너들에게 성공할 수 있는 디자인이 무엇이냐고 물어보면 다음과 같은 대답을 할 것이다. 디자인 분야에서 오랫동안 지켜온 격언이 있다. "깔끔하고 세련된 디자인을 해야 한다.", "콘셉트가 있어야 한다.", "디자인은 문제해결이다." 위 세 개의 디자인 분야에서 자주 사용하는 격언은 이제 단순하다. 21세기의 정보 사회는 소비자들을 능동적으로 행동하게 하고 있다. 소비자들을 쉽게 설득하거나 브랜드 충성도를 유지시키기는 어렵다. 이러한 사회적 변화 속에서 브랜드디자인은 새로운 방법이 필요하다. 그러므로 '문화코드 브랜드디자인 방법론'은 21세기 소비자와 소통할 수 있는 디자인을 어떻게 개발할 것인가를 제시하고자 한다.

왜 문화코드 브랜드디자인 방법론인가?

인간은 예술, 문학, 전통, 신념, 언어, 관습, 지역, 역사, 종교, 생활양식이라는 문화의 규범과 가치관을 기준으로 개인의 독특한 정신적 물질적 지적 특징(코드)을 갖고 있다. 이런 특징들을 공유하는 개인이 모여 사회 또는 사회 집단을 구성하고 공통된 문화 특징인 문화코드(문화를 만드는 부호)를 만들어 다른 사회 또는 사회 집단과의 차별화를 추진하고 있다. 따라서 사회의 문화코드 속에서 브랜드디자인을 성공시키기 위해서는 타깃 소비자가 이해하고 신뢰하는 문화코드를 응용하고 소통하여야 사회의 관심과 신뢰를 얻을 수 있으며 나아가 그 브랜드가 생존할 수 있다. 브랜드디자인 연구 과정은 궁극적으로 어떻게 하면 타깃 소비자 집단이 이해하는 문화코드를 만들어 소통할 것인가에 대한 문제이다. 타깃 소비자 집단의 문화코드를 만드는 것은 결코 쉬운 일이 아니다. 먼저 브랜드 디자이너는 타깃의 일반 문화코드를 읽어야 하며, 일반 문화코드와 제안 문화코드의 공식을 체계화하여 타깃 소비자의 관심과 신뢰를 얻을 수 있는 브랜드디자인 전략을 세워야 한다.

이 책의 목적은 문화코드와 이를 응용하여 소통하는 브랜드디자인의 관계를 체계화하는 과정을 제시하는 것이다. 이를 위해 첫째 디자인과 브랜딩에 관련된 문화적인 요소와 그 관계를 체계화하고, 둘째 문화코드를 적용한 브랜드 상품을 개발하는데 필요한 브랜드디자인 전략을 구축하고, 셋째 다양한 종류의 브랜드를 체계적으로 개발할 수 있는 방법론을 제시한다. 특별히 브랜드디자인 교육 현장에서 활용할 수 있도록 브랜드디자인 전략에 있어 다양한 문화코드를 응용하는 방법과 문화코드를 만드는 방법을 체계적으로 제안하여 브랜드디자인 교육에 필요한 학술서가 부족한 교육현장에서 활용하기 위함이다.

이 책의 핵심 이론은 본 저자가 출판한 『브랜드디자인: 브랜딩을 위한 커뮤니케이션 디자인』과 인류학자인 클로테르 라파이유(Clotaire Rapaille)의 『The Culture Code』(컬처코드)의 다양한 내용을 다루고 있다. 그리고 핵심 이론을 뒷받침해주는 이론으로는 번 슈미트(Burnd Schmitt)와 알렛스 시몬스(Alex Simonson)의 『Marketing Aesthetics』(미학적 마케팅)와 헨릭 베일가드(Henrik Vejlgaard)의 『Anatomy of a Trend』(트렌드를 읽는 기술)의 내용을 참고하였다. 이 외 이 책의 이론적 배경의 출처는 국내외 다양한 학술서 및 논문을 조사한 자료와 그 동안 여러 국가에서 연구 한 결과들을 활용하였다.

이 책의 구성

이 책에서 다루는 기본적인 문화코드 브랜드디자인 방법론을 다음과 같이 소개한다. 소비자의 관심과 신뢰를 얻기 위하여 브랜드는 그 소비자가 이해하고 신뢰하는 문화코드를 응용해야 한다. 이런 문화코드를

'일반 문화코드'(General Culture Code)라고 한다. 만약 그 브랜드가 소비자의 비문화 코드를 응용한다면 소비자는 브랜드를 이해하지 못하고 외면할 것이다. 이런 문화코드를 '제안 문화코드'(Proposed Culture Code)라고 한다. 만약 소비자가 제안 문화코드를 이해하고 신뢰한다면 그 제안 문화코드는 일반 문화코드로 발전할 수 있으며, 나아가 그 브랜드는 소비자들에게 익숙한 브랜드로 전환된다. 그러므로 브랜드 디자이너는 일반 문화코드와 제안 문화코드의 공식을 체계화하여 소비자의 관심과 신뢰를 얻을 수 있는 브랜드 터치포인트 디자인 전략을 세워야 한다.

문화코드 브랜드디자인 방법론의 이해를 위하여 다음과 같이 1부(1장~4장)와 2부(5장~9장)에서는 방법론의 1단계인 문화조사, 2단계인 문화분석, 3단계인 문화전략을 진행할 수 있는 요소들을 정리하였고, 3부(10장~13장)와 4부(14장~17장)에서는 문화코드 요소와 브랜드디자인 사례를 중심으로 정리하였다.

- 1장에서는 문화유형과 문화특성을 구분하여 설명하였다. 문화코드 브랜드디자인 방법론의 2단계인 문화분석에 필요한 요소이다.

- 2장에서는 '문화코드'와 '시각 문화코드'를 구분하여 설명하였다. 문화코드 구분은 문화코드 브랜드디자인 방법론의 2단계인 문화분석에 필요한 요소이고 시각 문화코드는 3단계인 문화전략에 필요한 요소이다. 시각 문화코드는 문화코드와 브랜드 터치포인트 디자인의 중간 역할을 한다.

- 3장에서는 브랜드디자인의 기능인 '본원적 기능'과 '파생적 기능'을 설명하였다. 브랜드디자인 기능은 문화코드 브랜드디자인 방법론의 3단계인 문화전략에 필요한 요소이다.

- 4장에서는 소비자의 의사결정과정 요인을 '환경적 영향 요인'과 '개인적 영향 요

인'으로 나누어 설명하였다. 의사결정과정 요인은 문화코드 브랜드디자인 방법론의 1단계인 문화조사에 필요한 요소이다.

- 5장에서는 소비자들의 욕구 요인인 '실용적 욕구' 요인과 '쾌락적 욕구' 요인을 설명하였다. 욕구 요인은 문화코드 브랜드디자인 방법론의 1단계인 문화조사에 필요한 요소이다.

- 6장에서는 트렌드를 구분하는 '트렌드 결정자', '트렌드 추종자', '초기 주류 소비자', '주류 소비자', '후기 주류 소비자', '보수적 소비자'로 나누어 설명하였다. 트렌드 구분은 문화코드 브랜드디자인 방법론의 1단계인 문화조사에 필요한 요소이다.

- 7장에서는 브랜드 터치포인트 유형을 '지속 기능 디자인'과 '단기 기능 디자인', '동기 부여 디자인'과 '자극 반응 디자인', '소프트 주제 디자인'과 '하드 주제 디자인'으로 나누어 설명하였다. 브랜드 터치포인트 유형은 문화코드 브랜드디자인 방법론의 3단계인 문화전략에 필요한 요소이다.

- 8장에서는 시각문화코드 요소의 기본 디자인 요소인 레이아웃, 서체, 색채, 타이포그래피, 이미지, 패턴, 텍스쳐, 형태, 스타일에 대하여 설명하였다. 시각문화코드는 3단계인 문화전략에 필요한 요소이다. 시각문화코드는 문화코드와 브랜드 터치포인트 디자인의 중간 역할을 한다.

- 9장에서는 문화코드 브랜드디자인 방법론(CCBD)에 대한 단계별 과정인 1단계 문화조사, 2단계 문화분석, 3단계 문화전략을 체계적으로 설명하였다. 본서의 핵심이고 문화코드 브랜드디자인 방법론을 실천할 수 있는 프로세스 템플릿이다.

- 10~13장에서는 2단계 문화분석과 3단계 문화전략에 필요한 소스로서 기본 문화코드 요소를 설명하였다. 다양한 사례를 제시하여 문화와 브랜드의 문화코드를 설명하였다.

- 14~17장에서는 문화코드 브랜드디자인 방법론(CCBD)을 브랜드 유형인 로컬 브랜드, 지역 브랜드, 내셔널 브랜드, 글로벌 브랜드에 맞추어 설명하였다. 프로젝트를 진행하는데 있어 고려할 사항을 점검하고 CCBD를 체계적으로 응용할 수 있다.

문화코드 브랜드디자인 방법론은 누구를 위한 것인가?

　이 책의 기대효과는 첫째, 디자인과 브랜딩에 관련된 문화적인 요소와 그 관계를 이해하게 하여 디자인 융합학문에 있어 새로운 방법론을 구축하고, 둘째, 문화코드를 적용한 브랜드 상품을 개발하는데 필요한 브랜드디자인 전략을 구축할 수 있도록 하며, 셋째, 다양한 종류의 브랜드를 체계적으로 개발할 수 있는 방법론으로서의 브랜드디자인 전략을 구축하는데 필요한 중요한 학술서가 될 것으로 기대한다.

　그러므로 이 책은 모든 시각 디자이너, 브랜드 디자이너, 학생, 브랜딩에 관심을 갖고 있는 분들을 위한 책이다. 이 책을 통해 소비자들에게 필요한 브랜드가 많이 개발되고, 경제적인 효과를 창출하는 브랜드가 많아지며, 성실하고 신뢰도 높은 브랜드가 많아져서 우리의 삶이 좀 더 윤택했으면 하는 바람이다.

2018년 8월

최인영

문화코드는 문화를 규정하는 암호 또는
부호이고 문화를 움직이는 최소 단위이며,
문화를 지키는 규칙 및 규정이다.

"브랜드디자인은 사회와 문화의 코드를
이해하고 응용하여 소비자들의 관심과
신뢰를 높일 수 있는 지식 체계 또는 감성
체계로서의 커뮤니케이션 디자인이다."[1]

1 최인영(2013). 브랜드디자인: 브랜딩을 위한 커뮤니케이션 디자인. 미진사. p. 5.

목차

문화코드와 브랜드디자인의 기본적인 이해

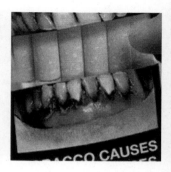

문화(컬처)코드는 문화를 통해
일정한 대상(자동차, 음식, 관계, 국가 등)에
부여하는 무의식적인 의미다.[2]

제1부 문화코드와 브랜드디자인의 기본적인 이해에서는
다음과 같은 질문을 설명하였다.
문화를 이해하려면 무엇을 알아야 하나?
브랜드디자인을 이해하려면 무엇을 알아야 하나?
소비자를 이해하려면 무엇을 알아야 하나?
문화코드를 이해하려면 무엇을 알아야 하나?
문화코드, 소비자, 브랜드디자인의 관계는 무엇인가?

2 김상철, 김정수(역)(2007), Rapaille, Clotaire(저)(2006), 컬처코드(The Culture Code,
   Broadway Books), 리더스북스, p. 18.

출처: Designed by Ligu.net

[그림 1] 플래터즈 넛(Platers Nut) 회사의 브랜드 마스코트(Brand Mascot)인
미스터 피넛(Mr. Peanut)

20세기 초 미국광고업계는 소비자들은 인간적인 느낌에 반응이 빠르며, 추상적인 로고보다는 얼굴 모습을 더 오래 기억한다는 것을 알고 다양한 브랜드 마스코트 (Brand Mascot)를 개발하였다. 그리고 어떤 브랜드 마스코트(Brand Mascot)는 몇 시대를 거치면서 소비자들의 오래된 친구처럼 느끼게 되었다. 미국에서 가장 잘 알려진 브랜드 마스코트 중에 하나인 미스터 피넛(Mr. Peanut)은 미국의 문화를 상징하는 문화 아이콘(Cultural Icon)이며 일반 문화코드이다. 미스터피넛은 1916년에 플래터즈 넛(Platers Nut) 회사의 로고 공모전에 출품한 13살 소년의 작품이다.

제1장

문화를 구성하는
문화코드의 역할

　라파이유는 "문화는 시간이 흐르면서 창조되고 발전해가지만 변화의 속도는 더디다. 문화는 여러 세기 동안 의미 있는 변화를 겪지 않을 수도 있다. 문화가 정말로 변화할 때, 그 변화는 우리의 뇌처럼 강력한 각인 장치를 통해 일어난다. 이러한 강력한 각인을 통해 문화의 준거 체계가 바뀌며, 그 의미는 다음 세대로 전달된다."[3]라고 하였다. 그렇게 사람들은 문화를 배우고, 공유하고, 통합하고 있다. 문화는 언어와 같은 독특한 심벌로 사회를 구성한다. 가장 중요한 문화의 특성은 바로 문화는 진화하고 있다는 것이다. 이런 문화의 진화 속에 인간도 진화하고 있다. 인간은 문화를 만들고 문화는 인간을 하나로 만든다. 또한 문화는 인간을 통해 다른 문화에 전달되고 있다. 문화가 전달되는 과정에서 새로운 문화를 받아들이는 인간은 그 새로운 문화의 장점을 파악하고 자기의 문화로 재해석하기도 하고 자기의 문화 가치관에 맞게 만들기도 한다. 그러나 문화가 전달되는 과정에서 인간이 이해하기 힘들거나 문화 가치관에 의해 자기의 문화에 나쁜 영향을 미친다면, 인간은 그 새로운 문화

3　Ibid., p. 52.

를 부정하거나 없애 버릴 것이다. 이런 과정에서 문화는 인간들에 의해 지켜지거나(Maintain), 발전되거나(Grow), 없어지거나(Disappear), 융합되고(Fuse) 있다. [그림 2]

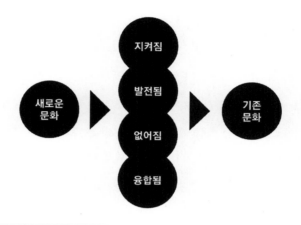

[그림 2] 문화가 전달되는 과정

　문화는 인간의 본능이 아니다. 본능은 인간과 동물의 생리적 행동이다. 즉 문화는 자연스러운 생리적 행동으로 만들어지지 않고, 문화는 인간이 살고 있는 사회라는 울타리 안에서 구성원과 함께 공유하는 독특한 생활 방식이다. 그러므로 문화를 사회 구성원이나 외부인과 공유하기 위해서는 같이 소통할 수 있는 커뮤니케이션 방법이 필요하다. 언어, 시각, 행동이라는 다양한 커뮤니케이션 방법이 있겠지만, 추상적인 사고와 체계화된 사고를 사용하여 특별한 의미와 상징적인 의미를 자유롭고 정확하게 전달할 수 있는 언어는 인류의 문화와 함께 시작하였고 발전하였다.

이렇게 언어 커뮤니케이션의 발전을 통해 문화는 발전하였고, 서양에서는 문화는 문명(Civilization)화된 행동이라는 개념을 시작으로 상류 계급의 행동 방식과 서구 제국주의를 의미하였다. 단어 '문화'(Culture)는 18세기 후반에 프랑스어로 시작하여 유럽 각지로 확산되었다. 이 때, 문화는 정신적 발전 상태, 문명은 물질적 발전 상태로 분류하여 사용하게 되었다. 계몽주의 시대(Age of Enlightenment)에는 과학과 논리성을 내세우며 문화가 자연을 지배하였다. 19세기에는 예술, 사상, 음악을 기준으로 '고급문화(High Culture)'라는 개념이 활성화되었고 사회학적인 해석이 만들어졌다.[4] 20세기에는 '대중문화(Popular Culture)'가 등장하면서 문화는 모든 사람들의 생활에 적용되었다. 현대사회에서는 사람들이 문화를 정신적, 행동적, 예술적인 산물이라고 생각한다. 대중문화는 특정한 주제에 대한 개인의 태도에 영향을 미치는 방식을 가지고 있다.[5]

문화는 사람의 욕구와 행동 유발의 가장 기본이 되는 동기(원인)이다. 각 문화는 더 작은 하위문화(subcultures)를 포함하는데, 이는 공통적인 인생경험과 상황에 기반하여 서로 비슷한 가치관을 갖고 있는 사람들로 구성된 집단으로 정의된다. 하위문화는 국적, 종교, 인종, 지리적 범위를 포함한다. 많은 하위문화들은 중요한 세분시장을 이루고 있고 종종 마케터들은 그들의 필요에 맞추어 제품과 마케팅프로그램을 설계한다. 중요한 하위문화로는 히스패닉계, 아프리카계, 아시아계 소비자들을 들 수 있다.[6]

---

4 Williams, Raymond (1983). Keywords: A Vocabulary of Culture and Society Rev. Ed. p. 92.

5 McGaha, Julie. "Popular Culture & Globalization." Multicultural Education 23.1 (2015): 32-37. SocINDEX with Full Text. Web. 5 Aug. 2016

6 안광호, 유창조, 전승우(역)(2016), Kotler, Philip; Armstrong, Gary(저)(2014). Kotler의 마케팅 원리(Principles of Marketing,Global Edition, 15th Edition, Pearson Education Limited). 시그마프레스. pp. 140~144.

문화의 정의

'문화'(Culture)의 어원은 라틴어의 'Cultus'에서 유래하였다. 이는 '재배하다', '경작하다', '마음을 돌보다', '지적인 개발을 하다' 등의 의미가 있다.

문화는 인간에게만 있는 생각과 행동 방식인 의식주, 언어, 풍습, 종교, 학문, 예술, 제도 등을 사회 구성원들로부터 배우고 전달받는다. 유네스코는 '문화'를 "한 사회 또는 사회 집단에서 나타나는 예술, 문학, 생활양식, 가치관, 전통, 신념 등의 독특한 정신적 물질적 지적 특징"이라고 정의하였다.

문화는 크게 '물질문화'(Material Culture)와 '비 물질문화'(Non-material Culture)로 구분한다. 물질문화는 그 사회 집단이 소유하고 있는 기본적 욕구를 충족시키기 위해 필요한 사물 및 기술을 의미한다.[7] 비 물질문화는 문화를 구성하는 생각이나 아이디어로서 '행동문화'(Behavior Culture)와 '관념문화'(Idea Culture)로 나눈다.[8] 행동문화는 그 사회 집단의 구성원들이 어떤 상황에서 일반적으로 하는 행동 방법이다. 관념문화는 그 사회 집단의 구성원들이 비슷하게 가지고 있는 생각이다. 이렇게 문화의 개념은 한 집단의 사람들이 공유하는 생각(Idea), 행동(Behavior), 사물(Thing)을 모두 포함하는 복합적인 총체이다. 문화의 세 가지 개념인 물질문화, 행동문화, 개념문화는 독자적인 특성도 있지만 총체적인 특성도 있다.

---

7 Woodward, Ian (2007). Understanding Material Culture. New York, New York: SAGE Publications Ltd.

8 Gerber, Linda (2011). Sociology. Toronto: Pearson. p. 54.

문화를 성립시키는 5가지 요소는 기술, 가치, 사회관계, 언어, 물질이다. 이 요소들은 각자 특징과 기능을 가지고 있지만 서로 보조하여 독특한 개성을 보유한 문화를 만든다. 기술은 경제, 가치는 예술과 종교, 사회관계는 가족 및 지연적 연결, 언어는 트렌드, 물질은 라이프스타일을 기준으로 특징을 가지고 있다.

문화는 사람들을 모으고 분리하는 힘이 있다. 그 힘은 개인의 독특한 정신적 물질적 지적 특징이 여러 사람들이 모여 공유할 때 이루어진다. 이렇게 서로 다른 문화들이 접촉하여 서로 간의 요소를 지켜지거나(Maintain: CM), 발전되거나(Grow: CG), 없어지거나(Disappear: CD), 융합되고(Fuse: CF) 있어 새로운 문화로 변화하는 것이다. 같은 문화권의 소비자들은 다음과 같은 다양한 방법으로 문화를 공유하고 있다.

- 문화 지킴(Culture Maintains: CM): 소비자들에 의해 문화의 요소를 지킨다.
- 문화 발전됨(Culture Grows: CG): 소비자들에 의해 문화의 요소가 발전한다.
- 문화 없어짐(Culture Disappears: CD): 소비자들에 의해 문화의 요소가 없어진다.
- 문화 융합됨(Culture Fuses: CF): 소비자들에 의해 문화의 요소가 융합된다.

소비자 문화

소비자는 제품을 구매하거나 서비스를 경험하는 사람들이다. 이들이 원하는 욕구와 기호는 매일 변하지만, 소비자들의 최종 목표는 만족이다. 소비자 행동은 소비자의 정신 활동과 육체 활동에 의해 브랜드를 구매하는 과정에서 본인의 욕구를 만족시키는 것이다. 이러한 구매 과정에서 소비자의 브랜드에 대한 정보 처리 과정은 브랜드디자인을 통하여 노출, 주의, 이해, 기억으로 진행된다.

타깃 소비자는 브랜드가 소통하고 이해시키고 설득하고 친하고 싶은 소비자다. 일반 소비자에 비해 타깃 소비자는 특별하다. 일반 소비자는 모든 사람들이다. 브랜드는 차별화된 개성과 특성을 갖고 있기 때문에 모든 사람이 직접적 대상이 될 수 없다. 그래서 브랜드는 자기의 차별화된 개성과 특성에 맞는 소비자인 타깃 소비자를 찾거나, 타깃 소비자의 욕구에 맞게 브랜드의 개성과 특성을 구축하기도 한다. 이는 타깃 소비자가 구매 의사 결정에 직접적인 영향을 미치기 때문이다.

타깃 소비자의 욕구와 그 욕구에 연결된 구매 의사 결정을 자연스럽게 이어가는 브랜드를 개발하거나 관리하기를 원한다면, 먼저 소비자의 문화적 가치관(Cultural Values)을 정기적으로 알아내야 한다. 미국 사회 심리학자인 로키치(Rokeach)는 문화적 가치관(Cultural Values)을 소비자가 추구하는 개인적 사회적 가치라고 하였다.[9] 모든 문화적 가치관은 공통적으로 다음과 같이 다섯 가지 특성이 있다.[10]

---

9   Rokeach, Milton J. (January 1968). "A Theory of Organization and Change Within Value-Attitude Systems", Journal of Social Issues 24. pp. 13-33.

10 김성환, 박민석, 정용길, 조봉진, 황의록(역)(2007), Assael, Henry(저)(2004). 소비자 행동론(Consumer Behaviors, MA: Houghton Mifflin.). 한티미디어. pp.379~381.

- 문화적 가치관은 학습된다.
  - 문화학습(Enculturation): 어린 시절부터 자신의 문화에 대한 가치관을 학습하는 과정
  - 문화접변(Acculturation): 다른 문화의 가치관을 학습하는 것
- 문화적 가치관은 행동에 대한 지침이다.
  - 문화적 규범(Cultural Norms): 사회 구성원들의 행동을 지배하는 비공식적 이해
- 문화적 가치관은 영구적이다.
- 문화적 가치관은 역동적이다.
- 문화적 가치관은 폭넓게 수용되고 있다.

다른 문화적 가치관을 학습하는 것을 문화접변이라고 한다. 소비자들은 문화학습을 통해 명절을 지내고 있다. 한국은 설날을 중요시 여긴다면 미국과 캐나다는 추수감사절을 중요시 여긴다. 한국인은 추수감사절에 대한 문화학습이 없기 때문에 미국 문화에 대한 문화접변이 어렵다. 반대로 미국인과 캐나다인은 설날에 대한 문화학습이 없기 때문에 한국 문화에 대한 문화접변이 어렵다. 그렇지만 미국인과 캐나다인은 추수감사절에 대한 문화학습이 있기 때문에 간소한 차이의 문화에 대한 문화접변은 쉽다. 헤어(Hair)와 앤더슨(Anderson)은 미국으로 이주해온 이민자 간의 문화접변의 과정을 연구했다. 선진국에서 온 이민자들의 전통과 라이프스타일이 미국 문화와 유사하기 때문에 후진국에서 온 이민자들보다 선진국에서 온 이민자들이 훨씬 빠르게 문화접변이 되었다

는 연구 결과를 찾았다.[11] 그렇다면 아시아 브랜드가 미국 시장에 진출하려면, 그리고 성공하려면, 먼저 아시아 브랜드는 미국 시장에서 소비자들의 문화학습에 있어 그 브랜드의 특성이 어떤 문화코드로 인식되고 있는지 찾아야 한다. 다음 문화접변이 어렵다면 문화학습에 있어 유사 문화코드 또는 연결 가능한 문화코드를 찾아 융합하여야 한다. 즉 생소한 브랜드를 만들지 말고 색다른 브랜드를 미국 시장에 선보여야 한다. 그리고 지속적으로 소비자들과 소통하여야 한다.

쌀프(Tharp)와 스캇(Scot)은 문화적 가치관을 반영하는 브랜드의 다섯 가지 역할을 다음과 같이 정리하였다.[12]

1. 브랜드는 사회적 지위를 커뮤니케이션하는 수단이다.
2. 브랜드는 자기표현을 커뮤니케이션하는 수단이다.
3. 브랜드는 경험을 공유하는 수단이다.
4. 브랜드는 심미적이고 감각적인 면이 있다.
5. 브랜드는 과거의 경험을 회상시킨다.

'표적 시장'(Target Market)은 크게 '주요 표적 시장'(Primary Target Market)과 '2차 표적 시장'(Secondary Target Market)으로 나눈다. 주요 표적 시장의 소비자들은 브랜드가 가장 중요하게 생각하는 고객으로서 이들은 브

---

11 Joseph F. Hair, Jr., and Rolph E. Anderson, "Culture, Acculturation and Consumer Behavior: An Empirical Study," in Boris W. Becker and Helmut Becker, eds., Combined Proceedings of the American Marketing Association, Series No. 34 (Chicago: American Marketing Association, 1972), pp. 423-428.

12 Marry Tharp and Linda M. Scott, "The Role of Marketing Processes in Creating Cultural Meaning," Journal of Macromarketing (Fall 1990), pp. 47-60.

랜드의 개성과 특성에 직접적인 관계를 갖고 있거나 구매 의사 결정을 하는 브랜드의 주요 소비자 그룹이다. 2차 표적 시장의 소비자들은 주요 표적 시장 다음으로 중요시 여기는 소비자들로서 브랜드의 개성이나 특성과의 관계는 낮지만 브랜드를 구매하고자 하는 동기가 간접적으로 있는 브랜드의 소비자 그룹이다.

소비자들의 마음을 움직이는 기본 시각 커뮤니케이션 요소(시각 문화코드)인 디자인 스타일, 서체 코드, 색채 코드, 타이포그래피 코드, 이미지 코드, 패턴/텍스처 코드, 보조 그래픽 요소는 활용 방법에 따라 다양한 브랜드 터치포인트 디자인을 만들 수 있다. 그리고 시간이 지나면 브랜드의 개성과 특성이 변화하고 진화하듯이 시각 커뮤니케이션 요소와 브랜드 터치포인트 디자인도 변하고 진화해야 한다.[13] 그렇지만 브랜드의 개성과 특성이 완전히 변하거나 새롭다면, 시각 커뮤니케이션 요소와 브랜드 터치포인트 디자인도 완전히 변하거나 새로워져야 한다. 그래서 브랜드의 내면적인 요소를 표현하고 소통하는 중요한 방법인 브랜드 터치포인트 디자인은 브랜드디자인에 있어 결과물인 것이다.

시간에 따라 타깃 소비자의 사회와 문화가 변하듯이 브랜드디자인도 변해야 브랜드가 오랫동안 시장에 남을 수 있다. 브랜드가 잠시 브랜드디자인을 소홀이 여긴다면 다른 경쟁 브랜드가 앞지를 것이다. 그래서 브랜드를 위한 브랜드디자인 전략을 꾸준히 연구해야 한다. 이는 장기적으로 브랜드의 생명력을 보장한다.

---

13 최인영(2013). 브랜드디자인: 브랜딩을 위한 커뮤니케이션 디자인. 미진사. pp. 80~83.

자료 제공: Honall Anderson, Seattle, USA

[그림 3] 카지(KAZI) 쿨러 브랜드

　[그림 3]은 카지(KAZI) 쿨러 브랜드이다. 미국 칵테일 주류 브랜드의 기존 주요 타깃은 여성이다. 그렇지만 사회의 변화에 따라 남성을 위한 칵테일 주류 브랜드가 시장에 소개되었다. 카지 쿨러 브랜드는 최초의 남성용 칵테일 주류 브랜드이고 오리지널 맛과 크랜베리 맛이 있다. 카지 쿨러 브랜드의 핵심 기능인 칵테일(브랜드의 본원적 기능)과 남성(브랜드의 파생적 기능)을 기본 시각 커뮤니케이션 요소인 디자인 스타일, 서체 코드, 색채 코드, 타이포그래피 코드, 이미지 코드, 패턴/텍스쳐 코드, 보조 그래픽 요소를 구축하여 브랜드 터치포인트 디자인인 패키지디자인을 통해 브랜드의 정체성을 소통하고 있다. 일반 문화코드인 남성적이며 현대적 느낌을 표현하기 위해 일반시각 문화코드인 굵은 대문자 산세리프, 굵은 테두리 선, 거친 이미지 테두리, 듀오톤 칵테일 이미지를 사

용하였다. 노랑 라임색은 카지 쿨러의 오리지널 맛을 상징하고, 붉은색의 듀오톤 칵테일 이미지는 카지 쿨러의 크랜베리 맛을 상징하여 일반시각 문화코드로서 브랜드의 본원적 기능을 전달하고 있다. 카지 쿨러 브랜드의 브랜드 이미지와 브랜드 개성을 인식시키기 위해 남성적인 스타일의 로고타이프, 바이라인, 굵은 선, 거친 느낌의 이미지 스타일을 다양한 브랜드 터치포인트 디자인에 사용하였다. 그리고 라벨 안쪽에 '여자를 유혹하는 유머러스한 구절'(Pick-up Line)를 적어 넣어 20대 싱글 남성 소비자들의 호기심을 자극하고 동기 부여를 주었다.

욕구는 소비자에게 소비를 하도록 동기를 부여하는 기본적이고 본능적인 인간의 심리다. 기호는 소비자가 사회 문화 요인과 개인의 특성에 의해 평생 동안 학습하는 욕구의 요소다. 따라서 소비자의 기호에 따라 욕구에 차이가 나타난다. 그러므로 브랜드디자인은 현재 고객과 예상 고객의 기호를 분석하고 그들의 욕구를 충족시켜야 한다. 미국의 심리학자인 에이브라햄 매슬로(Abraham Maslo)는 '욕구 계층'(Hierarchy of Needs)의 하위 욕구는 '근본적 욕구'로서 인간이 생활하는 데 필요한 의, 식, 주, 안전, 사회적 소속감 같은 기본 욕구이며, 상위 욕구는 '구체적 욕구'로서 근본적 욕구를 구체적으로 충족시키는 2차 욕구라고 했다.[14]

[그림 4]는 1950년대 중반 미국 '말보로'(Marlboro) 담배 잡지 광고이다. 말보로 담배는 1954년에 필터식 담배를 남성 소비자들에게 판매하기 위해 남성미가 넘치는 미국 서부 카우보이인 '말보로맨'(Marlboro Man)을 개발하여 마케팅에 적용하였고 포스터와 빌보드 광고 덕분에 기존 50억달

---

14 Maslow, A.H. (1943). "A theory of human motivation". Psychological Review. 50 (4): 370-96.

[그림 4] 1950년대 중반 미국 말보로(Marlboro) 담배 잡지 광고

러 판매액에서 1957년에는 200억 달러(300%증가)에 이르렀다.[15] 말보로맨
이라는 카우보이는 남성이 남자처럼 보이는 모든 것과 그들이 무엇이 되
고 싶어 하는 지를 묘사하여 놀라운 성공을 거두었다. 그것은 사회적
역할을 강요하여 사람들을 설득하고, 그들이 그런 역할에 따라 행동하
도록 하는 전략이었다.[16] 이렇게 말보로 같은 담배, 술, 맥주와 같은 브랜
드는 소비자들의 구체적 욕구인 사회적 욕구와 자존감에 대한 욕구에

---

15 Roman, K. (2009). The Kings of Madison Avenue. New York: St. Martins Press.

16 Martin, B.A.S., & Gnoth, J. (2009). "Is the Marlboro man the only alternative ? The
role of gender identity and self-construal salience in evaluations of male modles",
Marketing Letters, 20(4), 353-367.

초점을 두고 광고전략을 세웠다. 개인적인 만족보다는 사회적 지위 등을 향상시켜주는 역할을 하였다. 하지만 건강 문제에 직면한 담배의 유독 요소인 타르와 니코틴, 술의 알코올은 소비를 감소 시켰다. 그리고 담배는 남성미를 전달하기 보다는 죽음을 전달하는 기호로 변하였다. 근본적인 생리적 욕구를 충족하기 위해 사회적 욕구를 포기하기 시작했다. 그래서 마케터들은 구체적 욕구에서 근본적 욕구에 초점을 맞추게 되었고, 저 타르, 저 니코틴, 라이트 담배, 라이트 맥주 저알코올 술, 칵테일 술을 소개하여 근본적 욕구인 안전에 대한 욕구와 생리에 대한 욕구를 충족하여 브랜드를 유지하고 있다.

하지만 세계보건기구(WHO)는 구매 충동을 일으키는 매력적인 담배 패키지디자인을 혐오적인 패키지로 만들어야 한다는 캠페인을 벌였다. [그림 5]를 보면 담배 패키지 앞면에 흡연으로 인한 참혹한 결과를 실제 사진으로 보여줘 소비자들에게 심리적인 부담감을 주는데 성공하였다. 그리고 일반시각 문화코드인 강한 대문자 산세리프 타이포그래피의 메시지는 강하게 이미지와 같이 흡연의 부정적인 메시지를 전달하고 있다. 이런 심리적인 부담감을 주는 '사진경고'(Picture Warning) 담배 패키지 캠페인은 담배 브랜드의 새로운 소비자층인 청소년에게 시각적으로 민감하게 전달되고 있다.

소비자들은 문화의 차이에 의해 크게 나누어지고, 서브 문화 분류로 사회계층과 라이프스타일에 의하여 나누어진다. 이렇게 소비자 집단 사이의 문화적인 차이는 위계의 문제가 아니라 차이의 문제로 인식된다. 브랜드 마케팅도 제품의 물리적 특징이나 기능, 편익보다는 브랜드 사용자의 자아, 사용상황, 라이프스타일 등과 같은 브랜드 상징성에 초점을 두는 경향이 강해지고 있다. 그런데 '브랜드 상징성'이란 한 브랜드가 속

자료 제공: Fabrica, Treviso, Italy

[그림 5] 세계보건기구의 담배 사진경고 담배 패키지 캠페인

한 문화에 내재된 문화의미와 깊은 관계가 있다.[17]

소비자의 의사결정과정에 영향을 미치는 요인을 크게 '개인적인 영향 요인'과 '환경적인 영향 요인'으로 나눌 수 있다. 이런 영향 요인들은 구매 자 의사결정과정에서 순간적으로 떠오르게 하고 브랜드를 구매하게 한 다. 구매자 의사결정과정은 다섯 단계로서 욕구인식(Need Recognition), 정보탐색(Information Search), 대안평가(Alternative Evaluation), 구매결정 (Purchase Decision), 구매 후 행동(Postpurchase Behavior)이 있다. 구매자 의사결정과정은 실제 구매 행동 보다 일찍 시작하고 구매 후에도 지속

---

17 Mick, D. C. & Buhl, C. (1992). A meaning-based model of advertising experience, Journal of Consumer Research, 19, pp. 317~338.

적으로 유지된다. 구매 경험이 있는 브랜드 또는 소비자가 충성하고 있는 브랜드는 다섯 단계를 차례대로 적용하지 않고 바로 구매결정으로 이어질 수 있다. 하지만 새로운 정보를 소통하는 브랜드 또는 독특하고 차별된 브랜드는 구매자 의사결정과정의 다섯 단계를 모두 적용하고, 시간을 두고 그 브랜드를 충분히 알리려고 노력한다.

주류 브랜드의 기존 주요 소비자층이 남성인 반면에 이제 주류 브랜드의 주요 소비자층은 다양해지고 있다. 주류 브랜드는 패키지디자인에 의해 브랜드에 대한 인식이 달라진다. [그림 6] 프리미엄 보드카인 '플래티늄'을 사례로 두고 소비자 의사결정과정을 다음과 같이 설명하고자 한다.

- 1단계 욕구인식: 보드카를 선물로 구매하려고 한다. 주류점의 보드카 진열대를 찾는다. 만약 소비자가 원하는 브랜드나 충성도가 높은 브랜드가 있다면 바로 4단계 구매결정으로 이어진다.
- 2단계 정보탐색: 보드카 진열대의 보드카 브랜드를 살펴본다. 가격, 원산지, 브랜드네임, 맛, 알코올 도수, 양에 대한 정보를 찾아본다. 그리고 패키지디자인의 스타일을 살펴본다.
- 3단계 대안평가: 가격은 좀 비싸지만 독특하고 세련된 패키지디자인인 '플래티늄' 보드카 브랜드를 선물로 선택한다.
- 4단계 구매결정: 받는 사람의 스타일을 표현하는 패키지디자인이기 때문에 받는 사람이 좋아할 거라고 짐작하며 구매한다.
- 5단계 구매 후 행동: '플래티늄' 보드카 브랜드를 선물로 주고, 받는 사람은 만족한 행동을 보여주었다. 구매자에게는 '플래티늄' 보드카 브랜드에 대한 긍정적인 기억으로 남았다. '플래티늄' 보드카 브랜드의 패키지디자인은 긍정적인 기억으로 브랜드 이미지를 향상시킨다.

자료 제공: Frank + Victor Design, Austin, Texas, USA

[그림 6] 프리미엄 보드카 플래티늄(Platinum)

이렇게 패키지디자인이 '굿디자인'(Good Design)[18]이라면 패키지디자인은 2단계 정보탐색에서부터 5단계 구매 후 행동까지 중요한 역할을 하는 브랜드 터치포인트 디자인이다. 브랜드디자인은 일반적으로 소비자들의 구매 결정을 돕기 위해 소비자들의 욕구를 정확하게 인식하고 명

---

18 굿디자인(Good Design)은 단지 보기에 좋은 것이 아니다. 굿디자인은 디자인의 목적과 필요성을 수행하고 성취해야한다. 굿디자인은 혁신적인 결과물일 수도 있고 단순하게 디자인의 목적과 필요성을 성취한 결과물일 수도 있다. 굿디자인은 유일한 한 가지 방법으로 측정될 수 없고, 다양한 관점을 가지고 측정되어야 한다.

확하게 소통해야 한다.[19] 브랜드디자이너는 소비자들의 욕구를 중심으로 언제, 어디서, 무엇을, 어떻게, 왜라는 대답을 브랜드 터치포인트 디자인에 적용하여 해결해야 한다.

이제 소비자층에 의해 주류 브랜드가 다양해지고 있고 다양한 브랜드에 차별화를 주기 위해 브랜드디자인도 다양해지고 있다. 프리미엄 보드카 '플래티늄'(Platinum)의 패키지디자인 [그림 6]과 같이 브랜드 터치포인트 디자인인 패키지디자인에 의해 주류 브랜드에 대한 인식과 신뢰가 달라지고 있고 가격을 짐작하게 한다.

문화코드

브랜드의 문화코드는 소비자들에게 문화적 의미로서 상징적 형태로 소통하고 있다. 대부분의 소비자들은 브랜드의 유용성보다는 브랜드의 상징성을 보고 구매한다. 이런 브랜드를 개발하고 구축하기 위해 끈임없이 브랜드 전문가들은 소비자들의 문화적 가치관을 기준으로 브랜드를 상징하는 시스템을 만들려고 하고 있다.

오랜 역사 동안 오로지 자신들만의 문화를 고수하며 유지하는 경우는 거의 없다. 역사 속에서 인간 집단은 끊임없이 이동하며 이질적 집단과 접촉하고 충돌, 갈등, 융화해 왔다. 그렇게 서로 다른 문화들이 접촉하여 서로 간의 문화 요소가 전파되고 새로운 문화로 변화해 가는 과정

---

19 대홍기획 마케팅컨설팅그룹(역)(2014), Settle, Robert B; Alrek, Pamela L.(저)(1986). 소비의 심리학(Wht They Buy, Wiley). 세종서적. pp. 51~53.

을 '문화접변'(Acculturation)이라 한다. 이러한 문화접변을 통해 문화변동이 이루어지고 다양한 '하이브리드 문화'(Hybrid Culture)가 탄생하게 된다. 문화 간의 동등한 상호 교류를 통해 문화접변이 일어나기도 하지만, 많은 경우 문화접변은 강한 문화가 약한 문화를 침탈하고 지배하는 과정을 통해 이루어진다. 서구 제국주의 국가들이 아메리카나 아프리카를 침략하면서 서구 문화가 제3세계의 문화를 변화시킨 것이 그런 예이다.

문화변동은 한 순간에 급속도로 일어나는 것이 아니라 장기지속적인 과정이다. 따라서 문화변동 과정에서 기존 문화와 새롭게 출현한 문화 간의 모순과 갈등이 발생할 수 있다. 또한, 물질문화나 새로운 기술의 도입에 문화가 충분히 적응하지 못 하는 '문화지체'(Cultural Lag) 현상이 일어날 수 있다. 예를 들어, 컴퓨터 기술이 급속도로 발전하면서 새로운 미디어들이 등장하지만 이에 적응하는 제도와 의식은 미처 형성되지 못 하는 경우가 있다. 이런 문화지체 현상이 있을 때 심각한 사회적 부조화 현상이 발생하기도 한다. 제안 문화코드인 스타벅스가 국내에 진출하였던 1999년도 국내에서는 일반 문화코드인 다방이 있었다. 다방과 스타벅스의 문화코드가 접촉되면서 문화접변이 이루어졌고 스타벅스 콘셉트의 문화변동으로 인해 다양한 하이브리드 문화코드를 보유한 카페 프렌차이즈 창업이 이루어졌다. 그 때 국내 시장에서는 다방과 커피가 일반 문화코드였고 다양한 트렌드 결정자인 젊은층을 겨냥한 홍보 전략이 있었기 때문에 문화지체 현상이 없었다. 이제 스타벅스와 하이브리드 문화는 국내 시장에서 일반 문화코드로 자리 잡았다.

'코드'(Code)의 사전적 의미는 합성어에서 암호 또는 부호로 사용하고, 컴퓨터 프로그램의 데이터 처리 형식에 맞는 데이터, 사회적 관례 또는 규칙, 조직이나 국가의 법규 또는 규정이다. 정신분석학자이자 문화인류학자인 클로테르 라파이유(Clotaire Rapaille)는 '문화코드'란 자신이 속한 문화를 통해 일정한 대상(문화를 성립시키는 5가지 요소인 기술, 가치, 사회관계, 언어, 물질)에 부여하는 무의식적인 의미라고 하였다.[20] 그러므로 '문화코드'는 문화를 규정하는 암호 또는 부호이고 문화를 움직이는 최소 단위이며, 문화를 지키는 규칙 및 규정이다. 그래서 문화가 다르면 문화코드도 다르다. 좋은 예로 치즈에 대한 프랑스인의 문화코드는 '살아 있음'이다. 그러나 미국인의 문화코드는 '죽음'이다.[21] 두 문화는 치즈에 대한 문화코드의 인식이 달라서 치즈를 만드는 과정과 보관하는 방법도 다르다. 또 다른 좋은 예로 김치에 대한 한구인의 문화코드는 '반찬'이다. 그러나 미국인의 문화코드는 '건강 발효음식'이다. 두 문화는 김치에 대한 문화코드의 인식이 다르기 때문에 먹는 방법과 문화적 가치관이 다르다. 한국인들에게 김치는 쌀로 지은 따뜻한 밥과 같이 먹는 반찬거리 중에 필수 반찬이다. 그러나 쌀밥을 먹지 않은 문화에 살고 있는 미국인들에게 김치는 타코와 피자에 토핑 요리 재료로 먹는 건강 발효음식이다.

문화코드에 대한 자세한 내용은 제2장 문화코드와 브랜드디자인의 기본 구성요소에서 찾을 수 있다.

---

20 김상철, 김정수(역)(2007), Rapaille, Clotaire(저)(2006). 컬처코드(The Culture Code, Broadway Books). 리더스북스. pp. 29~50.

21 Ibid., p. 46.

제2장

문화코드와 브랜드디자인의 기본 구성요소

문화를 브랜드디자인에 적용하기 위해 먼저 문화코드와 브랜드디자인의 기본 구성요소를 이해해야 한다. 문화코드는 문화를 움직이고 규정하는 최소 단위로서의 부호로서 문화의 요소를 이해하는데 도움을 준다. 그리고 특별한 규칙으로 인해 다양한 문화코드가 이어지고 관계를 맺어 문화를 규정한다.

문화코드의 기본 구성요소

모든 사람은 예술, 문학, 전통, 신념, 언어, 관습, 지역, 역사, 종교, 생활 양식이라는 문화의 규범과 가치관을 기준으로 개인의 독특한 정신적 물질적 지적 특징(코드)을 갖고 있다. 이런 문화의 규범과 가치관의 특징들을 공유하는 개인이 모여 사회 또는 사회 집단을 구성하고 공통된 문화코드를 만들어 다른 사회 또는 사회 집단과 차별화하고 있다. '문화코드'(Culture Code: Cc)는 문화를 만드는 부호이다. 문화코드의 기본 구성요소인 문화의 규범과 가치관을 다음과 같이 설명한다.

- 예술: 미적 가치를 형성시키는 인간의 창조 활동
- 문학: 사상이나 가정을 언어로 표현한 예술
- 전통: 역사적으로 보존되고 전승된 사회적 유산
- 신념: 굳게 믿는 심적 태도
- 언어: 생각이나 느낌을 나타내거나 전달하기 위하여 사용하는 음성, 문자 등의 수단
- 관습: 오랫동안 지켜 내려와 그 사회 구성원들이 널리 인정하는 질서나 풍습
- 지역: 동질적인 특징을 가진 구역이나 지리적 경계
- 역사: 과거에 일어난 사건이나 인물의 기록
- 종교: 신이나 절대적인 힘을 통하여 인간의 고민을 해결하고 삶의 근본 목적을 찾는 문화 체계
- 생활양식: 사람이 사는 방식

[표 1]은 문화의 규범과 가치관을 기준으로 한국, 중국, 미국의 식사에 관한 문화코드를 비교 분석한 내용이다.

세 나라의 식사에 대한 문화의 규범과 가치관을 보면, 다르다는 것을 알 수 있고, 공통점보다는 차별점이 많아 같은 문화라고 보기 어렵다. 세 나라의 음식, 도구, 세팅은 아주 다르다. 만약 중국이나 미국 식사 문화코드에서 한국의 문화코드인 김치를 놓게 되면 어떻게 될까? 여기서 김치는 비 한국인인 중국인이나 미국인에게는 제안 문화코드가 될 수 있다. 과연 중국인들은 기름으로 요리한 음식과 같이 먹을 수 있을까? 미국인은 스테이크와 같이 먹을 수 있을까? 만약 김치를 원형 그대로 제안 문화코드로 놓는다면, 처음에는 신기하겠지만 그들의 일반 문화코드

로 자리 잡기 어려울 것이다. 그럼 기존에 그들이 먹던 음식과 비슷하게 김치를 요리한다면 거부 반응이 적고 입맛에 맞는다면 다음 식사에도 원할 것이다. 중국인에게 김치를 돼지고기와 요리해 주고, 미국인에게 김치를 샐러드 형식이나 피클 형식으로 요리해 준다면 거부감이 덜할 것이다. 이렇게 일반 문화코드와 제안 문화코드를 제대로 융합한다면 적은 노력으로 자연스럽게 일반 문화코드로 발전시킬 수 있을 것이다.

[표 1] 문화의 규범과 가치관을 기준으로 한국, 중국, 미국의 식사 문화코드 비교분석

구분	식사 문화코드		
	한국	중국	미국
예술	젓가락과 수저	젓가락	포크와 나이프
문학	없음	없음	없음
전통	어른 먼저 식사	손님 먼저 식사	식사 기도 후 같이
신념	다 먹어야 함	남겨야 함	정리해야 함
언어	한국어	중국어	영어
관습	식사 중에 대화 없음 바닥에 앉아 식사	식사 중에 대화 있음 의자에 앉아 식사	식사 중에 대화 있음 의자에 앉아 식사
지역	동양	동양	서양
종교	유교 중심	없음	기독교 중심
생활양식	가족 식사	가족 식사	가족 식사

이렇게 문화코드는 다양한 문화에 스며들고 있다. 미국의 핫도그, 햄버거, 피자, 도넛 등 음식 문화코드는 유럽의 이민자들에 의해 자연스럽게 미국의 일반 문화코드가 되어버렸다. 소비자가 이해할 수 있도록 소

비자의 문화의 규범과 가치관을 먼저 조사하여 가장 부담감 없는 방법으로 그들의 일반 문화코드와 가깝게 융합되어야 한다.

문화코드와 시각 문화코드 분류

문화코드는 네 종류로 분류할 수 있는데, '일반 문화코드', '제안 문화코드', '활성 문화코드', '비활성 문화코드'이다. 문화코드의 관계에서 문화코드의 노출과 이해의 정도에 따라 소비자들에 의해 문화코드는 지켜지거나, 발전되거나, 없어지거나, 융합된다. 문화코드의 최종 목표는 일반 문화코드로 발전하여 활성 문화코드로 자리 잡는 것이다.

- 일반 문화코드(General Culture Code: GCc): 어느 사회 집단이 이해하고 신뢰하는 문화코드
- 제안 문화코드(Proposed Culture Code: PCc): 어느 사회 집단에게 권장하는 문화코드
- 활성 문화코드(Active Culture Code: ACc): 어느 사회 집단의 문화를 쉽게 인식시킬 수 있고 쉽게 바꾸지 않는 문화코드
- 비활성 문화코드(Inactive Culture Code: ICc): 어느 사회 집단의 문화를 인식시키기 어렵고 쉽게 바꿀 수 있는 문화코드

문화코드 발전 과정의 공식은 다음과 같다.

$$PCc \rightarrow ICc \rightarrow GCc \rightarrow ACc$$

제안 문화코드(PCc)는 대상 사회 집단에게 문화코드를 권장하고, 그 제안 문화코드가 대상 사회 집단의 문화에 머물면서 소비자가 인식하기 어렵고 쉽게 바꿀 수 있는 비활성 문화코드(ICc)가 된다. 이 비활성 문화코드인 제안 문화코드가 어떻게 오랫동안 버티고 일반 문화코드로 발전할 수 있는 지는, 얼마나 빨리 많은 소비자가 부담감 없고, 흥미 있어 하는지에 초점이 맞춰진다. 비활성 문화코드가 짧은 시간에 많은 소비자에게 노출되고 부담감 없이 좋아할 수 있게 된다면 충분히 그 브랜드는 일반 문화코드(GCc)로 발전할 수 있다. 이런 일반 문화코드가 그 사회와 구성원들의 문화 규범과 가치관에 있어 중요한 문화코드로 자리 잡고 타 문화권에 알려진다면, 그 일반 문화코드는 그 사회 집단의 문화를 쉽게 인식할 수 있는 활성 문화코드(ACc)로 발전한다.

우리가 잘 아는 핫도그는 미국의 아이콘이자 미국의 활성 문화코드이다. 즉 핫도그하면 미국 양키즈 야구 경기장에서 느긋하게 양키즈 야구 경기를 보며 버드와이저 맥주와 같이 즐기는 미국 문화의 추억을 느낄 수 있는 미국 음식이라 할 수 있다. 그러나 핫도그는 처음부터 미국을 대표하는 음식이 아니었다. 핫도그는 본래 독일 프랑크 소시지(Frankfurter)에서 시작되었다. 프랑크 소시지는 독일인들이 즐겨먹는 음식이자 맥주 안주로 유명하다. 현재 독일에는 소시지 종류가 약 1,200가지라고 한다. 독일인에게는 프랑크 소시지는 일반 문화코드이자 독일의 활성 문화코드이다. 그러나 17세기 중반 독일인들이 미국으로 이민을 가기 시작하면서 미국에 소개되었다. 이때 프랑크 소시지는 제안 문화코드로서 비활성 문화코드이다. 즉 기존 미국 문화코드에 권장하는 문화코드지만 미국문화라고 인식하기 어렵고 쉽게 없어질 수도 있는 문화코드였다. 독일계 이민자로부터 프랑크 소시지가 차츰 미국 사회에 알려지면서 1860년에 닥스훈트 소시지(Dachshund Sausage)라고 불렀다. 소시지 모양이 다리가 짧고 허리가 긴 사냥개인 닥스훈트를 닮았다고 해서 붙여진 이름이다. 나중에 제안 문화코드인 닥스훈트 소시지는 미국인들이 닥스훈트 소시지를 빵에 넣어 먹는 것을 선호하면서 미국 전역으로 알려졌다. 이때 제안 문화코드는 미국 사회 구성원들이 이해하고 신뢰하는 문화코드로 자리 잡으면서 미국의 일반 문화코드가 되었다. 1901년에 뉴욕 저널은 신문 만화로 닥스훈트 소시지를 소개했는데, 독일어인 닥스훈트의 철자를 몰라 '핫도그'(Hot Dog)라고 소개했다. 이 네이밍이 인기를 끌면서 새 이름으로 부르기 시작하였고 미국의 아이콘이 되었다. 즉 일반 문화코드인 닥스훈트 소시지는 재미있는 '핫도그'라는 이름 덕분에 모든 소비자들의 관심과 흥미를 얻어 미국 문화의 활성 문화코드가 되었다. 이제 핫도그는 미국 문화를 만드는 요소로 작용하고 미국의 문화를 알리고 쉽게 바꿀 수 없는 문화코드인 활성 문화코드(ACc)로 자리 잡았다.

'시각코드'(Visual Codes: Vc)는 소통할 수 있는 디자인 결과물을 만드는 기본적인 요소인 시각 요소이다. '시각 문화코드'(Visual Culture Codes: VCc)는 문화코드를 소통하는 시각 요소이다. 네 가지의 시각 문화코드는 '일반시각 문화코드', '제안시각 문화코드', '활성시각 문화코드', '비활성 문화코드'가 있다. 모든 시각 문화코드는 문화코드와 밀접한 관계를 갖고 있다.

- 일반시각 문화코드(General Visual Culture Codes: GVCc): 어느 사회 집단이 이해하고 신뢰하지만 쉽게 바꿀 수 있는 시각 문화코드이다. 일반시각 문화코드와 연관된 문화코드는 일반 문화코드(GCc)이다.

- 제안시각 문화코드(Proposed Visual Culture Codes: PVCc): 어느 사회 집단에게 권장하는 시각 문화코드이다. 제안시각 문화코드와 연관된 문화코드는 제안 문화코드(PCc)이다.

- 활성시각 문화코드(Active Visual Culture Code: AVCc): 어느 사회 집단의 문화를 쉽게 인식할 수 있고 쉽게 바꾸지 않는 시각 문화코드이다. 활성시각 문화코드와 연관된 문화코드는 활성 문화코드(ACc)이다.

- 비활성시각 문화코드(Inactive Visual Culture Code: IVCc): 어느 사회 집단의 문화를 인식하기 어렵고 쉽게 바꿀 수 있는 시각 문화코드이다. 비활성시각 문화코드와 연관된 문화코드는 비활성 문화코드(ICc)이다.

시각 문화코드 발전 과정의 공식은 다음과 같다.

$$PVCc + GVCc = IVCc \rightarrow GVCc \rightarrow GCc \rightarrow AVCc$$

제안 문화코드를 대상 사회 집단에게 권장하는 과정에서 시각 문화코드의 역할은 중요하다. 제안시각 문화코드(PVCc)만 전달한다면 커뮤니케이션은 이루어질 수 없다. 제안시각 문화코드(PVCc)와 대상 사회 집단의 일반 문화코드(GCc)인 일반시각 문화코드(GVCc)를 함께 전략적으로 융합해야 커뮤니케이션이 이루어질 수 있다. 즉, PVCc + GVCc 관계를 비활성시각 문화코드(IVCc)라고 한다. 또한 '시각 문화코드 융합'(Visual Culture Code Fusion)이라고도 한다. 시각 문화코드 융합에 있어 제안시각 문화코드(PVCc)와 일반시각 문화코드(GVCc) 중에 어느 것을 더 집중하느냐에 따라 대상 사회의 문화와 융합이 잘 이루어질 수 있다. 결과가 좋은 시각 문화코드 융합은 그 사회의 일반 문화코드가 되고 그 문화코드를 소통한 시각 문화코드는 일반시각 문화코드(GVCc)가 된다. 일반시각 문화코드(GVCc)는 자연스럽게 일반 문화코드(GCc)가 될 확률이 높아진다. 그리고 지속적인 노력과 소비자의 관심과 흥미를 통해 그 브랜드는 활성시각 문화코드(AVCc)로서 활성 문화코드(ACc)를 소통하는 시각 문화코드로 자리를 잡는다.

[그림 8]은 문화코드를 어떻게 융합하느냐에 따라 브랜드 터치포인트 디자인과 브랜드디자인 기능이 결정되고 시각 문화코드가 이루어지는 다이어그램이다. 설득력이 높고 신속하게 브랜드를 인지하게 할 수 있는 브랜드 터치포인트는 브랜드디자인 기능인 '본원적 기능'(PF)을 '파생적 기능'(DF)보다 우선시해야 한다. 이것은 일반 문화코드(GCc)와 활성 문화코드(ACc)를 고 가치 문화코드로 적용하고, 제안 문화코드(PCc)와 비활성 문화코드(ICc)를 저 가치 문화코드로 적용하는 것이다. 그래서 브랜드디

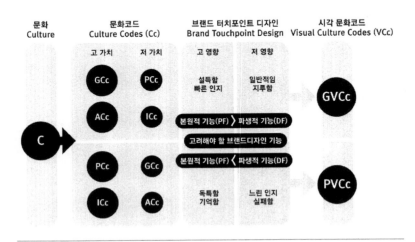

[그림 8] 문화코드에서 시각 문화코드 과정

자인의 시각 문화코드는 일반 시각문화코드(GVCc)로서 소비자들과 쉽게 소통할 수 있다. 이러한 브랜드는 경쟁자가 많거나 소비자의 인식이 고정된 브랜드 분류에 필요하다.

예를 들어 국내 시장에서 새로운 라면 브랜드를 소개할 때 소비자들의 인식에 있는 라면 브랜드의 일반 문화코드(GCc)와 일반시각 문화코드(GVCc)를 사용해야 소비자들에게 브랜드에 대한 의심을 주지 않을 수 있다. 반대로 파생적 기능(DF)을 본원적 기능(PF)보다 우선시하는 브랜드 터치포인트 디자인은 독특하고 차별된 디자인이지만 소비자들이 브랜드를 인지하는 과정이 느리고 신뢰하기 어렵다. 즉 제안 문화코드(PCc)와 비활성 문화코드(ICc)가 고 가치 문화코드로서 일반 문화코드(GCc)와 활성 문화코드(ACc)보다 중요시 여기는 제안시각 문화코드(PVCc)를 보여준다. 이러한 브랜드디자인은 경쟁자가 없거나 소수인 브랜드 분류에 필요하다. 예를 들어 애플 아이폰은 2007년 6월 29일에 처음 세상에 소개되었다. 아이폰의 본원적 기능(PF)은 기존 휴대폰의 기능인 전화 통화였다. 스마트폰, 터치스크린, 앱, 디지털 뮤직, 웹서핑, 카메라, 동영상, 이메일 등과 같은 아이폰의 파생적 기능(DF)은 아이폰의 형태, 재질, 크기, 패키지디자인, 광고, 매장, 서비스 등 소비자들이 인지하고 있던 휴대폰 브랜드의 모든 브랜드 터치포인트 디자인을 바꾸어 놓았다. 어떻게 보면 애플 아이폰은 스마트 폰과 UX/UI의 본원적 기능을 구축했다고 할 수 있다. 이렇게 시장에 없는 새로운 분야의 브랜드를 이노베이션(Innovation)[22] 할 경우에는 일반시각 문화코드(GVCc)보다는 파생적 기능

---

22 이노베이션(Innovation)의 사전적 의미는 "new idea, device or method" 즉 새로운 아이디어, 제품, 과정, 서비스, 기술이다. 이노베이션은 고 가치 문화코드인 제안 문화코드와 저 가치 문화코드인 일반 문화코드를 융합하여 브랜드디자인의 파생적 기능을 본원적 기능보다 많이 영향을 주는 방법이다.

(DF)을 중요시 하는 제안시각 문화코드(PVCc)를 적용하는 것이 그 브랜드 분류를 개척하는 브랜드로 자리 잡는 전략이다.

브랜드디자인의 기능과 기본 구성요소

브랜드는 '브랜드 개성'(Brand Personality)을 기점으로 '브랜드 인지도'(Brand Recognition)와 '브랜드 이미지'(Brand Image)를 구축할 수 있다. '브랜드 개성'은 브랜드의 인간적 성격으로 소비자가 연상하는 특성들의 집합이다. 브랜드의 특성이 브랜드 개성의 내적인 면이라면 브랜드디자인은 브랜드 개성의 외적인 면으로서 소비자들이 쉽게 브랜드의 브랜드 개성을 판단할 수 있는 방법이다. 브랜드에 대한 소비자들의 경험과 기억은 브랜드디자인을 통해 좀 더 쉽게 브랜드 개성과 브랜드 이미지를 높일 수 있다. '브랜드 이미지'는 소비자가 보유한 브랜드에 대한 개인적 견해이다. 시각적인 브랜드디자인은 브랜드의 브랜드 이미지를 각인시켜준다. 또한 브랜드디자인은 브랜드 인지도를 높일 수 있는 방법이다. '브랜드 인지도'는 소비자가 갖고 있는 브랜드에 대한 지식과 의식이다. 이렇게 브랜드디자인을 통해 소비자와 브랜드의 장기적인 유대 관계를 만들고 소비자가 인식하는 브랜드의 이미지를 구축할 수 있다. 이는 브랜드디자인이 브랜드의 자극과 소통 역할을 하고 있기 때문이다. [그림 9]

소비자들의 브랜드디자인에 대한 인지 과정에 따라 브랜드 개성, 브랜드 인지도, 브랜드 이미지의 가치가 다르다. [그림 10]은 미국 패션 액세서리 브랜드인 파실의 액세서리 틴케이스이다. 파실은 미국적 향수를

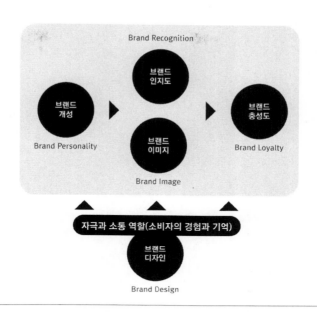

[그림 9] 브랜드디자인와 브랜드 개성, 브랜드 인지도, 브랜드 이미지의 관계

자료 제공: Hyun-Jung Kim, Fossil, USA

[그림 10] Fossil, 모던빈티지(Modern Vintage) 스타일 선물용 틴케이스

느낄 수 있는 '버네큘러 스타일'(Vernacular Style)인 '모던빈티지'를 모티브로 사용하고 있다. 주로 콜라주 일러스트레이션 기법으로 이미지를 만들고 있다. 로고타이프는 작게 틴케이스 옆면 하단에 배치하여 브랜드 인식은 쉽지 않다. 브랜드의 로고타이프는 2차적인 시각계층(Secondary Visual Hierarchy)이다. 1차적인 시각계층(Primary Visual Hierarchy)은 틴케이스를 장식하고 있는 일러스트레이션이다. 일러스트레이션은 선물에 대한 일반 문화코드(케이크, 축하메시지, 행복)를 일반시각 문화코드(케이크, 초, 색종이 조각, 리본, 칼라, 풍선, 불꽃놀이, 꽃, 웃음)로 표현하고 있다.

소비자들은 브랜드디자인인 틴케이스를 경험하는데 있어 먼저 스타일과 감성을 통해 개성과 이미지를 인지할 것이다. 다음 틴케이스의 옆면 하단에 위치한 파실 로고타이프를 발견하고 소비자가 보유한 파실에 대한 경험과 기억을 되살려 재확인한다. 이 경우에 소비자들은 브랜드디자인인 틴케이스를 파실의 브랜드 개성과 브랜드 이미지와 연관 지어 소비자의 경험과 기억에 자극을 준다. 이어서 소비자들은 브랜드에 대한 인지도가 증가하게 된다. 이런 과정을 반복적인 학습인 경험적 과정과 인지 과정으로 브랜드 터치포인트 디자인을 통해 소비자들에게 소통해야만 브랜드의 브랜드 개성, 브랜드 이미지, 브랜드 인지도가 확립될 수 있다. 소비자들이 브랜드의 모든 내면적인 면과 외면적인 면에 만족한다면 브랜드는 소비자들의 브랜드 충성도를 보유할 것이다.

소비자가 구매 시점에 특정 브랜드를 회상하면 그 브랜드에 관한 지식이 거의 자동적으로 떠오르게 된다. 이와 같이 특정 브랜드를 생각할 때 그 브랜드에 대해 떠오르는 모든 지식을 '브랜드 연상'(Brand

Association)이라 할 수 있다. 브랜드 실무자나 학자 모두 브랜드 연상을 브랜드 자산을 구성하는 핵심요소의 하나로 보며, 브랜드 관리를 위한 중요한 요소로 취급하고 있다.[23] 브랜드 연상 유형별 기능은 제품 속성, 추상적 속성이나 특정, 소비자 편익, 가격, 사용상황, 사용자 또는 고객, 유명 인사나 전문가, 개성과 라이프스타일이 있다.[24]

데이비드 아커(David Aaker)에 따르면 브랜드의 장기적인 가치를 보유하기 위해서는 브랜드네임과 제품의 유용성을 감지하는 연상을 구축해야 한다.[25]

강한 브랜드 연상을 보유한 브랜드인 맥도날드의 기본적인 브랜드 연상은 빅맥, 햄버거, 패스트푸드, 맛있음, 저렴함, 지방, 음식, 장난감, 해피밀, 반가움, 젊음, 디즈니, 세트메뉴, 골든 아치, 가족, 친근함 등이다. 소비자의 경험과 지식에 따라 브랜드 연상 요소의 가치는 다를 수 있다. 아이들의 브랜드 연상의 고 가치 요소는 해피밀이지만 직장인들의 브랜드 연상의 고 가치 요소는 저렴함이다. 이렇게 소비자들에 따라 브랜드의 브랜드 연상 요소의 가치는 다를 수 있다. 그리고 이런 고정된 직접적인 브랜드 연상 요소들은 맥도날드 브랜드의 일반 문화코드이다. 일반 문화코드도 사람들에 따라 일반 문화코드 요소의 가치가 다를 수 있다. 그렇지만 다양한 고 가치 요소를 보유하는 것은 브랜딩에 나쁜 영향을 줄 수 있다. 가장 이상적인 브랜드 연상 요소 체계는 몇 가지의 고 가치 요소와 이를 보조해 주는 다양한 저 가치 요소이다. 브랜드디자이너는 브랜드 연상 요소에서 일반 문화코드를 찾고 타깃 소비자에 맞추어 일

---

23 우석봉(2007). 브랜드 심리학. 학지사. p. 129.

24 Ibid., pp. 126~133.

25 Aaker, David A. (1991). Managing Brand Equity. New York: The Free Press.

반 문화코드 요소의 가치를 정리해야 한다.

만약 맥도날드가 사회 트렌드에 따라 건강함을 브랜드 연상 요소로서 구축하고 싶다면, 건강함은 제안 문화코드이고 문화코드 융합 과정으로 일반 문화코드 요소인 기존 브랜드 연상 요소들과 협업하여 구축해야 순조롭게 기존 소비자들과 소통할 수 있다. 그러나 오랫동안 보유한 브랜드 연상 요소에서 새로운 브랜드 연상 요소로 전환하기 위한 과정은 과감한 전략과 예산이 필요하다. 그래서 글로벌 브랜드는 브랜드 연상 요소를 쉽게 바꾸지 못한다.

'브랜드 연상'(Brand Association)의 특징을 정리하면 다음과 같다.[26]

- 연상은 순차적으로 떠오른다.
- 연상내용이 동일하여도 강도는 소비자마다 다르다.
- 연상내용이 동일하여도 강도는 브랜드마다 다르다.
- 연상에 소요되는 반응시간은 같지 않다.

그럼 브랜드디자이너는 브랜드 연상의 특징을 인지하고 일반 문화코드를 다음과 같이 정리해야 한다.

1. 타깃 소비자가 인식하는 일반 문화코드의 순서
2. 타깃 소비자가 인식하는 일반 문화코드의 강도
3. 일반 문화코드의 순서와 강도를 적용한 브랜드디자인의 연상 반응 시간 조절

브랜드 연상은 다음과 같은 기능을 갖고 있다.[27]

---

26 우석봉(2007). 브랜드 심리학. 학지사. pp. 133~137.
27 Ibid., pp. 133~137.

- 브랜드 지식의 인출과 처리를 돕는다.
- 브랜드를 차별화한다.
- 구매근거를 제공한다.
- 긍정적인 느낌, 태도를 창출한다.
- 브랜드 확장의 토대로 작용한다.

브랜드디자인 전략을 현실화하기 위해 먼저 소통하려는 정보를 소비자의 감각 기관을 통해 정확히 전달하도록 일관되고 통일된 브랜드디자인의 기본 요소를 연구하고 그 규칙을 만든다. 브랜드디자인의 기본 구성요소는 크게 '언어 커뮤니케이션 요소'와 '시각 커뮤니케이션 요소'로 나누어 연구한다. 언어 커뮤니케이션 요소로는 브랜드네임, 바이라인, 태그라인, 언어 표현 방법이 있다. 시각 커뮤니케이션 요소로는 디자인 스타일, 서체 코드, 색채 코드, 타이포그래피 코드, 이미지 코드, 패턴 코드, 텍스처 코드, 보조 그래픽 요소가 있다. '시각 커뮤니케이션'(Visual Communication)이란 볼 수 있는 형태의 아이디어와 정보를 소통하는 것을 말한다.[28] 언어와 시각 커뮤니케이션 요소는 브랜드 터치포인트 디자인을 구성하는 기본 요소로서 경쟁 브랜드와의 식별이 가능하여 소비자의 의사 결정을 단축시키고, 소비자의 브랜드 인식을 돕는 역할을 한다. 이 외에 문화코드 브랜드디자인 방법론에 적용할 수 있는 커뮤니케이션 요소로서 청각, 후각, 촉각, 미각이 있다. 소비자들이 브랜드를 경험할 수 있는 방법으로 다섯 가지의 감각 기관이 있지만, 이 중에 커뮤니케이션이 가장 높은 기관은 시각이다.

---

28 David Sless (1981). Learning and Visual Communication. Wiley. p.187.

언어 커뮤니케이션 요소는 '지속 기능 언어 커뮤니케이션 요소'와 '단기 기능 언어 커뮤니케이션 요소'가 있다. 언어 커뮤니케이션 요소를 정리하면 다음과 같다.[29]

[지속 기능 언어 커뮤니케이션 요소]

- 브랜드네임: 사람들이 상품이나 기업의 이름을 듣고 상품이나 기업의 독특한 특성을 인식하는 경우
- 바이라인: 브랜드의 정체성과 브랜드의 성격을 설명하기 위해 브랜드네임과 함께 사용하는 단어나 문장
- 태그라인: 브랜딩 슬로건으로서 마케팅에 사용하는 브랜드의 감성적 기능적 특징을 표현하는 짧은 문구
- 슬로건: 정치, 상업, 종교, 기타 상황의 아이디어나 이루어야 하는 목적을 전달하기 위해 이에 적합한 좌우명이나 문장을 반복해서 표현하는 방법

[단기 기능 언어 커뮤니케이션 요소]

- 슬로건: 정치, 상업, 종교, 기타 상황의 아이디어나 이루어야 하는 목적을 전달하기 위해 이에 적합한 좌우명이나 문장을 반복해서 표현하는 방법
- 헤드라인: 콘셉트/메시지를 전달하는 주요 언어 요소이며, 소비자의 흥미를 유발시켜 주의를 유도함으로써 디자인, 이미지, 하위 언어 요소를 읽게 하는 역할

---

29 최인영(2013). 브랜드디자인: 브랜딩을 위한 커뮤니케이션 디자인.미진사. pp. 61~76.

- 서브헤드라인: 헤드라인과 보디 카피를 이어 주는 역할
- 보디 카피: 콘셉트, 메시지, 헤드라인을 긍정적이고 논리적으로 설명하여 신뢰를 얻는 설득력이 강한 카피로 도입 문단, 내부 문단, 행동 촉발 문단, 결론 문단으로 나눔
- 인포 카피: 브랜드를 입증할 수 있는 사실을 정리한 카피로서 브랜드의 기능이나 특성을 설명하는 역할
- 키워드: 콘셉트와 메시지를 상징적으로 전달할 수 있는 핵심 단어
- 자료 인용: 설득력이 높은 보디 카피에서 다시 한번 강조하고 싶은 콘셉트/메시지와 연관된 문장을 뽑아 관심을 받을 수 있도록 레이아웃의 독립된 요소로 사용

시각 커뮤니케이션 요소는 크게 세 가지의 시각 표현 분류로 브랜드의 메시지와 정보를 전달한다. 세 가지 분류의 시각 표현인 직접적 시각 표현(Direct Visual Representation), 추상적 시각 표현(Abstract Visual Representation), 체계적 시각 표현(Hierarchy Visual Representation)은 브랜드디자인의 기본적인 커뮤니케이션 방향이다. 시각 커뮤니케이션 요소를 정리하면 다음과 같다.[30]

[시각 커뮤니케이션 요소]
- 레이아웃: 지정된 공간 안에 공간의 활용 용도에 따라 시각 요소들을 다루고 정리하는 방법
- 서체: 시대, 역사, 문화, 국가, 정체성을 증명하는 글자의 형태 모습

---

30 Ibid., pp. 77~148.

- 색채: 브랜드 식별, 특성 강화, 차별화, 브랜드 리더 모방, 트렌드, 마케팅 확대와 같은 색채 전략 가능
- 타이포그래피: 디자인 메시지를 고려하여 선택한 서체로 레이아웃에 메시지의 내용을 정리하여 주변 시각 요소와의 미적 관계나 정보 전달 속도 (읽는 속도)를 조정함
- 이미지: 언어를 보조하는 역할을 하거나 언어가 보조하는 대상이 되어 브랜드의 메시지를 소통함
- 패턴/텍스처: 텍스처는 감정을 전달하고 패턴은 문화와 역사를 전달함
- 형태: 사물의 생김새나 모양으로 기본 형태의 요소로 직선, 곡선, 기하학적 형태, 유기적 형태가 있음
- 스타일: 사람이나 단체를 구별하고 확인할 수 있는 그들의 독자적이거나 획일적 기술, 기법, 개념

시각 커뮤니케이션 요소에 대한 구체적인 설명은 제8장 브랜드디자인의 기본 디자인 요소와 문화코드에서 정리하였다.

브랜드 유형과 브랜드디자인

브랜드의 특성과 배경에 따라 타깃 소비자가 다르기 때문에 브랜드디자인은 브랜드와 적합한 방향으로 연구해야 한다. 먼저 브랜드를 [표 2] 브랜드 유형과 특징의 여섯 가지 브랜드 유형과 세부 브랜드 분류로 구분한다. 이렇게 브랜드를 구분함으로써 브랜드의 특성을 쉽게 분석할

수 있다.[31]

미용 위생용품 브랜드인 도브(Dove)를 브랜드 유형과 세부 브랜드 분류를 기준으로 정리하면 그 특성을 다음과 같이 분석할 수 있다. 도브 브랜드는 판매목적 구분에 있어 소비자인 남자와 여자를 위한 생산품인 제품 브랜드이며, 신뢰 구분에 있어 브랜드네임인 도브를 여러 브랜드에 통합적으로 전달하는 브랜드인 통합 브랜드이며, 판매지역 구분에 있어 전 세계 80개국에서 판매하는 글로벌 브랜드이며, 가격 구분에 있어 정상 가격 범위 내에서 판매하는 일반 브랜드이며, 사업 영역 구분에 있어 유통과 판매를 기준으로 한 오프라인 브랜드이며, 편익 구분에 있어 소비자의 일상생활에 도움이 되는 동기 부여 역할을 하는 기능성 브랜드이다. 다시 정리하면, 도브 브랜드는 제품 브랜드, 통합 브랜드, 글로벌 브랜드, 일반 브랜드, 오프라인 브랜드, 기능성 브랜드이다.

본 책에서는 가장 중요한 기준이며 문화와 가장 연관성이 높은 브랜드 분류로서 판매지역인 로컬 브랜드, 지역 브랜드, 내셔널 브랜드, 인터내셔널/글로벌 브랜드를 기준으로 본 문화코드 브랜드디자인 방법론을 제4부 브랜드 유형에 따른 문화코드 브랜드디자인 전략에서 자세하게 설명하였다.

---

31 Ibid., pp. 24~25.

[표 2] 브랜드 유형과 특징

브랜드 유형	세부 브랜드 분류	특성
판매 목적	제품 브랜드	소비자를 위한 생산품
	서비스 브랜드	소비자와의 상호 작용을 우선으로 하는 체계
	문화 브랜드	소비자에게 어느 사회 집단을 상징하는 요소나 체계를 브랜드로 전달
신뢰	통합 브랜드	여러 브랜드에 같은 브랜드네임을 사용하여 통합적으로 브랜드 이미지를 전달함으로써 소비자에게 신뢰성 구축 유사 용어_ 기업 브랜드, 패밀리 브랜드
	차별 브랜드	여러 경쟁 브랜드와 차별화하기 위해 브랜드의 우월성을 소비자에게 전달 유사 용어_ 개별 브랜드, 브랜드 수식어
판매 지역	글로벌 브랜드	전 세계 소비자 대상 적용 대상 사례_ 전 세계
	인터내셔널 브랜드	특정 대륙 또는 국가의 소비자 대상 적용 대상 사례_ 아시아, 유럽, 북미, 남미, 아프리카, 영어권 국가, 동아시아권
	내셔널 브랜드	한 국가의 소비자 대상 적용 대상 사례_ 한국, 중국, 미국, 영국
	지역 브랜드	한 국가의 특정 지역 소비자 대상 적용 대상 사례_ 제주도, 수도권, 미 서부, 해안권
	로컬 브랜드	한 국가 특정 지역의 소수 단위 지역 소비자 대상 적용 대상 사례_ 서울, 보성, 속초, 동대문, 가로수길, 베벌리힐스, 상하이
가격	명품 브랜드	고가격대의 최고급 유명 브랜드 유사 용어_ 럭셔리 브랜드 , 상류층 브랜드
	프리미엄 브랜드	소비자의 잠재 욕구를 충족시키는 일반 브랜드보다 가격과 품질이 높은 브랜드
	일반 브랜드	정상 가격 범위 내에서 판매하는 브랜드
	염가 브랜드	가격에 민감한 소비자를 충족시키는 일반 브랜드보다 가격이 낮은 브랜드 유사 용어_ 저가 브랜드 , 서민층 브랜드

브랜드 유형	세부 브랜드 분류	특성
사업 영역	오프라인 브랜드	전통적인 방법으로 비즈니스(유통과 판매)를 운영하는 브랜드
	온라인 브랜드	인터넷과 웹을 사용하여 비즈니스(유통과 판매)를 운영하는 브랜드 유사 용어_ 인터넷 브랜드 , 디지털 브랜드
	크로스오버 브랜드	오프라인 브랜드가 온라인 영역으로 발전한 브랜드
편익	기능성 브랜드	소비자의 일상생활에 도움이 되는 동기 부여 역할을 하는 브랜드
	상징적 브랜드	소비자의 차별화된 이미지를 위해 욕구 충족 역할을 하는 브랜드
	경험성 브랜드	소비자의 감각적 인지적 체험을 자극하여 잠재 욕구를 충족시키는 브랜드

출처: 최인영(2013). 브랜드디자인: 브랜딩을 위한 커뮤니케이션 디자인. 미진사. p. 25.

제3장

브랜드디자인의
본원적 기능과 파생적 기능에 있어
문화코드의 역할

    대부분의 소비자들은 브랜드의 유용성보다는 브랜드의 상징성을 보고 구매한다. 소비자들에게 있어 익숙한 브랜드는 브랜드의 문화코드를 문화적 의미로서 상징적 형태로 소통하고 있다. 그렇지만 소비자들에게 익숙한 브랜드의 브랜드디자인은 브랜드의 문화코드를 전달하는 커뮤니케이션 도구로서 유용성과 상징성을 전달한다. 그래서 익숙한 브랜드의 브랜드디자인은 소비자들의 마음에 기억에 저장할 수 있도록 개발되어야하고 지속적인 관리가 필요하다. 지속적인 관리를 한 브랜드의 브랜드디자인은 소비자들이 브랜드의 시각 문화코드를 보고 브랜드의 문화코드를 자동적으로 기억하고 느끼게 하고 있다. 반면에 일시적인 관리를 한 브랜드의 브랜드디자인은 소비자가 인지하는 그 브랜드의 문화코드와 시각 문화코드를 구축하기 어렵다. 이런 기억에 남고 마음을 움직이는 브랜드를 개발하고 구축하기 위해 끊임없이 브랜드 전문가들은 소비자들의 문화적 가치관을 기준으로 브랜드를 상징하는 문화코드와 시각 문화코드 시스템을 만든다.

글로벌 브랜드인 스포츠 운동화 브랜드 나이키(Nike)는 1967년 1월 25일에 미국 오레곤주에서 창립하여 지금까지 나이키 브랜드네임으로 수많은 서브브랜드를 성공적으로 개발하였다. 소비자들은 나이키의 '태그라인'(Tagline)인 "Just Do It"과 획(Swoosh) 움직임의 로고를 연상한다. 그리스 신화에서 나오는 승리의 여신의 이름인 나이키는 승리의 운동화인 것이다. 나이키의 매장명은 나이키타운(Nike Town)이다. 나이키는 수많은 인지도 높은 운동선수와 팀을 후원하고 있다. 나이키는 지속적인 관리와 제품 및 마케팅 이노베이션을 통해 나이키의 일반 문화코드와 일반시각 문화코드를 만들었고 활성 문화코드를 구축하였다. 나이키의 브랜드 연상 요소는 로고, just do it, 운동화, 스포츠, 마이클 조던, 에어, 농구, 달리기, 속도, 빠름, 골프, 멋짐, 젊음, 이노베이션, 우수 운동 선수, 미국인, 우승, 테니스, 아동노동 등이 있다. 이 중에 활성 문화코드로서 나이키 브랜드의 문화코드에 있어 아이덴티티 기능을 하는 브랜드 연상 요소는 로고, Just Do It, 우승, 미국인, 우수 운동선수, 이노베이션, 젊음, 운동화이다. 여기서 가장 중요한 나이키의 활성 문화코드는 당연히 로고와 브랜드 태그라인인 Just Do It이다. 그 외의 브랜드 연상 요소는 브랜드의 일반 문화코드이다. 나이키의 일반 문화코드는 언제든지 바뀔 수 있는 문화코드이다. 나이키는 지속적으로 활성 문화코드를 기준으로 일반 문화코드를 관리하고 사회의 트렌드를 조사하여 제안 문화코드를 구축하고 일반 문화코드와 융합시켜 새로운 일반 문화코드를 구축하는데 노력해야 한다. 이런 지속적이고 까다로운 과정을 통해 브랜드는 장수할 수 있다.

문화코드는 브랜드디자인의 기본적인 기능인 '본원적 기능'(Principle Functions of Brand Design: PF)과 '파생적 기능'(Derivative Functions of Brand

Design: DF)으로 나누어 분석할 수 있다. 브랜드디자인의 '본원적 기능'은 브랜드의 출처, 유형, 품질, 가격, 유용성, 브랜드 연상, 인구통계학적 정보, 트렌드, 라이프스타일, 개성 등 소비자들의 일반적인 인식을 소통하는 기능이고, '파생적 기능'은 브랜드의 차별화, 상징성, 충성도, 인지도, 이미지를 강화하는 기능이다.[32] 그리고 문화코드 브랜드디자인 방법론의 3단계 문화전략에서 브랜드디자인의 본원적 기능과 파생적 기능을 문화코드와 연결하여 구분해야 한다.

본원적 기능과 파생적 기능의 관계

성공적인 브랜드를 개발하거나 유지하기 위해서는 브랜드와 브랜드디자인에 대한 지속적인 평가가 이루어져야 한다. 브랜드디자인은 소비자들의 경험과 기억을 극대화하기 위한 노력으로 소비자들에게 자극과 소통을 주는 역할을 한다. 그러므로 브랜드디자인을 평가할 때는 다음의 다섯 가지를 고려한다.[33]

- 기억용이성: 소비자가 브랜드를 쉽게 구별하고 기억할 수 있는 브랜드 커뮤니케이션 구성 요소[34]와 브랜드 터치포인트 디자인[35]이어야 한다.

---

32 최인영(2013). 브랜드디자인: 브랜딩을 위한 커뮤니케이션 디자인. 미진사. p. 21.

33 Ibid., p. 56.

34 브랜드 커뮤니케이션 구성 요소는 언어와 시각 커뮤니케이션 요소가 있다.

35 브랜드 터치포인트 디자인은 여러 디자인이 협동하여 소비자들에게 브랜드를 인식시키고, 설득시키고, 자극시킨다. 그리고 다른 경쟁 브랜드와 차별화 한다.

- 유의미성: 소비자가 브랜드의 개성과 특성을 쉽게 파악할 수 있도록 브랜드의 정보를 전달해야 한다.
- 전이성: 브랜드의 시장이 확장되는 경우와 브랜드의 제품을 확장하는 경우에 쉽게 적용되어야 한다.
- 적응가능성: 다양한 시장의 변화에 맞게 변화 가능해야 한다.
- 보호가능성: 치열한 경쟁 시장에서 법률의 보호를 받기 위한 브랜드 요소를 구축해야 한다.

브랜드디자인의 본원적 기능과 파생적 기능은 위 다섯 가지 브랜드디자인 평가 요소를 기준으로 확인해야한다. 즉 브랜드 커뮤니케이션 구성 요소와 브랜드 터치포인트 디자인이 본원적 기능과 파생적 기능으로 분석하는데 있어 브랜드디자인 평가 요소를 생각해야 한다.

[그림 12]는 미국 로스엔젤레스에 위치한 하마가미/캐롤 브랜드디자인 회사에서 디자인한 루카스아트(Lucas Art)의 레고 엑스박스 게임 패키지 디자인이다. 엑스박스 게임 패키지디자인의 기본적인 디자인 템플릿은 연한 녹색의 투명 플라스틱 케이스를 사용하고 패키지 앞면 상단에 엑스박스360 로고타이프를 크게 배치하였다. 이 부분은 본 패키지디자인의 본원적 기능을 담당한다. 그리고 패키지 앞면의 7/8 정도를 게임 제품을 선전할 수 있는 게임 이미지, 게임 로고, 개발자 로고를 배치하게 하였다. 이 부분은 본 패키지디자인의 파생적 기능을 담당한다. 기본 디자인 템플릿은 엑스박스360 게임을 쉽게 인식할 수 있는 디자인의 기억 용의성, 브랜드의 개성과 특성을 쉽게 파악할 수 있는 디자인의 유의미성, 시장과 제품 확장에 필요한 디자인의 전이성, 시장의 변화에 맞게 변

화 가능한 디자인의 적응가능성, 법률 보호를 받을 수 있는 디자인의 보호가능성을 보유하고 있다.

자료 제공: Hamagami/Carroll, Inc., California, USA

[그림 12] 루카스아트(LucasArts) 레고 엑스박스360 게임 패키지디자인

브랜드디자인의 본원적 기능(PF)과 파생적 기능(DF)의 기본적인 관계는 다음과 같다.

- PF > DF, 본원적 기능 중심의 브랜드디자인은 소비자들이 일반적으로 인식하고 있는 브랜드 분류의 특징과 브랜드의 브랜드 연상요소를 전달하고 있어 브랜드의 정보를 쉽게 인식하고 신뢰할 수 있다. 그렇지만 일반 문화코드를 전달하는 일반시각 문화코드를

사용하기에 차별되고 독특한 브랜드 터치포인트 디자인을 개발하기에는 어려움이 있다. 소비자의 브랜드 연상 요소와 브랜드 분류 특징의 인지 척도를 통해 독특하고 차별화된 본원적 기능 중심의 브랜드디자인을 연구 할 수 있다.

- PF < DF, 파생적 기능 중심의 브랜드디자인은 브랜드의 차별화, 상징성, 충성도, 인지도, 이미지를 강화하는 차별되고 독특한 브랜드 터치포인트 디자인이 가능하다. 소비자의 브랜드 연상 요소와 브랜드 분류 특징의 인지 척도를 통해 소통이 가능한 파생적 기능 중심의 브랜드디자인을 연구 할 수 있다.

- PF ≠ DF, 동등한 수준의 본원적 기능과 파생적 기능 중심의 브랜드디자인은 있을 수 없다. 만약 이런 브랜드디자인이 존재한다면, 소비자들을 설득하지 못하는 브랜드디자인이다.

- 소비자의 브랜드 연상 요소와 브랜드 분류 특징의 인지 척도는 브랜드디자인을 효율적으로 연구할 수 있는 중요한 측정 도구이다. 소비자 대상으로 실험하는데 브랜드 터치포인트 디자인을 경험하게 하고 브랜드의 브랜드연상 요소가 어느 정도 유지되는지 측정한다. 그리고 소비자가 브랜드 분류 특징을 어느 정도 짐작할 수 있는지 측정한다. 소비자의 브랜드 연상 요소와 브랜드 분류 특징의 인지 척도 측정문항은 5점 또는 7점 척도를 이용하여 실험한다. 설문조사에 있어 선택 문항은 '비동의(disagree)-동의(agree)' 또는 '그렇지 않다(unlikely)-그렇다(likely)'를 기준으로 5점이나 7점 척도를 주로 사용한다. 실험을 통해 정리한 데이터는 통계분석을 통해 결과를 정리한다. 실험 결과는 브랜드디자인을 효율적으로 수정 보완하거나 버리거나 시장에 선보일 수 있다.

본원적 기능 중심의 문화코드를 사용한 브랜드디자인

본원적 기능 중심의 문화코드를 사용한 브랜드디자인은 설득력 있는 시각적 메시지를 구축해야 한다. 소비자들이 생각하는 브랜드에 대한 의미와 인식은 주로 소비자들이 브랜드의 활성 문화코드인 브랜드의 아이콘을 경험하여 이루어진다. 따라서 브랜드디자인을 경험 한 소비자들의 브랜드에 대한 해석과 표현은 브랜드 인식의 변화를 강화한다.[36] 구글(Google)은 변화하고 발전하고 있는 기업을 표현하고자 고정된 브랜드 아이덴티티 마크가 아닌 매일 특별한 날에 따라 타이포그래피에 변화를 주는 '각색 기능 로고'(Adaptable Logo)를 구축하여 브랜드 인식의 변화를 강화하였다. 이제 구글의 로고는 구글의 활성 문화코드 즉 브랜드의 아이콘으로 발전하였다. 브랜드의 아이콘은 본원적 기능에 있어 소비자들의 일반적인 인식의 요소 중에 브랜드 연상과 밀접한 관계를 갖고 있다.

[그림 14]는 유치원부터 초등학교 2학년 어린이들을 위한 교육 소프트웨어인 점프스타트(Jump Start)의 패키지디자인이다. 어린이를 타깃으로 한 브랜드에 대한 소비자들의 일반적인 인식이며 일반 문화코드는 유머와 활기찬 스타일이다. 이런 본원적 기능의 핵심은 자유로운 타이포그래피, 원색 계열 색상의 조합, 활기찬 이미지 스타일이다. 그래서 점프스타트 패키지디자인은 자유로운 타이포그래피를 두껍고 부드러운 테두리의 서체를 기준으로 소문자 대문자 배열과 불규칙적인 베이스라인

---

36 안장원(역)(2008), Gobe, Marc(저)(2007). 감성 디자인 감성 브랜딩 뉴트렌드(Brand Jam: Humanizing Brands Through Emotional Design, Allworth Press). 김앤김북스. pp. 189~212.

[그림 14] 점프스타드(Jump Start): 유치원부터 초등학교 2학년용 교육 소프트웨어

(Baseline)[37]과 자간으로 표현하였고, 원색 계열 색상의 조합을 한색과 난색의 보색 균형으로 표현하였고, 활기찬 이미지 스타일은 아이들이 좋아하는 캐릭터와 아이들이 같이 즐겁게 공부하는 모습으로 표현하였다. 이렇게 브랜드 연상 요소인 어린이, 교육, 재미를 소통하고 있다.

[표 3]은 점프스타트 패키지디자인의 본원적 기능과 파생적 기능 요소를 정리한 표이다. 점프스타트의 본원적 기능 요소는 출처, 품질, 유용

---

37 베이스라인(Baseline): 알파벳 타이포그래피에서 읽기 편하게 대부분의 글자를 놓아 정리할 수 있는 선

성, 인구통계학적 정보, 트렌드, 라이프스타일이다. 시각 커뮤니케이션 요소와 레이아웃 디자인을 통해 점프스타트 브랜드의 특성을 쉽게 소비자들은 인식한다. 점프스타트 패키지디자인의 파생적 기능은 차별화와 상징성이다. 다른 경쟁 교육 소프트웨어 브랜드와 다른 시각 표현을 보여줘 다른 경쟁 브랜드와 구별할 수 있도록 하였다. 또한 패키지디자인 레이아웃 시스템은 소비자들에게 점프스타트 제품인 Preschool, 1st Grade, 2nd Grade의 연관성을 학습시켜 상징성을 부여하고 있다.

[표 3] 점프스타트 패키지디자인의 본원적 기능과 파생적 기능 분석

점프스타트 브랜드 PF > DF	
본원적 기능	파생적 기능
출처	차별화
품질	
가격	상징성
유용성	
브랜드 연상	충성도
인구통계학적 정보	
트렌드	인지도
라이프스타일	
개성	이미지

파생적 기능 중심의 문화코드를 사용한 브랜드디자인

소비자가 브랜드에 심리적 가치인 파생적 기능을 부여하려면 브랜드디자인은 브랜드의 본질적인 기능 그 이상의 무엇을 내포하고 있어야만 한다. 다시 말해 브랜드디자인은 브랜드의 본원적 기능 이외의 의미인 파생적 기능을 획득하고 이를 소비자에게 전달할 수 있어야 한다.[38] 브랜드의 파생적 기능은 브랜드의 차별화, 상징성, 충성도, 인지도, 이미지를 강화하는 기능이다.[39]

PF ＜ DF, 브랜드의 파생적 기능 중심의 브랜드디자인은 브랜드의 차별화, 상징성, 충성도, 인지도, 표현을 강화하는 브랜드 터치포인트 디자인이 가능하다. 하지만 소비자들이 기억하는 일반적인 브랜드 분류의 특징과 브랜드의 브랜드 연상 요소를 전달하기 위해 본원적 기능의 시각 커뮤니케이션 요소를 사용하여야 한다.

[그림 15]는 미국 샌프란시스코에 위치한 관광 명소인 '알카트라즈'(Alcatraz) 교도소를 기념하는 맥주이다. 맥주 브랜드를 판단할 수 있는 패키지디자인의 본원적 기능이며 활성시각 문화코드는 장식적인 타이포그래피, 화려한 색상의 라벨, 브라운 색상의 병, 맥주병의 형태, 병뚜껑이다. '알카트라즈' 맥주 브랜드디자인의 본원적 기능이며 일반시각 문화코드는 브랜드네임, 'Ale' 단어, 맥주병의 형태, 병뚜껑이다. 그리고 '알카트라즈' 맥주 패키지디자인의 파생적 기능이며 제안시각 문화코드는 '알카트라즈' 교도소 분위기의 산세리프체, 시대를 연상할 수 있는 깔끔한

---

38 우석봉(2007). 브랜드 심리학. 학지사. p. 208.

39 최인영(2013). 브랜드디자인: 브랜딩을 위한 커뮤니케이션 디자인. 미진사. p. 21.

타이포그래피와 보조 그래픽 요소, 검정 색상을 사용한 실크스크린, 은색의 병이다. 만약 '알카트라즈' 맥주 패키지디자인의 본원적 기능인 맥주병의 형태, 병뚜껑, 'Ale' 단어를 파생적 기능 요소로 만들었다면 소비자들은 '알카트라즈' 브랜드를 맥주로 인식하지 못할 것이다. 본원적 기능 요소인 맥주병의 형태, 병뚜껑, 'Ale' 단어 중에 가장 우선순위는 맥주병의 형태이고, 다음 'Ale' 단어, 마지막 병뚜껑이다. 브랜드 연상 요소는 차가운 맥주, '알카트라즈' 교도소, '레트로 스타일'(Retro Style)[40]이다.

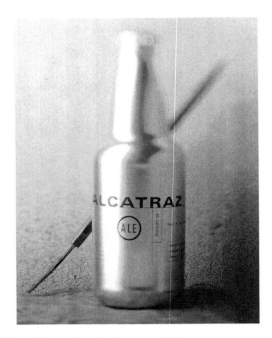

자료 제공: Bill Cahan & Associates, San Francisco, USA

[그림 15] 알카트라즈(Alcatraz) 맥주 패키지디자인

---

40 레트로 스타일(Retro Style): 1940년대와 1950년대에 개발된 스타일이다. 대담하고 눈길을 끄는 그래픽을 사용한다. 레트로는 더 이상 현대적으로 보이지 않는 것들을 묘사하는데 사용한다.

[표 4]는 '알카트라즈' 맥주 패키지디자인의 본언적 기능과 파생적 기능 요소를 정리한 표이다. '알카트라즈'의 본원적 기능 요소는 출처, 품질, 가격, 트렌드, 라이프스타일이고 파생적 기능은 차별화, 상징성, 이미지이다. 소비자들은 '알카트라즈'의 세련된 레트로 스타일의 깔끔한 은색 맥주병을 보고 일반 맥주 브랜드와 차별된 맥주라고 인지한다. 그리고 이런 시각 커뮤니케이션 요소들이 모여 옛 '알카트라즈' 교도소를 경험하게 하고 상징성을 부여한다. 그렇지만 시각 커뮤니케이션 요소인 맥주병 형태, 'Ale' 단어, 병뚜껑은 중요한 '알카트라즈'의 본원적 기능으로 효율적으로 사용하여 맥주 제품이라는 것을 짐작하게 하였다. 만약 본원적 기능이 없었다면 '알카트라즈'를 맥주 제품으로 인지하기 어려웠을 것이다.

[표 4] 알카트라즈 맥주 패키지디자인의 본원적 기능과 파생적 기능 분석

알카트라즈 맥주 브랜드 PF < DF	
본원적 기능	파생적 기능
출처	차별화
품질	
가격	상징성
유용성	충성도
브랜드 연상	
인구통계학적 정보	인지도
트렌드	
라이프스타일	이미지
개성	

제4장

소비자의 환경적 영향 요인과
개인적 영향 요인에 있어
문화코드의 역할

　소비자행동에 영향을 주는 가장 광범위한 환경 요인은 문화이다. 문화는 소비자들이 사회로부터 학습하는 개인주의, 자립, 성취 및 자아달성과 같은 사회적 가치관과 규범에 반영되기 때문에 구매활동에 영향을 미친다.[41] 그러므로 소비자들의 구매와 소유는 그들이 생활하는 사회의 문화를 통해 영향을 받는 의사결정으로 결정이 된다. 그러므로 브랜드가 시장에서 소비자들의 관심을 얻고 구매로 연결하기 위해서는 소비자들의 의사결정의 영향 요인인 '환경적인 영향 요인'(Environmental Influences)과 '개인적인 영향 요인'(Personal Influences)을 파악해야 한다. 소비자들의 사회로부터 학습하는 개인주의, 자립, 성취 및 자아달성과 같은 가치관을 찾는데 있어 먼저 환경적인 영향 요인인 인구통계학적 특성, 사회 계층, 준거집단을 알아야 하고, 다음 개인적인 영향 요인인 소비자의 라이프스타일과 소비자의 개성을 알아야 한다.

　환경적인 영향 요인과 개인적인 영향 요인은 소비자의 의사결정과정에

41　김성환, 박민석, 정용길, 조봉진, 황의록(역)(2007), Assael, Henry(저)(2004). 소비자 행동론(Consumer Behaviors, MA: Houghton Mifflin.). 한티미디어. pp.372~411.

영향을 주는 중요한 요인이고 본 방법론의 1단계인 문화조사의 첫 과정이다. 이 두 요인은 소비자들과 밀접한 관계를 갖고 있기 때문에 브랜드의 문화코드와 브랜드디자인의 브랜드 터치포인트 디자인을 결정짓는데 있어 중요한 역할을 한다.

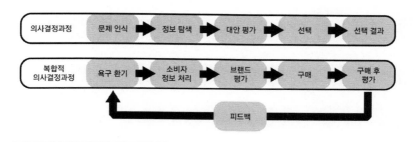

[그림 16] 복합적 의사결정 모델과 기본 의사결정과정 모델의 관계

그래서 환경적인 영향 요인과 개인적인 영향 요인은 소비자들의 소비과정에서 브랜드를 인지하고 선택하는데 있어 '복합적 의사결정과정'(Compleax Decision Making)을 거친다. 복합적 의사결정 모델과 기본 의사결정과정 모델의 관계는 [그림 16]과 같다. 기본 의사결정과정은 인간이 매일 일반적으로 실행하는 의사결정과정이다. 요즘처럼 다양한 브랜드가 넘치는 시장에서 스마트한 소비자가 되는 방법은 복합적 의사결정과정을 사용하는 것이다. 복합적 의사결정은 브랜드를 신중하게 판단해야 하는 의사결정과정에 필요하다. 그래서 소비자가 브랜드를 구매하고 신뢰하기까지 복합적 의사결정과정에서의 소비자 정보처리를 위해 브랜드에 대한 다양한 정보를 소통하고 이를 이해할 수 있는 넉넉한 시간이 필요하다. 만약 브랜드 구매 의사결정과정에 있어 시간이 부족하거나 브랜드에 대한 정보가 부족할 경우에는 소비자들은 그 브랜드를 신뢰하지

않고 외면할 것이다. 여기서 브랜드 디자이너는 소비자의 복합적 의사결정과정에서 가장 신속하게 브랜드에 대한 필요한 정보를 제공하는데 있어 경쟁 브랜드와 구분할 수 있고 소비자의 환경적 영향 요인과 개인적 영향 요인을 충족할 수 있는 브랜드의 문화코드를 사용하여 브랜드 터치포인트 디자인을 구축하여 효율적으로 소통해야 한다. 이런 브랜드 터치포인트 디자인은 소비자의 복합적 의사결정 중에 마지막 단계인 구매 후 평가에서 재평가되며, 이후 브랜드를 인지하고 신뢰하는데 중요한 브랜드의 파생적 기능 요소로서 브랜드의 일반시각 문화코드가 된다.

그러므로 복합적 의사결정과정의 영향 요인인 환경적 영향 요인과 개인적 영향 요인의 문화코드 연구는 문화조사에 있어 중요한 과정이다. [표 5]를 보면 환경적 영향 요인은 인구통계학적 특성, 사회 계층, 준거 집단으로 소비자가 생활하고 있는 사회의 다양한 관계이고 개인적 영향 요인은 개인적인 취향과 트렌드 소비자의 기준이다. 이 두 영향 요인은 사회의 기본가치, 지각, 선호 및 행동에 영향을 주는 기관과 요인들로서 '문화적 환경'(Cultural Environment)이라고 한다.[42]

코카콜라는 세계 남녀노소 소비자들이 즐겨 마시는 청량음료 브랜드이다. 코카콜라는 전 세계 청량음료 시장을 장악하고 있는 최강 글로벌 브랜드로서 전 세계 200여국 소비자가 하루에 약 10억 잔 이상을 애용하는 '리더십 브랜드'(Leadership Brand)[43]다. 이런 리더십 브랜드인 코카콜

---

42 안광호, 유창조, 전승우(역)(2016), Kotler, Philip; Armstrong, Gary(저)(2014). Kotler의 마케팅 원리(Principles of Marketing,Global Edition, 15th Edition, Pearson Education Limited). 시그마프레스. p. 93.

43 리더십 브랜드(Leadership Brand)는 경쟁 시장 내에서 환경을 주도하는 강자로서 가장 높은 시장 점유율을 보유하며 독자적으로 소비자가 브랜드를 쉽게 인식한다.

[표 5] 문화적 환경: 복합적 의사결정과정의 영향 요인

복합적 의사결정과정의 영향 요인(문화적 환경)	
환경적 영향 요인 Decision Making Environmental Influences	개인적 영향 요인 Decision Making Personal Influences
•인구통계학적 특성: 인구 규모, 인구 밀도, 연령, 수입, 가족 규모, 직업, 교육에 대한 통계 정보 •사회 계층: 학력, 직업, 재산, 소득으로 결정된 사회적 지위의 수직적인 계층 구조 - 상류층: 경제, 사회, 권력의 위치에서 상위에 있는 특권 집단 사회 계층 - 중산층: 경제적인 소득이 사회에서 중간을 차지하는 사회 계층 - 하류층: 신분, 경제 소득, 생활수준이 낮은 사회 계층 • 준거 집단: 소비자의 개인적인 의사 결정에 직접적 또는 간접적인 준거 기준을 주는 사회 집단 (예: 가족은 소비자에게 신뢰를 주거나 일을 같이 하는 생활 공동체임)	•라이프스타일: 사회 계층과 인구 통계적 특성을 반영한 독특한 생활 패턴과 가치 •개성: 다른 사람들과 뚜렷하게 구별할 수 있는 소비자의 독자적인 자아 개념 - 외면 요소_몸짓, 얼굴 표정, 태도 - 내면 요소_사고방식, 취미 •학습: 브랜드에 대한 긍정적과 부정적 경험으로 형성된 신념이나 태도

라의 독특한 브랜드 아이덴티티 마크, 열정적인 브랜드 색상인 빨강, 산뜻한 느낌의 패키지, 활발하고 행복한 느낌의 광고 등을 보고 소비자들은 맛도 보기 전에 쉽게 식별한다. 이는 개인적 영향 요인인 반복되는 의사결정 학습으로 인해 코카콜라 브랜드를 기억하고 신뢰하게 되었기 때문이다. 만약 코카콜라 라벨의 색상이 빨강이 아니라 파랑이라면 소비자 의사결정과정에서의 정보 처리에서 혼돈이 있을 수 있다. 소비자는 파랑과 빨강을 사용하는 펩시와 혼돈할 수 있다. 이때 소비자는 브랜드 평가를 하는데, 파랑 라벨의 코카콜라는 가짜거나 코카콜라의 새로운 브랜드라고 평가한다. 만약 이 파랑 라벨의 코카콜라에 '머리가 좋아지

는 기능을 보유한 청량음료'라는 정보를 시각이나 언어로 전달한다면, 소비자가 갖고 있는 코카콜라에 대한 신뢰와 브랜드 충성도가 높기 때문에 소비자는 호기심을 갖고 의사결정과정에서 구매 단계로 넘어갈 것이다. 이때 '머리가 좋아지는 기능을 보유한 청량음료'의 문화코드를 개인적 영향 요인 중에 하나인 라이프스타일을 기준으로 찾는다면, 아동에게는 캐릭터를 사용하고 성인들에게는 제품의 정량적인 데이터로 설득한다. 또한 소비자 구매는 문화적, 사회적, 개인적, 그리고 심리적 특성에 의해 크게 영향을 받는다.

인구통계학적 특성에 따른 문화코드

'인구통계학적 특성'(Demographic Characteristics)인 연령, 소득, 가족 규모, 직업, 직위는 개인과 가정을 나타내는 객관적인 설명도구이다. 인구통계학적 변수는 객관적인 특성이 있기 때문에 인구통계학적 특성 중에 연령과 소득의 변수는 구매 활동에 큰 영향을 미친다. 그러므로 브랜드의 타깃 소비자를 설정할 때에 가장 중요시 여겨야 할 인구통계학적 특성은 연령과 소득이다.

인구통계학적 연구의 기본 범위는 먼저 그 지역과 시대의 인구 성장의 변화에서 시작된다. 같은 지역에서 비슷한 시기에 태어난 소비자들은 그 시대의 문화, 사회, 경제, 역사에 대한 경험을 공유하고 있어 비슷한 소비자 특성과 문화적 환경을 보여주고 있다. [표 6]은 소비자들의 연령 구조의 변화를 기준으로 네 개의 연령집단인 베이비붐 세대, X세대, Y세대, Z세대로 나누어 특징을 설명하였다. 베이비붐 세대는 1940년대 중

[표 6] 네 개의 연령 군집의 출생 시기와 특징

연령군집	출생년도 기간	특징
Z세대	2000년대 초 ~ 현재	Z세대를 규정하는 가장 큰 특징은 '디지털 원주민(Digital native)'. 2000년 초반 정보 기술(IT) 붐과 함께 유년 시절부터 디지털 환경에 노출된 세대답게 신기술에 민감할 뿐만 아니라 이를 소비활동에도 적극 활용하고 있다. 소셜 미디어를 적극 활용, 신중하게 구매하는 경향도 강하다. 온라인 매체 비즈니스인사이더는 X, Y세대가 이상주의적인 반면 Z세대는 개인적이고 독립적이며, 경제적 가치를 우선시하는 등 이전 세대와 다른 소비패턴을 보인다고 분석했다.
Y세대 밀레니얼 세대	1980년대 초 ~ 2000년대 초	다른 나라 문화나 다른 인종에 대한 거부감도 적고, 지적 수준이 높고, 반항·도전정신을 가지고 있다. 개인·개방·감성주의가. 이들의 특징으로 모방심리, 호기심이 많고, 튀는 패션에 쇼핑을 즐기고 소비력이 왕성하다. 유행과 소비를 선도하는 Y세대는 자기중심적이며, 소비와 유행의 주역이라는 점에서는 X세대와 별 차이가 없다.
X세대	1960년대 초 ~ 1980년대 초	X세대의 특징은 흔히 PANTS로 요약되는데, 이는 Personal(개별화, 개인화, 개성화), Amusement(인생의 가치관을 즐거움에 두고 심각함을 기피함), Natural(자연에 대한 강한 욕구), Trans-border(나이나 성에 대한 구분을 거부함), Service(서비스에 있어서 하이테크와 하이터치를 추구함)를 지향한다는 뜻이다.
베이비붐 세대	1940년대 중반 ~ 1964년	이들을 베이비붐이라고 부르는 이유는 이 기간 중 미국 여성 한 명이 평균 3.5명의 아이를 낳았기 때문이다. 베이비붐 세대는 성해방과 반전운동, 히피문화, 록음악 등 다양한 사회·문화운동을 주도해 왔다.

반에서 1964년에 태어난 현재 실버 세대들이고, X세대는 1960년대 초에서 1980년대 초에 태어난 현재 30대 후반에서 50대 후반 세대들이고, Y세대는 1980년대 초에서 2000년대 초에 태어난 현재 대학생에서 30대 중반 세대들이고 , Z세대는 2000년대 초부터 태어난 갓난아기부터 10대후반 세대들이다. 각 세대들의 독특하고 차별된 특징으로 인하여 세대간의 이해가 어렵기 때문에 브랜드의 특성, 브랜드 터치포인트 디자인 시스템에 의한 브랜드디자인 전략, 마케팅 전략이 달라야 한다. 코카콜

라의 브랜드 터치포인트 디자인 요소 중에 하나인 광고를 개발할 경우에 베이비붐 세대에게는 가상현실 테크놀로지로 만든 광고보다 텔레비전이나 신문 광고가 효과적일 것이다. 하지만 디지털 환경에 노출된 세대인 Z세대에게는 가상현실 테크놀로지로 만든 광고가 효과적이다.

이들 세대들은 인생에 있어 유사한 경험을 한 동일한 '연령 군집'(Age Cohorts)으로 공통적인 가치관과 욕구를 공유하고 있다. 연령 군집은 장래의 연령 분포를 예상 가능하게 하고 시장의 균형이 인구가 많은 세대로 움직일 수 있다. 이들의 경험은 시간에 따라 변화하기 때문에 그 세대가 이해하는 일반 문화코드와 활성 문화코드를 찾아야 한다. 그 세대의 일반 문화코드와 활성 문화코드를 찾기 위해 그 세대의 문화를 연구해야 한다. 그 세대의 물질문화 요소인 기본적 욕구를 충족하는 사물과 기술 요소, 행동문화인 상황에 따른 일반 행동 요소, 관념문화인 가치와 생각을 찾는데 노력해야 한다. [표 7]은 각 세대 간의 일반 문화코드 사례이다. 브랜드디자인에서 일반 문화코드는 일반시각 문화코드로 발전할 수 있으며 직접적으로 소비자와 소통하는 문화코드로서 소비자들의 이해와 신뢰를 높일 수 있다. 만약 브랜드가 젊은 소비자 세대인 Z세대와 Y세대를 대상으로 브랜드 충성도를 높인다면, 평생 동안 이 소비자들은 브랜드를 구매하거나 애용할 것이다. 그래서 노년기 세대를 겨냥한 광고 보다는 18~34세 사이의 연령 군집을 겨냥한 광고가 많다. 그래서 새로운 커뮤니케이션 도구인 테크놀로지를 찾아 브랜드 터치포인트 디자인을 활성화해야 한다. 코카콜라의 가상현실 광고와 소셜 네트워크 전략은 젊은 소비자 세대인 Z세대와 Y세대에 자연스럽게 소통할 수 있는 장점이 있다.

[표 7] 네 개의 연령집단의 출생년도 기간과 특징

세대	문화코드		
	물질문화(MC)	행동문화(BC)	관념문화(IC)
	물질 기준	행동 기준	가치 기준
Z세대	• 적극적 신기술 소비활동 • 신중한 구매 행동	• 소셜 미디어 적극 활용 • 디지털 원주민	• 신기술에 민감함 • 소비패턴: 개인적, 독립적, 경제적 가치 우선
Y세대 밀레니얼 세대	• 개인·개방·감성주의 • 튀는 패션 • 왕성한 소비력	• 타 문화와 인종에 대한 낮은 거부감 • 지적 수준 높음 • 호기심이 많음	• 반항·도전정신 보유 • 개인·개방·감성주의 • 모방심리

X세대	• 개별화, 개인화, 개성화
	• 자연에 대한 강한 욕구
		• 서비스에 있어서
		  하이테크와 하이터치
		  추구
			• 개별화, 개인화, 개성화
			• 인생의 가치관을 즐거움에
			  두고 심각함을 기피함
			• 나이나 성에 대한 구분을
			  거부함

베이비붐 세대	• 히피문화 • 록음악	• 히피문화 • 록음악	• 성해방과 반전운동 • 다양한 사회·문화운동 주도

사회 계층에 따른 문화코드

'사회 계층'(Social Class)은 수직적인 계층 구조로서 인구통계학적 특성인 학력, 직업, 소득 수준에 의해 소비자의 사회적 지위 및 순위가 결정된다. 그 순위는 한 사회의 사람들을 상류층, 중산층, 하류층으로 나누어 결정한다.[44]

'지위 상징물'(Status Symbol)은 사회에서 그 사람의 지위를 나타내는 상징이다.[45] 지위 상징물은 물질문화와 연관성이 높다. 즉 사회 집단인 상

---

44 대흥기획 마케팅컨설팅그룹(역)(2014), Settle, Robert B; Alrek, Pamela L.(저)(1986). 소비의 심리학(Wht They Buy. Wiley). 세종서적. pp. 237~245.
45 Ibid., pp. 246~255.

류층, 중산층, 하류층의 기본적 욕구를 충족시키기 위해 필요한 소유물이며 지위 상징물인 패션, 주택, 자동차 등을 통해서 그 사회 구성원들은 어느 사회 계층의 구성원이라고 나타내거나 짐작할 수 있다. 사회 계층의 기준인 학력, 직업, 소득 수준과 사회 계층을 표현하는 지위 상징물은 사회와 문화에 따라 다르고 차이가 있다. 브랜드는 지위 상징물이다. 브랜드디자인의 표현과 전략은 브랜드를 어떤 위치의 지위 상징물로서 소비자들의 사회 계층에 따라 그들의 욕구를 충족해 준다. 그리고 어떤 위치의 지위 상징물로서의 브랜드냐에 따라 같은 운동화라도 가격이 다를 수 있다. 다른 운동화라도 운동화에 나이키 로고를 붙이면 나이키의 제품이 되고 자연스럽게 나이키의 지위 상징물이 되고 만다.

[표 8]은 대한민국의 사회 계층을 설명하였다. 선진국인 경우, 사람들은 본인이 속한 사회 계층보다 높은 사회 계층으로 신분 상승을 위해 학력을 높여 직장을 옮기거나, 더 높은 직위를 향하거나, 소득 수준을 높이려고 다양한 방법으로 노력한다. 이렇게 전 세계적으로 직업과 소득이 사회 계층의 지표가 되고 있다. 하지만 대한민국 사회 계층의 주요 기준은 소득 수준이다.

대한민국은 사회 계층에 따라 관념문화가 다르다는 것을 볼 수 있다. 상류층은 가격이나 기능보다 디자인을 우선 선호한다. 중산층은 기능을 우선 선호하고 하류층(서민층)은 디자인이나 기능보다 가격을 우선 선호한다. 예를 들어, 자동차의 모습을 보면서 우리는 그 자동차 주인의 사회 계층을 짐작하고 있다. 만약 주차장에 포르쉐 911, 그랜저, 모닝 자동차가 있는데 어느 사람이 포르쉐를 운전하고 주차장을 나간다면, 보통 우리는 그 운전자를 돈이 많은 상류층이라고 생각하지 돈이 없는 서

[표 8] 대한민국 사회 계층의 특징

사회 계층 기준	대한민국 사회 계층		
	상류층	중산층	하류층(서민층)
학력	•해외 명문대 유학	•해외 유학 •국내 대학	•고졸, 전문대
직업	•창업 성공 •주식/부동산 투자 •대기업 전무 •법무사 사장	•대기업 과장 •중소기업 사장 •판사/검사/변호사 •의사/교수	•신입/계약직 •노동자 •강사
소득 수준	•고급 아파트/주택 소유 •월 급여 1억 이상	•아파트/주택 소유 •월 급여 500만원 이상	•전세/월세 •월 급여 300만원 이하
지위 상징물 [물질문화] (MC)	•수입 자동차 •명품	•중형 자동차 •백화점 제품	•대중교통 •시장 제품
관념문화 (IC)	•디자인 우선 선호	•기능 우선 선호	•가격 우선 선호

민층이라고 생각하지 않을 것이다. 그것은 포르쉐 911은 2억이 넘는 명품 자동차이고, 현대 그랜저는 4천만원이 넘는 일반 자동차이고, 작은 기아 모닝은 1천만원하는 기능성 소형 자동차이기 때문이다.

 이런 대상의 행동이나 외형적 가치를 기준으로 문화적, 인종적, 사회 계층에 대한 판단을 하는 것을 '고정 관념'(Stereotypes)이라고 한다. 브랜드디자인에 있어 고정 관념은 브랜드의 이미지를 구축하게 한다. 나이키는 광고에서 미국 프로 농구 선수인 마이클 조던을 모델로 사용하여 나이키와 마이클 조던의 이미지를 융합하였다. 이는 바로 나이키의 아이콘으로 발전하였다. 소비자들이 나이키 운동화를 보고 마이클 조던과 같은 운동선수를 연상하고 있다. 소비자들은 이런 고정 관념인 브랜드 이미지와 브랜드 연상을 통해 나이키를 인지하고 있다. 뚱뚱한 사람이 멋진 나이키 운동화를 신고 있으면 어색하게 생각하거나 어울리지 않다고 생각한다. 그리고 그 뚱뚱한 사람은 나이키 운동화를 신고 마이클 조던으로 변신하는 생각도 할 수 있다. 이런 것들이 고정 관념에서 나온 결과이고 브랜드디자인은 다른 기능과 함께 고정 관념을 촉진하는 기능도 갖고 있다.

준거집단과 문화코드

'준거집단'(Reference Group)은 소비자의 개인적인 의사 결정에 직접적 또는 간접적인 준거 기준을 주는 사회 집단이다. 준거집단에 가장 영향을 많이 받는 사회 집단은 청소년이다. 청소년들은 개인의 행동이나 판단의 기준으로 삼는 집단으로 연예인 집단을 자주 선택한다. 그래서 특정 연예인의 팬클럽에 가입하여 활동하기도 한다. 이런 경우 팬클럽의 회원들은 대상 연예인과 관련된 다양한 문화코드로서 물질 문화코드와 비물질 문화코드인 관념 문화코드와 행동 문화코드를 철저히 지키고 있다. 즉 연예인이 애용하는 물건을 구입하고(물질 문화코드), 연예인이 좋아하는 색상, 소설, 계절, 꽃 등을 좋아하고(관념 문화코드), 연예인이 하는 행동, 목소리, 버릇, 언어 구사 등(행동 문화코드)을 따라한다. 준거집단을 크게 조직, 동료집단, 가족으로 나누는데, 소비자는 준거집단의 규범인 물질문화, 관념문화, 행동문화를 수용하고 자기 자신의 정체성을 찾는다.

준거집단의 종류는 개인의 행동과 가치 판단의 모범이 되고 표준이 되는 집단인 '긍정적 준거집단'(Positive Reference Group)과 개인의 사고와 행동에 있어서 배척하는 기준이 되는 집단인 '부정적 준거집단'(Negative

Reference Group)이 있다.[46] 어느 소비자가 F라는 브랜드에 대한 경험이 부정적이라면 F 브랜드와 관련된 모든 브랜드들을 부정적 준거집단으로 생각하고 멀리할 것이다. 그렇지만 A 브랜드에 대한 경험이 긍정적이라면 A 브랜드와 관련된 모든 브랜드들을 긍정적 준거집단으로 생각하고 신뢰하게 된다. 그래서 브랜드 이미지가 긍정적이고 브랜드 연상과 브랜드 충성도가 높은 삼성 브랜드가 시장에 출시하는 서브브랜드들은 삼성 브랜드의 긍정적 준거집단이다. 삼성브랜드에 대한 소비자들의 긍정적인 생각을 계속 유지하기 위해서는 삼성 파렌트브랜드(Parent Brand)와 서브 브랜드를 지속적으로 평가해야 한다. 부정적인 파렌트브랜드에서 긍정 적인 파렌트브랜드로 변화하기에는 어려움이 있기 때문에 이를 위해 전체적인 기업 아이덴티티와 브랜드 아이덴티티를 바꾸는 방법을 사용한다. 지속적인 긍정적 준거집단의 패밀리브랜드(Family Brand)을 위해 파렌트브랜드와 서브브랜드는 계속 노력해야 한다.

준거집단이 소비자의 의사결정에 영향을 미치는 방법은 세 가지 유형이 있다. 지식이 풍부한 전문가가 제공하는 정보를 소비자가 신뢰하는 경우, 소비자는 준거집단의 '정보 제공적 영향'(Informational Influence)을 받았다고 한다. 예를 들어 과학 지식이 풍부한 물리 과학자인 아인스타인(권력의 유형)이 침대 광고에서 침대를 사용하면서 잠은 과학이라고 전달하는 광고는 침대 브랜드를 신뢰(수용)하게 한다. 준거집단의 '비교 기준적 영향'(Comparative Influence)은 소비자에게 자신의 이미지를 평가하도록 그 소비자의 준거집단의 신념, 태도, 행동을 본인과 비교하게 한다. 예를 들어, 청소년들은 친구(준거)가 즐겨 입는 나이키 브랜드를 확인하

---

46 Ibid., pp. 212~213.

고 나이키를 구매하여 동조하려고 노력(일치성)한다. 준거집단의 '규범적 영향'(Normative Influence)은 집단의 규범에 동조하도록 집단의 직접적 행동과 태도에 영향을 준다. 예를 들어, 준거집단의 규범적 영향으로 사회적 상호 작용을 하는 사람들의 선호도를 맥주 광고에서 같은 직업을 가진 젊은 신입 직원들이 퇴근하고 하루 스트레스를 풀기 위해(보상 또는 강제) 호프집에서 맥주를 시원하게 마시는 행복한 모습(순응적 일치)을 통해 보여 주는 것이다. 이렇게 브랜드 터치포인트 디자인인 광고는 브랜드와 타깃 소비자의 관계를 분석하여 가장 효율적인 준거집단의 영향 유형을 결정하고 권력의 유형과 행동의 관계를 전략적으로 스토리텔링하여 타깃 소비자들을 설득한다. [표 9]는 준거집단의 영향 유형과 내용이다.

[표 9] 준거집단의 영향 유형과 내용

준거집단의 영향 유형	목표	출처에 대해 지각되는 특성	권력의 유형	행동
정보 제공적	지식	신뢰성	전문가	수용
비교 기준적	자아유지와 자아향상	유사성	준거	일치성
규범적	보상	권력	보상 또는 강제	순응적 일치

라이프스타일과 문화코드

특정 브랜드가 자신이 추구하는 라이프스타일과 일치한다고 생각하는 소비자들은 그 브랜드를 사랑하고 고객이 된다.[47]

라이프스타일 변수는 사람들이 시간을 소비하는 방법(활동: Activities), 그들의 환경에서 중요하다고 생각하는 것(관심: Interests), 그리고 그들 주위의 세상과 그들 스스로를 생각하는 것(의견: Opinions)에 의해서 정의된다. 라이프스타일을 정의하는 활동, 관심, 의견은 다음 [표 10]과 같다.[48]

[표 10] 라이프스타일 특성 측정

라이프스타일 특성 측정 AIO(A: Activities(활동), I: Interests(관심), O: Opinions(의견))		
A: Activities(활동)	I: Interests(관심)	O: Opinions(의견)
일	가족	개인적 관계
취미	가정	사회적 관계
사회적 사건	일	정치
휴가	공동체	사업
여가	래크리에이션	경제
클럽회원	패션	교육

소비자의 라이프스타일은 활동, 관심, 의견을 소비자의 사회 계층과 인구 통계적 특성을 반영한 독특한 생활 패턴과 가치에서 찾을 수 있다. 그래서 브랜드는 소비자의 라이프스타일과 개성(Personality)을 기준으로

---

47 인터브랜드(2015). 의미부여의 기술. 엔트리. p.149.

48 김성환, 박민석, 정용길, 조봉진, 황의록(역)(2007), Assael, Henry(저)(2004). 소비자 행동론(Consumer Behaviors, MA: Houghton Mifflin.). 한티미디어. pp.336~339.

다양한 문화코드를 브랜드와 브랜드디자인에 적용하고, 소비자들은 그들의 독특한 라이프스타일과 개성을 표현하는 브랜드를 구매하고 애용한다. 요즘에는 온라인과 오프라인으로 다양한 소비 행동이 가능하게 되었고 소비 행동이 하나의 라이프스타일이 되었다.

라이프스타일을 측정하는 일반적인 방법은 소비자들이 시간을 소비하는 방법(활동: 일, 여가, 취미, 휴가), 그들의 환경에서 중요하다고 생각하는 것(의견: 가족, 직업, 커뮤니티), 그리고 그들 주위의 세상과 그들 스스로를 생각하는 것(의견: 사회적 문제, 경제, 교육, 정치)을 반영한 AIO(Activities, Interests, Opinions) 항목을 개발하는 것이다.

소비자의 활동, 관심, 의견을 인구통계학적 요소와 연결하여 타깃 소비자의 라이프스타일을 찾는다. 이 과정에서 독특한 분류가 형성된다면 전체적인 분석 내용을 잘 전달할 수 있는 소비자 그룹(Consumer Group)의 명칭을 지어내기도 한다. 그래서 소비자의 소비 행동을 기준으로 소비자의 라이프스타일을 분석하고 이에 적합한 소비자 분류를 다음과 같이 구분하고 있다.

- 바겐헌터(Bargain Hunter): 할인 기간만을 기다려 할인된 가격에 구매하는 소비자
- 칩시크(Cheap-chic): 싼 가격에 품질, 세련된 디자인의 핵심 가치를 두루 갖춘 상품 및 서비스를 이용하는 소비자
- 포미족(For-me): 내가 사고 싶은 것, 가치를 두는 제품에 대해서는 아깝지 않을 정도로 투자하여 구매하는 소비자
- 그린슈머(Greensumer): 친환경 그린(Green)과 소비자를 뜻하는 콘슈머(Consumer)의 합성어. 친환경, 유기농 제품을 선호하는 소비자

- 키덜트(Kidult): 키덜트는 어린이를 뜻하는 '키드'(Kid)와 어른을 의미하는 '어덜트'(Adult)의 합성어로 유년시절 즐기던 장남감, 의복, 음식, 텔레비전 프로그램 등에 향수를 느껴 이를 다시 찾는 어른이다. 키덜트 브랜드는 현대 성인들이 원하는 재미, 유치함, 순수함을 표현한다.
- 프로슈머(Prosumer): 생산자를 뜻하는 프로듀서(Producer)와 소비자를 뜻하는 콘슈머(Consumer)의 합성어로 생산, 판매, 유통에 직접 참여하는 소비자
- 리뷰슈머(Reviewsumer): 리뷰(Review)와 콘슈머(Consumer)의 합성어로 새로 출시된 신제품을 미리 써보고 품평을 통해 디자인의 소비 결정에 큰 영향을 미치는 소비자
- 쇼루밍족(Showrooming): 상품 선택은 매장에서 하고, 구매는 인터넷 쇼핑몰에서 하는 소비자
- 소셜슈머(Socialsumer): 개인을 위해서가 아니라 사회의 혜택을 위해 의견을 제시하는 소비자
- 트레저 헌터(Treasure Hunter): 가격 대비 최고의 가치 상품을 구입하기 위해 끊임 없이 정보를 탐색하는 소비자
- 트라이슈머(Trysumer): 체험마케팅과 같은 방법을 통해서 제품을 직접 사용해보고 구매하는 소비자
- 트윈슈머(Twinsumer): 쌍둥이를 뜻하는 트윈스(Twins)와 콘슈머(Consumer)의 합성어로 마치 쌍둥이들처럼 자신들과 취향과 기호가 비슷한 사람들과 온라인으로 연결되어 그들의 의견을 듣고 행동에 옮기는 소비자

■ 트윗슈머(Twitsumer): 제품의 상품 후기 및 상품 평가를 살펴보고
   구매하는 소비자

어느 소비자는 위 분류 중에 하나인 소비자가 될 수 있고, 중복 분류
될 수 있다. 예를 들어 프로슈머, 키덜트, 포미족인 소비자가 본인이 좋
아하는 만화캐릭터를 다양한 재료를 투자하여 3D프린터로 제작한다.
이런 분류의 소비자들이 많아져서 브랜드의 표적 시장으로 발전한다면
이 분류에 적합한 분류가 구분되어야 한다.

개성과 문화코드

소비자의 개성은 소비자의 사고방식이나 취미와 같이 다른 사람들과
구별할 수 있는 자기만의 특성이다. 인간은 자아개념을 결정하기 위해서
여러 가지 속성(행복한, 현대적, 활동적, 감성적, 공격적, 진지한, 실용적 등등)에
따라 자신을 어떻게 표현할지 노력한다.

자아개념 이론(Self-concept Theory) 또는 자아 이미지 이론(Self Image
Theory)의 두 가지 원리는 현재의 일관성을 달성하려는 욕망인 내 자신
의 실제적 자아(Actual Self)에 기초한 자아의 개념과 자신의 자존심을 높
이려는 욕망인 내 자신의 희망사항의 이상적 자아(Ideal Self)에 기초한
자아의 개념을 설명하고 있다.

즉, 소비자들은 그들의 자아개념과 유사한 것으로 지각하는 브랜드를
구입함으로써 일관성을 달성한다. 따라서 브랜드 개성과 실제적 자아 원
리는 일치한다. 환경보호에 도움이 되는 브랜드를 지향하는 소비자인 그

린슈머는 본인의 실제적 자아를 위해 친환경 재료로 만들고 환경오염에 영향이 없고 재활용 재료로 만든 브랜드만 구매하고 애용한다. 이제 환경 보호에 민감한 사회에서 소비자들의 마음에 그린슈머의 자아가 일반적으로 조금이나마 존재하고 있다. 그래서 시장에서 생존하는 브랜드는 일반적으로 브랜드의 친환경적인 요소를 증명해야 한다. 비 친환경적인 브랜드는 소비자들의 관심에서 멀어질 수 있다.

예를 들어 홀푸드 마켓(Whole Food Market) 프랜차이즈 브랜드는 미국에서 가장 인지도가 높은 그린 브랜드이다. 홀푸드 마켓에서는 유기농 식품만 판매하고 있어 그린슈머와 건강에 관심이 많은 소비자들이 많이 이용하고 있다. 소비자들에게 다음과 같은 브랜드 터치포인트 디자인으로 차별된 경험디자인을 통해 소비자들의 신뢰를 받았다. 오픈에어, 시골시장, 활발한 환경의 매장 인테리어는 소비자들에게 친근감, 편안함, 따뜻이 맞이하는 느낌을 경험하게 하였다. 미국 스타일인 '크게 많이'로 제품의 다양성을 준비하여 소비자들에게 소중함과 특별한 행복감을 경험하게 하였다. 매장의 제품 디스플레이는 다양한 색감으로 흠 하나 없이 공간을 활용하여 소비자들에게 프리미엄 쇼핑을 경험하게 하였다. 프리미엄 가격은 프리미엄 품질, 서비스, 혜택을 통해 느끼게 했다. 직접적이고 지식이 풍부한 고객서비스로 인해 소비자들은 브랜드와 서비스를 신뢰하게 되었다. 마켓 내 정보디자인인 라벨, 사인, 제품 정보는 소비자들이 존중받는다는 느낌과 구매 의사결정을 쉽게 할 수 있었다. 웹사이트, 소셜네트워크를 통한 마켓과 제품에 대한 지속적이고 신속한 정보 전달은 소비자들에게 신뢰할 수 있는 푸드 쇼핑 마켓이라는 생각을 심어 주었다.

실제적 자아와 이상적 자아 간의 차이가 클수록 그 사람의 자존심은 낮다. 자신에 대한 불만족은 특히 자존심을 높여주는 브랜드에 대한 구매에 영향을 준다. 일관성과 자존심에 대한 욕망은 갈등을 일으킬 수 있다. 실제적 자아개념과 동일하게 구입하는 소비자는 일관성을 성취할 수 있으나, 자존심을 높일 수는 없다. 일반적으로 소비자들은 그들의 실제적인 자아 이미지에 일치하는 제품을 구입한다. 그러나 만약 그들의 자존심이 낮다면(실제적 자아와 이상적 자아 간의 차이가 큰 경우), 그들은 현재의 자신보다는 월등하려고 하는 것에 근거하여 구입할 가능성이 크다. 결과적으로 이러한 소비자들은 이상적 자아를 묘사하는 환상에 대한 소구(미국 명품 거리인 로데오 드라이브에서 걷고 있는 매혹적인 여성, 할리 데이비슨에 앉아 석양을 바라보고 있는 고독한 폭주족, 검정 아르마니(Armani) 정장을 입은 남자)에 의해 동요하게 될 가능성이 크다. 빈번한 구매는 실제적 자아와 이상적 자아 간의 불일치를 극복하는 수단이며, 낮은 자존심에 대한 감정을 경감하게 하는 수단이다.

어떤 브랜드는 상징적 가치가 있다. 이런 상징적 가치가 높은 브랜드는 소비자 자신에 대한 어떤 것과 자신에 대해 느끼는 것을 표현해 준다. 이런 상징적 가치가 높은 브랜드의 분류는 어느 사회 집단을 상징하는 요소나 체계를 전달하는 문화 브랜드, 소비자의 차별된 이미지를 위해 욕구 충족 역할을 하는 상징적 브랜드, 고가격대의 최고급 유명 명품 브랜드, 소비자의 잠재 욕구를 충족시키는 일반 브랜드보다 가격과 품질이 높은 프리미엄 브랜드, 정상 가격 범위 내에서 판매하는 일반 브랜드에서 찾아 볼 수 있다. 이렇게 상징적 가치가 높은 문화 브랜드, 상징적 브랜드, 명품 브랜드는 소비자의 자아를 표현해 주는 역할을 한다. 힙합 가수Run DMC가 아디다스 모델로 활동하여 아디다스를 힙합의 활성 문화코드로 발전시킨 문화 전략은 브랜드의 상징적 가치에 대한 대표적인 사례이다.

여성 소비자가 명품 핸드백을 구입할 경우, 그 것이 그 여성 소비자의 자존심을 높여줄 것이라고 예상할 수 있다. 이런 분류의 소비자들은 강한 '확장된 자아'(Extended Self)를 갖고 있다. '확장된 자아'는 소비자의 중요한 소유물을 자아개념과 결속하는데, 그 이유는 소비자가 소유하는 것은 소비자의 개성을 반영한다고 생각하기 때문이다. 확정된 자아는 사회계층인 상류층, 중산층, 하류층에 따라 영향에 차이가 있을 수 있다. 하지만 대부분의 소비자들은 확정된 자아를 높여주는 브랜드는 꼭 소유하려고 노력한다. 그 노력의 범위는 브랜드의 희귀성과 가격에 따라 그리고 소비자의 사회계층에 따라 다를 수 있다. 대부분의 명품 브랜드(럭셔리 브랜드)들은 이런 확정된 자아가 높은 소비자들을 주 고객으로 구축하기 위해 브랜드 이미지, 브랜드 개성, 브랜드 연상을 트렌드 결정자의 라이프스타일과 개성을 바탕으로 철저하게 연구하고 관리해야 한다.

제2부

브랜드디자인에 있어 있어 문화코드의 기능

브랜드디자인 전략 과정에 있어
문화코드에 대한 연구는 브랜드와 소비자
욕구 및 트렌드의 관계를 설명할 수 있고,
브랜드에 가장 적합한 브랜드 터치포인트
디자인 유형과 시각 문화코드 요소를
구축할 수 있다.

제2부 브랜드디자인에 있어 문화코드의 기능에서는
다음과 같은 질문을 설명하였다.
소비자 욕구를 이해하려면 무엇을 알아야 하나?
트렌드를 이해하려면 무엇을 알아야 하나?
문화코드 관점에서 디자인을 이해하려면 무엇을 알아야 하나?
브랜드디자인의 디자인 요소와 문화코드의 관계는 무엇인가?

[그림 17] 타이드(Tide) 세정제 패키지디자인

미국 시장에서 슈퍼마켓이 번창한 1940년대는 브랜드가 활성화되기 시작했다. 이에 맞추어 패키지디자인이 다양화되었다. 다양한 패키지디자인이 슈퍼마켓 진열대에 소개되면서 소비자의 의사결정이 어려워졌다. 그렇지만 제품군마다 새롭고 혁신적인 패키지디자인은 파생적 기능을 강화하여 그 제품 분류의 패키지디자인에 있어 활성 문화코드가 되었다. 1946년에 소개된 타이드 패키지디자인의 시각 커뮤니케이션 요소인 강한 색상은 소비자의 관심을 끌었으며, 현재는 세재용품의 본원적인 요소이며 활성시각 문화코드로 자리를 잡았다.

제5장

소비자의 욕구와
문화코드의 관계를
적용한 디자인

브랜드디자인은 소비자가 구매 행동을 하는 데 동기를 주어 브랜드를 선택하도록 도와줘야 한다. 설득력이 높은 동기는 소비자의 욕구를 만족시켜 구매로 이어진다. 그러나 설득력이 낮은 동기는 소비자의 욕구를 만족시키지 못하므로 소비자는 본인의 욕구를 만족시켜 주는 브랜드를 찾게 된다.

'욕구'(Needs)는 소비자에게 소비를 하도록 동기를 부여하는 기본적이고 본능적인 인간의 심리다. 그리고 '선호'(Preference)는 소비자가 환경적 영향 요인과 개인적 영향 요인에 의해 평생 동안 학습하는 욕구의 요소다. 그러므로 소비자가 선호하는 욕구의 요소에 따라 욕구에 차이가 있고, 소비자들의 연령 구조의 변화인 세대에 따라 선호하는 욕구의 요소가 변할 수 있다. 따라서 브랜드디자인은 현재 고객과 예상 고객이 선호하는 요소를 분석하고 그들의 욕구를 충족하기 위해 노력해야 한다. 어느 소비자가 환경적 영향 요인으로서 규범적 영향을 주는 소비자 준거집단인 그린슈머라면 그린슈머의 특징인 친환경, 유기농 제품을 선호하게 된다. 그리고 이 그린슈머 소비자는 항상 브랜드를 선택하는데 있어 친환경과 관련된 일반 문화코드를 가장 중요한 의사결정 요소로 브랜드에 대한 문제의식, 정보 탐색에 사용하고 브랜드를 평가하여 구매하게 된다. 그래서 이 소비자와 같은 그린슈머 소비자를 설득하기 위한 브랜드디자인은 친환경과 관련된 일반 문화코드를 일반시각 문화코드로 발전시켜 그린슈머 소비자의 문제의식과 정보 탐색을 명확하게 한다.

미국의 심리학자인 에이브라햄 매슬로(Abraham Maslo)는 사람들은 '근원적인 욕구'(Needs)가 만족되고 나서야 다른 욕구를 충족시키려 하는 경향이 있다는 사실을 발견했다.[49] '욕구 계층'(Hierarchy of Needs)의 하위 욕구는 '근본적 욕구'(Fundamental Needs)로서 인간이 생활하는 데 필요한 의, 식, 주, 안전, 사회적 소속감 같은 기본 욕구이며, 상위 욕구는 '구체적 욕구'(Specific Wants)로서 근본적 욕구를 구체적으로 충족시키는 2차 욕구라고 했다.[50] [그림 18] 참조.

소비자들은 낮은 수준의 욕구를 먼저 만족시킨 후, 높은 수준의 욕구를 추구하게 된다. 근본적 욕구 중에 가장 낮은 수준인 생리 욕구(Physiological)는 물, 음식, 주거와 같은 인간이 살아가는데 필요한 기본 요소이다. 생리 욕구는 모든 사회 계층이 우선시 여기는 욕구이다. 여기서 환경적 영향 요인인 사회 계층이나 개인의 라이프스타일에 의해 욕구 계층에서 근본적 욕구거나 구체적 욕구가 욕구된다.

---

49 대흥기획 마케팅컨설팅그룹(역)(2014), Settle, Robert B; Alrek, Pamela L.(저)(1986). 소비의 심리학(Wht They Buy, Wiley). 세종서적. p. 34.

50 Ibid., pp. 34~45.

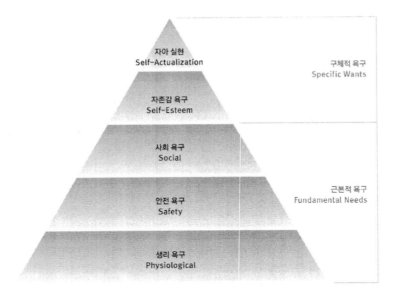

출처: 최인영(2013). 브랜드디자인: 브랜딩을 위한 커뮤니케이션 디자인. 미진사.

[그림 18] 아브라함 매슬로(Abraham Maslo)의 욕구 계층(Hierarchy of Needs)

예를 들어, 저녁 식사는 누구나 가져야 할 근본적 욕구의 생리 욕구이다. 중상층 소비자인 어느 신입사원은 구체적 욕구인 자아를 충족하기 위해 상류층 소비자들이 많이 찾는 유명 호텔 레스토랑에서 코스요리를 즐긴다. 그렇지만 이 신입사원은 사회 욕구를 충족시키기 위해 퇴근 후 직장 동료들과 함께 저렴한 삼겹살을 먹기도 한다. 이렇게 매슬로는 욕구의 계층에 근거한 소비자의 '동기'(Motivation) 이론을 개발했고 그 내용은 [표 11]과 같다.

매슬로에 의하면 소비자는 욕구 계층의 근본적 욕구이며 세 번째 단계인 사회 욕구와 구체적 욕구이며 네 번째 단계인 자아 욕구에 만족한

[표 11] 매슬로의 욕구 계층과 소비자의 동기

매슬로의 욕구 계층				
계층	수준 단계		구분	욕구 내용
구체적 욕구	자아 실현	5	자아성취	성공 잠재력을 실행하려는 욕구
	자아 욕구	4	명성, 성공, 자존심, 존중, 인정, 주목, 지위	가치 있는 존재가 되고자 하는 욕구
근본적 욕구	사회 욕구	3	우정, 인정, 애정, 소속감	사회적인 상호작용을 통해 원활한 인간관계를 유지하고자 하는 욕구
	안전 욕구	2	보호, 안전, 안정 (건강, 재정, 사고, 보험, 종교)	질서를 유지하고자 하는 욕구
	생리 욕구	1	음식, 물, 주거, 성, 수면, 배설, 호흡	인간의 생존에 필요한 본능적인 신체적 기능에 대한 욕구

다면, 다섯 번째 단계인 자아실현으로 진행하지 않는다고 하였다. 예를 들어, 소비자들은 다른 사람들에게 인정과 주목을 받기 위해 본인 실정에 맞지 않게 명품 브랜드를 구입하곤 한다. 만약 사무실에 여성 직원들이 모두 명품 브랜드 핸드백을 사용하고 있다면, 첫 출근한 여성 직원은 근본적 욕구이며 세 번째 단계인 사회 욕구를 충족하기 위해 명품 브랜드 핸드백을 구매하므로 직장에서의 소속감을 얻게 된다. 위 사례는 서양 문화권의 소비자들보다 아시아 문화권의 소비자들에게 적용되는 이야기이다. 대부분의 서양 문화권의 소비자들은 개인의 '독립적 자아' (Independent Self)를 기준으로 욕구의 중심을 구체적 욕구인 자아 욕구

로서 개인의 욕구를 두고 있는 반면에, 아시아 문화권의 소비자들은 '상호의존적 자아'(Interdependent Self)를 기준으로 다른 사람들과의 관계에서 동기를 갖고 소비 행동을 하고 있다.[51] 그래서 대부분의 아시아 문화권의 광고는 매슬로의 욕구 계층 중에 근본적 욕구인 사회 욕구를 중요시하고 서양 문화권의 광고는 구체적 욕구인 자아 욕구를 중심으로 만들어지고 있다.

앱솔루트 보드카 광고 캠페인은 근본적 욕구인 사회 욕구와 구체적 욕구인 자아 욕구를 충족하고 있다. 앱솔루트 보드카 브랜드는 20세기의 광고 중에 가장 기억에 남는 광고 중에 하나이다. 광고 하단에 두 단어인 'Absolute'와 이미지와 연관된 단어 그리고 마침표를 사용하였다. 이미지는 앱솔루트 보드카 병의 형태를 모티브로 사용하여 다양하게 추상적인 방법으로 표현하였다. 1981년부터 1984년까지 초기 광고 캠페인은 앱솔루트의 이미지를 사용하였다. 1984년부터 1987년까지의 광고 캠페인은 앱솔루트의 목적을 사용하였다. 1985년부터 앤디 워홀을 시작으로 앱솔루트 아트를 광고 캠페인으로 사용하였다. 1987년부터 도시의 이름을 광고 캠페인으로 사용하였다. 이 중에 앱솔루트 보드카의 핵심적인 광고캠페인은 '앱솔루트 아트'(Absolute Art)이다. 소비자들은 앱솔루트 아트 캠페인을 통해 강한 브랜드 이미지, 브랜드 개성을 구축하게 되었다. 또한 치열한 보드카 브랜드 시장에서 당당하게 프리미엄급 브랜드이며 트렌드를 리드하는 브랜드라는 브랜드 인지도를 보유하게 되었다.

---

51 정인식, 구승회(역)(2006), Roll, Martin(저)(2005). 아시아의 글로벌 브랜드 전략과 과제 그리고 희망(Asian Brand Strategy How Asia Builds Strong Brands, Palgrave MacMillan). 시그 마프레스. pp. 68~69.

이런 멋지고 세련된 광고는 많은 미국 소비자들의 관심을 끌었으며 앱솔루트 보드카를 구매하여 본인의 사회적 소속감과 사회에서의 성공을 표현하였다. 종종 앱솔루트 보드카 광고는 대화의 초점이 되어 앱솔루트 아트에 대해 토론하는 소비자를 지적이고 가치가 있는 존재로 표현하므로 자아 욕구를 충족시켜 주었다.

소비자의 실용적 욕구에 의한 문화코드

매슬로의 욕구 계층의 하위 욕구는 근본적 욕구로서 인간이 생활하는데 필요한 생리 욕구, 안전 욕구, 사회 욕구로 나누어지는데, '실용적 욕구'(Utilitarian Needs)라고도 할 수 있다. 실용적 욕구는 본질적인 욕구로 의사결정 과정에서 기능적인 면을 추구한다.

실용적 욕구 중심의 소비 행동은 브랜드의 정보인 가격, 서비스, 품질, 특징 등을 중요시 한다. 그래서 브랜드디자인에 있어 소비자의 실용적 욕구를 자극하려면 타깃 소비자의 관점에서 브랜드에 대한 지식과 소통할 수 있는 커뮤니케이션 방법을 이해하고 브랜드의 실용적 정보인 가격, 서비스, 품질, 특징 등에 대한 내용을 전달해야 한다. 실용적 욕구를 통해 소비 동기를 부여하는 가장 좋은 방법은 브랜드에 대한 솔직하고 정확한 정보를 과대 포장하지 않게 소통하는 것이다. 그래서 실용적 욕구를 기준으로 한 브랜드디자인은 심플한 레이아웃과 언어 중심적인 동기 부여 디자인 유형의 브랜드 터치포인트 디자인을 자주 사용한다.

[그림 19]는 미국 홀푸드 마켓(Whole Foods Market) 매장에 설치한 동기

부여 디자인 유형의 브랜드 터치포인트 디자인인 소비자 교육용 사인 디자인이다. 미국 슈퍼마트는 미국 내 장거리 지역이나 해외에서 다양한 유통 과정으로 농산물을 구입한다. 이런 농산물은 신선도가 낮고 유해 물질인 비료를 많이 사용한다. 그래서 홀푸드 마켓은 '로컬'(Local)이라는 현지의 유기농 친환경 농산물을 홍보하여 지역 농업을 지원하고, 소비자에게 유기농 친환경 농산물 구입을 권장했다. 그래서 소비자 교육용 사인 디자인은 실용적 욕구 요소인 가격, 서비스, 품질, 특징 중에 홀푸드 마켓의 서비스와 품질을 소통하고 있다. [그림 19]의 왼쪽 사진은 채소 진열대의 가격 사인이고 오른쪽 사진은 매장 내부 입구에 설치한 현수막 사인이다. 보조 심벌의 원형 틀은 장거리에서도 쉽게 보이는 장점이 있다. 그리고 원의 형태는 전체, 총체, 일체, 완성, 완벽이라는 일반 문화코드를 갖고 있다. 사인 디자인의 요소인 대문자 'LOCAL', 진홍색, 원형 보조 심벌은 소비자가 어디서나 현지의 유기농 친환경 농산물을 분간할수 있게 했다. 그리고 채소 진열대의 가격 사인은 가격 외에 현지의 유기

자료 제공: Frank + Victor Design. Austin. Texas, USA

[그림 19] 홀푸드 마켓(Whole Foods Market)의 소비자 교육용 사인 디자인

농 친환경 농산물에 대한 간략한 정보를 소통하여 로컬 브랜드의 스토리를 전달했다.

[그림 20]은 동기 부여 디자인 유형의 브랜드 터치포인트 디자인인 SPIBelt 브랜드의 라벨 태그 디자인이다. SPIBelt 브랜드는 육상 트랙과 마라톤 경주 코스에서 직접 경험한 문제를 해결함으로써 독특하고 유용한 기능과 디자인을 만들었다. SPIBelt 브랜드는 운동 중이거나 이동 중에 전화, 키, 신용 카드를 휴대할 수 있는 편리한 제품이다. 브랜드디자인은 실용적 욕구 요소인 가격, 서비스, 품질, 특징 중에 SPIBelt의 특징인 운동 중에 소지품을 휴대할 수 있는 편리한 제품을 소통하고 있다. [그림 20]의 SPIBelt와 SPIBand 브랜드의 특징을 소통하기 위해 라벨 태그 디자인에 사용된 사실적 이미지는 근육을 갖은 매력적이고 활동적인 모습의 젊은 모델과 모델이 착용한 SPIBelt 브랜드의 제품이다. 언어 커뮤니케이션 요소인 직각적인 산세리프 유형의 로고타이프와 산세리프체의 내용은 모델의 이미지와 같은 느낌으로 표현하였다. 이런 이미지와

자료 제공: Frank + Victor Design, Austin, Texas, USA

[그림 20] SPIBelt 브랜드의 라벨 태그 디자인

타이포그래피 스타일을 통해 소비자들은 SPIBelt 브랜드의 특징인 제품의 기능성을 판단하고 실용적 욕구를 느낀다. 그리고 SPIBelt의 브랜드 이미지를 생각하게 한다. 만약 소비자들이 SPIBelt 제품을 사용하는데 있어 반복적으로 긍정적인 경험을 할 경우, SPIBelt 브랜드는 소비자들의 마음을 갖게 되어 브랜드 연상과 브랜드 충성을 보유하게 된다.

소비자의 쾌락적 욕구에 의한 문화코드

상위 욕구는 구체적 욕구로서 근본적 욕구를 구체적으로 충족시키는 2차 욕구이다. 구체적 욕구는 자존감 욕구와 자아실현으로 나누어지는데, '쾌락적 욕구'(Hedonic Needs)라고도 할 수 있다. 소비자들의 쾌락적 욕구는 자아성취와 가치 있는 존재가 되고자 하는 욕구로서 브랜드의 감정적인 요소들에 의해 구매 의사결정을 하는 경우이다. 특히 미와 기능을 추구하는 디자인은 쾌락적 욕구를 추구하는 소비자들의 의사결정에 있어 중요한 역할을 한다.

소비자들은 쾌락적 욕구를 만족하기 위해 브랜드의 실용적인 요소보다는 감정적인 요소를 찾아 브랜드에서 즐거움을 찾는다. 소비자의 쾌락적 욕구를 자극하는 동기 부여 요소로서 브랜드의 분위기와 개성은 브랜드디자인을 통해 소비자들의 감정과 브랜드와의 관계를 이어주고 있다. 감정은 긍정적이거나 부정적인 동기를 이끄는 요소이다.[52]

---

52 Gaulin, Steven J. C. and Donald H. McBurney (2003). Evolutionary Psychology. Prentice Hall. Chapter 6, pp. 121-142.

인간의 '감정'(emotion)은 어떤 외부의 충동으로 마음이나 기분의 반응이다. 감정이 발생하는 원인은 생리적, 신체적, 심리적, 사회적, 문화적 원인이 있다. 미국의 심리학자 에크만(P. Ekman)은 얼굴 표정을 기준으로 공포, 분노, 행복, 혐오, 슬픔, 놀람 등의 여섯 가지 감정을 '기본 감정'(Basic Emotions/Primary Emotions)이라고 했다. 기본 감정이 모여 여러 다양한 감정들이 만들어 질 수 있다. 특히 기본 감정 중에 공포, 분노, 슬픔, 기쁨은 공통된 감정이다. [표 12]는 에크만의 여섯 가지 기본 감정과 의미를 설명하였고, 각 기본 감정을 디자인의 감각적 요소이며 시각적 요소인 색상과 표현 방법으로 정리하였다. 예를 들어 충분한 만족과 기쁨을 느끼는 행복은 빨간 하트 형태로 전달 할 수 있다. 만약 명품 브랜드로 발전하기 위해 소비자의 쾌락적 욕구를 충동하고 싶다면, 브랜드

[표 12] 에크만의 기본 감정과 감각적 요소인 색상 요소와 시각 요소

에크만의 기본감정		디자인의 감각적 요소: 시각적 요소	
기본감정	기본감정의 의미	색상	표현 방법
공포	두렵고 무서운 느낌	짙은 빨강	흐르는 피
분노	분개하여 몹시 성을 냄	빨강	사방으로 터지는 가시 형태
행복	충분한 만족과 기쁨을 느낌	빨강	하트 형태
혐오	싫어하고 미워함	어두운 짙은 빨강	곰팡이 얼룩 형태
슬픔	슬픈 마음이나 느낌	흰색	흐르는 눈물
놀람	놀라운 느낌	파랑과 노랑	스프링

가 추구하는 브랜드 개성에 감정적인 요소들을 융합하여 소비자의 의사 결정에 동기를 심어줘야 한다.

    소비자들의 쾌락적 욕구를 배경으로 문화에 영향을 주는 브랜드와 그 브랜드의 체계를 '문화 생산 시스템'(Culture Production System)이라고 한다. 문화 생산 시스템인 출판 업계, 엔터테인먼트 업계, 패션 업계, 광고업계는 계획된 브랜드를 창조하고 생산하고 있다.[53]

- 출판 업계: 문학, 예술, 사진 콘텐츠를 일반 대중이 볼 수 있게 복제하고 판매하는 시스템
- 엔터테인먼트 업계: 연예 상품을 기록하고 판매하는 시스템
- 패션 업계: 옷, 신발, 액세서리, 화장품, 헤어스타일, 몸에 관련된 스타일, 생활용품을 매니지먼트 하는 시스템
- 광고업계: 홍보 및 마케팅 회사, 미디어 서비스 및 광고 대행사의 시스템

    요리는 문화 생산 시스템이 아니지만, 어떻게 개발하느냐에 따라 문화 생산 시스템의 콘텐츠가 될 수 있다. 예를 들어 미국 가수 마돈나가 요리한 김치찌개는 충분한 '상품가치'(value of commodities)가 있다. 그럼 마돈나의 김치찌개를 콘텐츠로 하여 출판 업계에서는 마돈나의 요리책을 출판하고, 엔터테인먼트 업계에서는 토크쇼를 운영하고 요리 방송에 출연하고, 패션 업계에서는 김치찌개와 관련된 생활용품을 판매하고, 광고

---

53 Richard A. Peterson, "The Production of Culture: A Prologomenon in the Production of Culture," in Richard A. Peterson., ed., Sage Contemporary Social Science Issues (Beverly Hills: Sage, 1976), p. 722.

업계는 마돈나의 김치찌개 통조림을 맛있게 먹는 광고를 텔레비전과 인터넷 소셜미디어에 보급하면 된다. 이를 통해 소비자들은 쾌락적 욕구를 만족시키고 마돈나와 김치찌개에 관련된 정보와 브랜드 그리고 일반 문화코드에 관심을 가질 것이다.

[그림 21] 디즈니의 잠자는 숲속의 공주 DVD 광고

[그림 21]은 디즈니의 잠자는 숲속의 공주 DVD 판매를 알리는 빌보드 광고[54]이다. 빌보드 광고 디자인은 브랜드를 짧은 시간에 주요 타깃 소비자인 운전자들의 기억에 각인시켜야 한다. 그래서 소수의 단어와 광고의 핵심 이미지를 크게 사용하여 멀리서 오는 운전사의 시선을 쉽게 끌도록 해야 한다. 기존에는 손으로 그렸지만 지금은 디지털 출력, 입체물 설치, 디지털 스크린 방법이 활성화되고 있다. 문화 생산 시스템 중에 하나인

---

54 빌보드 광고는 자동차 도로 변에 세운 대형 옥외 광고판이다. 가시 거리, 속도, 계절, 날씨, 시간, 각도를 기준으로 가로형 직사각형 안에 로고, 콘셉트 이미지, 색채, 헤드라인/슬로건 (짧은 문장)의 레이아웃을 콘셉트에 맞게 디자인한다.

엔터테인먼트 업계는 이렇게 광고업계를 통해 엔터테인먼트 콘텐츠를 홍보하고 판매하고 있다. 디즈니의 '잠자는 숲속의 공주'(Sleeping Beauty) 뮤지컬 애니메이션 영화는 1959년에 처음 개봉되었다. 이후 2008년에 다양한 콘텐츠를 추가하여 DVD플래티늄 에디션으로 제작하여 판매되었다. 소녀들과 키덜트(Kidult)들은 행복한 감정을 느꼈던 영화의 클라이맥스인 왕자가 키스로 잠자는 공주를 깨우는 장면을 빌보드 광고 이미지에서 보고, 빌보드 상단에 광고 문구인 "See more than ever before…"(전보다 더 많이 보게 되면…)를 읽으면 궁금증이 높아질 것이고 충분히 구매 충동을 받을 것이고 판매일인 10월 7일을 기다릴 것이다.

[그림 22]는 스위스 쥐리히에 위치한 로컬 브랜드인 RaR Zurich 꽃가게의 광고포스터 디자인이다. 꽃가게는 문화 생산 시스템이 아니다. 하지만 꽃은 인간의 근본적 욕구보다 구체적 욕구인 쾌락적 욕구를 충족시켜주는 제품이다. 본 광고포스터의 비현실적인 이미지는 어느 아름다운 젊은 여성의 얼굴과 꽉 찬 주위의 꽃들로서 서로 비교되고 있다. 이렇게 여성과 꽃을 상징적인 방법으로 비교하여 감성적인 요소로 사용했다. 여성적인 소문자 세리프 서체의 시적인 타이포그래피는 이미지의 느낌을 표현하였다. 이런 쾌락적 욕구를 충동하는 감정 중심의 광고는 경제적인 의사결정을 중요시 하는 일반 중산층 소비자 보다는 본인의 지위와 주목을 중요시 여기는 상류층 소비자를 대상으로 한 광고이다. 특히 일반적인 꽃집의 광고포스터는 구체적 욕구를 충족할 수 있는 정보인 꽃의 가격, 서비스, 특징을 전달해야 한다.

감정을 유발하는 시각요소를 '감각적 요소'(Sensory Factors)라고 한다.

자료 제공: Studio And. San Francisco, USA

[그림 22] 스위스 RaR Zurich 꽃가게의 광고포스터 디자인

감각적 요소는 시각요소 외에 후각, 촉각, 미각, 청각요소가 있다. 예를 들어, 커피브랜드 패키지디자인에 시각요소인 색상을 넣는데, 초록색(녹차 브랜드에 자주 사용하는 색상)보다는 커피빈의 짙은 갈색을 사용하여 커피의 맛을 느끼게 한다. 그리고 패키지디자인의 숨구멍으로 후각적 요소인 커피빈의 향기를 맡게 하고, 유기농의 느낌을 패키지 종이의 거친 촉각적 요소로 느끼게 한다. 이런 디자인의 감각적 요소는 실용적 욕구

중심 브랜드에도 영향을 미치겠지만, 쾌락적 욕구를 추구하는 소비자들을 위한 쾌락적 중심 브랜드의 브랜드 터치포인트 디자인에 있어 필수적인 디자인 요소이다.

소비자 의사결정을 좌우하는 디자인 요소

소비자 의사결정 과정에 대한 소비자의 행동은 전적으로 심리학적인 영향을 받는다. 즉, 소비자의 심리학적 과정과 그 결과에 따라 소비자 의사결정이 이루어진다. 따라서 브랜드 전략가는 소비자 의사결정에 대한 소비자 심리기제와 작용과정을 제대로 이해하고 브랜드 전략을 구축해야 한다.[55] 소비자의 구매 행동에 있어 가장 근본적인 것은 바로 소비자의 욕구이다. 구매 행동은 구매 당시의 특정 욕구를 충족시키기 위한 것이다. 이런 욕구는 소비자가 생활하는데 필요한 근본적 욕구와 근본적 욕구를 구체적으로 충족시키는 구체적 욕구가 있다. 예를 들어 추운 계절인 겨울에 소비자들은 추위를 견딜 수 있는 따뜻한 것에 대한 욕구, 즉 근본적 욕구를 느낀다. 이런 소비자의 근본적 욕구는 소비자의 '니즈'(Needs)라고도 한다. 모든 소비자들은 본인의 욕구인 근본적 욕구에 의해 두꺼운 겨울 코트를 구매해야 할 것이다. 그렇지만 소비자의 취향이나 문화에 의해 일반 코트 브랜드를 구매하는 소비자, 양털 코트 브랜드를 구매하는 소비자, 오리털 코트 브랜드를 구매하는 소비자가 있을 것이다. 이렇게 소비자의 구체적 욕구는 소비자의 '원츠'(Wants)라고도 한다.

---

55 우석봉(2007). 브랜드 심리학. 학지사. pp. 99~141.

'소비자 의사결정과정'(Consumer Decision Making) [표 13]의 최종 목표는 소비자 본인의 의사결정으로 인한 현명한 선택으로 브랜드에 대한 만족을 경험하는 것이다. 소비자는 어떤 실용적 욕구나 쾌락적 욕구가 발생하면 이를 충족하기 위하여 브랜드에 대한 정보를 탐색한다. 소비자는 회상한 기억에 의해 브랜드를 선택할 수 있지만, 만약 의사결정에 있어 기억에 없는 브랜드라면 브랜드 터치포인트 디자인인 패키지디자인, 브로슈어, 광고, 홈페이지 등 외부로부터 의사결정과정에 필요한 정보를 찾는다. 소비자는 수집한 정보를 기준으로 브랜드들을 비교하고 평가한다. 그 중에 소비자 본인의 욕구를 충족해 줄 브랜드를 선택하게 되고 사용 이후 만족하거나 불만족한 경험을 기억으로 남기게 된다. 만약에

[표 13] 소비자 의사결정과정

단계	과정	기준	겨울코트 쇼핑	디자인 요소
1	문제 인식	근본적 욕구 구체적 욕구	추운 겨울엔 코트가 필요	서체: 깔끔하고 신뢰가 느끼는 서체
2	정보 탐색	동기 이해	가격, 내구성, 온도, 편함, 디자인	색채: 난색 계열 주색 타이포그래피: 고전 이미지: 사실적인 표현, 현대적 표현
3	선택 대안 평가	평가기준: 속성과 중요도	패션 브랜드 조사	패턴: 없음 텍스처: 포근한 느낌
4	구매 결정	브랜드 평가 디자인 평가	브랜드 선택	보조 그래픽 요소: 없음 레이아웃: 포근한 느낌
5	구매 후 평가	긍정적 경험 부정적 경험 평가 기준 결정	적당한 가격, 내구성 높음, 온도 유지, 가벼움, 지속가능 디자인	스타일: 겨울 사냥꾼 트렌드: 겨울철 활동

유사한 의사결정을 하게 된다면 저장한 기억을 되살려 현명한 선택을 하려고 노력한다. 이런 의사결정과정 학습을 다양하게 경험한 소비자는 '스마트 소비자'(Smart Consumer)가 되어 다른 소비자들의 구매과정에 영향을 준다.

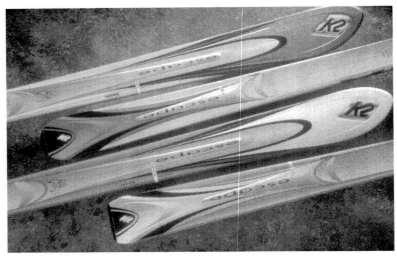

자료 제공: Hornall Anderson Design Works, Seattle, USA

[그림 23] K2 스키 브랜드의 그래픽 스킨 디자인

[그림 23]은 K2 스키 브랜드의 그래픽 스킨 디자인이다. K2의 스키 제품은 일반적 스키 재질로 제작하지만, 제품 표면은 다양한 그래픽으로 장식하여 K2 스키 브랜드를 인지시켰다. 그리고 경쟁 브랜드들의 일반적 디자인과 차별화하기 위해 K2 브랜드의 시각 요소로 스피드와 스포츠를 느낄 수 있는 색채와 날카로운 그래픽을 사용했다. 소비자는 먼저 문제 인식으로 내 실력에 적합하고 내가 원하는 이미지를 갖고 있는 스키 제품 브랜드를 찾기 위해 매장에 찾아간다. 다양한 스키 제품 브랜드

들의 가격, 내구성, 특징, 디자인을 탐색하고 경쟁 브랜드와 비교한다. 그리고 K2 스키 브랜드를 구매한다. 구매 후 K2 스키 제품을 사용하고 가격, 특징, 디자인을 평가하여 경험과 기억으로 남는다.

[표 14] 소비자 의사결정과정

단계	과정	기준	K2 스키 브랜드	디자인 요소
1	문제 인식	근본적 욕구 구체적 욕구	내 실력에 맞는 브랜드 내가 원하는 이미지를 보유한 브랜드	서체: 심플한 산세리프 색채: 난색과 한색 타이포그래피: 현대
2	정보 탐색	동기 이해	가격, 내구성, 특징, 디자인	이미지: 상징적인 표현, 미래적 표현
3	선택 대안 평가	평가기준: 속성과 중요도	경쟁 브랜드 조사	패턴: 그레데이션 텍스처: 없음
4	구매 결정	브랜드 평가 디자인 평가	K2 스키 브랜드 선택	보조 그래픽 요소: 없음 레이아웃: 좌우 대칭 스타일: 겨울 스포츠
5	구매 후 평가	긍정적 경험 부정적 경험 평가 기준 결정	적당한 가격, 내구성 높음, 멋진 디자인	트렌드: 겨울

제6장
트렌드에 있어
문화코드의 역할

트렌드를 정확하게 정의하고 예측하기 위해서는 다양한 트렌드의 개념과 범주를 이해하고, 각 개념간의 관계를 파악할 수 있어야 한다.[56] '트렌드'(Trend)는 대중들이 현재 공감하는 관심 요소, 성격, 특성이다. '트렌디 브랜드'(Trendy Brand)는 다양한 브랜드 중에서 현재 대중들이 가장 많이 관심을 보이는 '스타일 리더'(Style Leader) 역할을 하는 브랜드다. '브랜드 트렌드'(Brand Trend)는 이런 트렌디 브랜드들의 공통된 요소, 성격, 특성이다. 트렌드, 트렌디 브랜드, 브랜드 트렌드는 대중들이 현재 공감하는 요소이고 대중들의 근본적 욕구이며 사회적 욕구이다. 트렌드 전문가들은 사회, 경제, 과학, 역사를 기준으로 미래 트렌드를 예측하고 있지만, 내년에 어떤 트렌드가 주목 받을 것인지 대중들은 정확하게 모른다. 브랜드가 트렌드를 안다는 것은 대중인 소비자들이 공감하는 관심 요소를 알고 브랜드에 적용할 수 있다는 것이다. 그래서 브랜드는 치열한 시장에서 브랜드 수명을 유지할 수 있다.

브랜드디자인에서 트렌드는 현재 대중들이 원하고 마음이 끌리는 시

---

56 이온화(역)(2004), Horx, Matthias(저)(2003). 미래, 진화의 코드를 읽어라(Future Fitness, Germany: Eichborn). 넥서스.

각 요소 또는 스타일이다. 트렌드에 민감한 사람은 변화에 대한 의지가 강하여 독립적이고 창의적인 브랜드를 추구하고 다양성을 선호한다. 반면, 트렌드에 민감하지 않은 사람은 변화에 대한 의지가 없어 실용적이고 안전한 선택을 추구하며, 신뢰도가 높은 브랜드를 원하는 편이다. 트렌드에 민감한 소비자층은 10대, 20대의 젊은 세대로서 대부분의 트렌드를 결정하는 디자이너들은 항상 이 세대를 관심 있게 연구해야 한다. 이들로 인해 새로운 트렌드가 결정되고, 다양한 트렌드 적용 집단이 영감을 받아 대중들에게 확산되어 간다.

트렌드는 기술 발전과 생활수준의 발전에 의해 빠른 속도로 변해 왔다. 인구가 적고 교통수단이 한정되었던 20세기 초반에는 트렌드의 확산 속도가 10~20년이었다. 하지만 21세기에는 인터넷, 웹사이트, 스마트폰 기술로 지구 어느 곳이든 정보를 쉽게 찾을 수 있고, 국제적 항공 네트워크로 비행기를 타고 지구 어디든 24시간 안에 경험할 수 있다. 그러므로 이제 우리는 트렌드가 1년 만에 변하는 것을 경험한다.

트렌드는 '메타트렌드'(Metatrend), '메가트렌드'(Megatrend), '소비자트렌드'(Consumer Trend)로 나누어 분석할 수 있다.[57] '메타트렌드'는 트렌드 중에서 변화의 속도가 가장 느리고 단순한 것에서 복잡한 것을 만들어내는 진화를 거친다. 예를 들어 21세기의 메타트렌드는 기존 미디어 환경을 기준으로 한 양방향 커뮤니케이션 방법에서 디지털 환경을 기준으로 한 경험 커뮤니케이션 방법으로 진화하고 있다.

---

57 서정희 (2005). 소비자트렌드 예측의 이론과 방법. 내하출판사. pp. 10~13.

미국의 미래학자 존 나이스빗(John Naisbitt)은 그의 저서 『메가트렌드(Megatrends)』에서 메가트렌드를 설명하였다. '메가트렌드'는 트렌드가 구체화되는 속도는 느리지만 트렌드가 사회, 정치, 경제, 기술에 영향을 주어 정착하면 10년 정도 소비자들의 삶에 영향을 준다.[58] 이로 인해 경력, 여행, 사업, 투자, 거주지, 자녀교육 등 일상생활의 요소와 이에 연관된 문화코드에 큰 변화를 가져다준다. 그러므로 메가트렌드는 원칙적으로 글로벌 트렌드이기도 하다. 미래사회는 노령화, 여성화, 고학력 사회인 동시에 단편적, 유동적, 복합적 사회가 될 것이다. 감성과 커뮤니케이션 능력까지 포괄하는 복잡한 수준의 교양이 사회 전반적으로 상승한다면 개인의 자율성, 독립성, 유연성이 발전할 것이다. 수명이 연장되면서 사람들은 문화를 평생 동안 배우는 것이라고 여기게 되었다.[59]

트렌드를 분석하는데 세 번째 트렌드이고 자주 일어나는 트렌드는 소비자트렌드이다. '소비자트렌드'는 브랜드나 유명 트렌드를 결정하는 사회 현상이다. 소비자트렌드의 민감한 반응을 조정할 수 있는 방법은 트렌드와 스타일을 구축하고 관리하는 것이다. 그래서 소비자트렌드와 스타일은 밀접한 관계를 갖고 있다. 이런 소비자트렌드의 주기는 단기 주기로는 1~5년이 있고 장기 주기로는 5~10년이 있다. 21세기의 정보화 사회에서는 장기적인 소비자트렌드보다는 단기적인 소비자트렌드가 자주 일어나고 있다.

'브랜드 라이프 사이클'(Brand Life Cycle)은 브랜드가 시장에 소개되어 없어지기까지의 주기를 말한다. 일반적으로 브랜드는 새로운 시장을 개

---

58 Naisbitt, John (1984). Megatrends: Ten New Directions Transforming Our Lives. Warner Books.

59 서정희 (2005). 소비자트렌드 예측의 이론과 방법. 내하출판사. pp. 10~13.

척하거나 경쟁 브랜드의 시장에 도입되고, 경쟁 브랜드들과 경쟁하고 시장이 필요 없어지면 브랜드도 같이 죽는다. 이제 치열한 경쟁 속에서 쏟아져 나오는 다양한 유사 브랜드와 대체 브랜드로 인하여 시장은 흔들리고 브랜드 라이프 사이클은 점점 짧아지고 있다.[60]

브랜드 라이프 사이클이 짧아지는 현재 시장에서 생존하기 위해 현재 소비자트렌드를 파악해야 한다. 소비자의 삶을 이끌어 가는 소비자 트렌드(Consumer Trend)를 분석하면 다음과 같은 장점이 있다.[61]

1. 소비자트렌드를 파악하면 소비자의 마음을 읽을 수 있다.
2. 소비자트렌드를 이해하면 브랜드의 가능성을 높일 수 있다.
3. 소비자트렌드를 파악하면 시간을 절약할 수 있다.
4. 소비자트렌드는 소비자의 라이프스타일이나 가치관과 연결된다.

커피 브랜드가 대중적이지 않을 당시에 스타벅스(Starbucks)는 소비자 트렌드를 파악하여 라이프스타일을 보유한 글로벌 브랜드로 성장하였다.[62] 스타벅스는 다음과 같이 소비자트렌드를 활용하였다.

1. 스타벅스는 커피 원산지의 문화적 요소를 강조하여 브랜드의 차별화를 주었다.
2. 스타벅스는 미국의 '소시오테인먼트'(Sociotainment) 트렌드인 '커뮤니티 만들기'를 활성화 하였다. 개인주의가 강한 도시인들이 타운 커뮤니티처럼 편하고 친근하게 만날 수 있는 만남의 장소로 활성화 시켰다.

---

60 최경원(2014). 디자인 인문학. 허밍버드. p. 81.
61 서정희 (2005). 소비자트렌드 예측의 이론과 방법. 내하출판사. pp. 16~19.
62 이온화(역)(2004), Horx, Matthias(저)(2003). 미래, 진화의 코드를 읽어라. 넥서스.

3. 스타벅스는 아늑한 응접실 분위기의 매장 인테리어 디자인과 미국 재즈 음악을 통해 소비자들에게 편한 느낌을 주었다.
4. 스타벅스는 세계 어느 곳이든지 소비자들에게 스타벅스만의 편안함과 세련된 느낌을 일관성있게 주었다.
5. 고객과 상호작용하는 서비스를 추구하는 스타벅스의 직원문화는 직원들로 하여금 직장에 대한 자긍심을 주었다.

또한 트렌드는 어느 누구의 스타일이나 어느 단체의 스타일을 기준으로 만들어지기도 한다. 20세기까지 모든 스타일은 뚜렷하게 구분되었고 더 이상 뚜렷하게 구분될 수 있는 스타일이 창조되기 어렵다. 이런 변화 속에서 디자이너가 아직 한 번도 보지 못한 트렌드를 만드는 것은 불가능하다. 다만 디자이너는 잊어졌던 스타일을 그 시대와 문화에 맞게 다시 부활시키거나, 두 개 이상의 스타일을 혼합한 퓨전 스타일을 만들어 트렌드를 주도한다.

[그림 25]는 미국 패션 액세서리 브랜드인 파슬(Fossil) 브랜드의 연간 현대 공예 전시 행사의 '무드 포스터'(Mood Poster)[63]이다. 파슬 브랜드의 기본 스타일은 버네큘러 스타일(Vernacular Style)과 레트로 스타일(Retro Style)이다. 버네큘러 스타일은 특정 지역의 특징을 최대한 사용하는 토속적인 스타일이다. 디자이너는 버네큘러 스타일로 브랜드의 출처를 소통할 수 있다. 레트로 스타일은 50-60년대 복고적인 디자인 스타일이다. 디자이너는 레트로 스타일로 브랜드의 친근함과 추억을 소통할 수 있

---

63 무드 포스터(Mood Poster)의 주요 목적은 주최의 콘셉트에 대한 분위기 또는 감정을 표현하는데 있고 주최의 다양한 정보를 생략한 포스터이다. 일반 광고 포스터는 주최의 콘셉트와 다양한 정보를 전달해야 한다.

다. 파슬은 버네큘러 스타일과 레트로 스타일을 융합하여 파슬만의 퓨전 스타일을 구축하고 트렌드를 이끌었다.

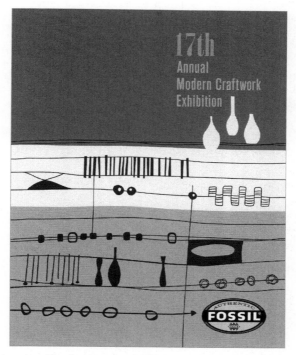

자료 제공: Hyun-Jung Kim, Designer, Fossil, USA

[그림 25] 파슬(Fossil) 브랜드의 연간 현대 공예 전시 행사 무드 포수터

트렌드와 문화코드

'트렌드'(Trend)라는 단어는 경제학에서 '방향을 틀다'라는 의미로 자주 사용하기 시작했다. 트렌드는 대중에 의해 익숙한 어느 것에서 전혀 다른 어느 것으로 방향을 트는 것이다. 즉 대중은 어느 것에 너무 오

래 정착하면 실증을 내고 새로운 것을 찾는다. 만약 새로운 것이 흥미롭고 대중의 욕구를 충족한다면, 새로운 것은 바로 트렌드로 이어진다. 이런 새로운 것을 추구하는 것이 브랜드의 디자인이나 스타일이다. 트렌드 분석가인 헨릭 베일가드(Henrik Vejlgaard)는 저서 『트렌드를 읽는 기술』(Anatomy of a Trend)에서 트렌드를 "신제품을 만드는 제품 개발로 인해 생기는 변화 과정"이라고 하였다. 즉 트렌드는 제품에 대한 최신 소식, 새로운 제품 개발, 트렌드 결정자에서 대중문화에 편입되는 변화 과정이다.[64] 이런 제품들의 변화 과정을 보조해주고 소통하는 역할을 하는 브랜드디자인은 이제 브랜드 개발에 있어 필수적인 역할을 하는 중요한 마케팅 커뮤니케이션 도구가 되었다.

베일가드는 소비자들을 기준으로 '다이아몬드형 트렌드 모델(Diamond Shaped Trend Model)' [그림 26]을 제시하였는데, 이 모델은 소비자를 트렌드 결정자, 트렌드 추종자, 초기 주류 소비자, 주류 소비자, 후기 주류 소비자, 보수적 소비자로 나누어 복잡한 트렌드의 확산 과정을 단순하게 표현하였다.[65]

다이아몬드 트렌드 모델에 나오는 여섯 가지 소비자 그룹의 특성을 분류하면 다음과 같다.

---

64 이진원(역), Vejlgaard, Henrik(저)(2008). 트렌드를 읽는 기술(Anatomy of a Trend, Confetti Publishing Inc.). 비즈니스북스.

65 Ibid., pp. 104~127.

출처: 이진원(역), Vejlgaard, Henrik(저)(2008). 트렌드를 읽는 기술(Anatomy of a Trend, Confetti Publishing Inc.). 비즈니스북스.

[그림 26] 헨릭 베일가드(Henrik Vejlgaard)의 다이아몬드형 트렌드 모델(Diamond Shaped Trend Model)

■ 트렌드 결정자는 개방적인 스타일과 취향과 함께 호기심이 높다. 또한 그들은 스타일의 변화를 긍정적으로 느끼고, 혁신적인 스타일에 열광하고, 쉽게 새로운 스타일을 받아들인다.

■ 트렌드 추종자는 트렌드 결정자와 비슷한 특징을 갖고 있어 스타일과 취향 변화에 매우 개방적이지만, 본인이 사용하기 전에 다른 소비자인 트렌드 결정자로부터 영감을 얻는다. 이들은 주류 소비자에게 영감을 주는 역할을 한다.

■ 초기 주류 소비자는 일반 대중보다는 새로운 스타일을 받아들이는 데 개방적이지만 트렌드 결정자와 트렌드 추종자가 새로운 스타일

을 구매하고 사용하는 것을 확인한 후에 구매한다.

- 주류 소비자는 이미 충분히 검증되고 인정받은 브랜드를 사용한다. 이들은 트렌드에 민감하지 않고 보수적이지도 않다.
- 후기 주류 소비자는 스타일 변화에 대해 민감하지 않고 전혀 받아들이지 않는다. 스타일과 변화를 완전히 무시한다.
- 보수적 소비자는 현재 자신의 오래된 스타일과 취향에 만족하고 변하지 않으려고 한다. 후기 주류 소비자처럼 스타일과 변화를 완전히 무시한다.

이렇게 트렌드는 어떤 새로운 스타일이나 브랜드가 소수의 트렌드 결정자로서의 소비자들에서부터 시작하여 대중인 주류 소비자로 발전하는 과정이다. 스타일이나 브랜드가 주류가 될 경우 주류 소비자로부터 보수적 소비자로 전파된다. 대중이 인식하고 있는 브랜드의 고정된 스타일 즉 브랜드 스타일이 확립되면 그 스타일은 쉽게 변하기 어렵다. 그래서 브랜드 인지, 브랜드 개성, 브랜드 충성, 브랜드 연상이 높은 브랜드는 일관적인 브랜드 스타일을 유지하고 소비자들의 트렌드, 라이프스타일, 욕구를 충족할 수 있는 제품과 디자인 개발을 지속적으로 노력해야 한다. 이런 브랜드는 지속적으로 소비자들의 관심을 얻을 수 있고 주류 소비자의 브랜드 충성도를 끌어낼 수 있다.

[그림 27]은 80년대 미국의 대표적인 록 그룹인 '반 헤일런'(Van Halen)의 리드 기카리스트인 세미 하거(Sammy Hagar)가 1996년에 시장에 선보인 카보와보(Cabo Wabo) 데킬라(Teguila) 브랜드의 패키지디자인이다. 이제 미국의 두 번째 프리미엄 데킬라 브랜드로 자리 잡았다. 하거는 밤새

자료 제공: Meat & Potatoes, Inc. California, USA

[그림 27] 카보와보(Cabo Wabo) 데킬라(Tequila) 패키지디자인

파티를 한 후에 한 남자가 지역 해변을 따라 비틀거리며 걷는 것(wobble)을 보고 '카보 와보'(Cabo Wabo) 단어를 만들어 냈다고 주장한다. 마을의 별명인 'Cabo'('Cape'의 스페인어)와 'wabo'('wobble'의 줄인 말)를 사용하였다. 이후 반 헤일런의 앨범에 곡을 추가하였다. 16세기 멕시코 자리스코(Jalisco)주에 위치한 마을 '데킬라' 주변 사막에서 용설란(Agave)이란 식물이 많이 자랐고 용설란을 발효시켜 데킬라를 빚었다고 한다. 소비자들이 인식하고 있는 데킬라의 브랜드 연상 요소이며 일반 문화코드는 남성적인 이미지, 서부 개척, 사막, 용설란, 멕시코이다. 카보와보 브랜드는 패키지디자인에서 본원적 기능의 요소로서 남성적이며 서부 개척의 이미지를 강인하고 거친 느낌의 로고타이프와 그래픽 요소인 용설란과

패턴으로 표현하였다. 카보와보 패키지디자인의 파생적 기능의 요소는 병의 부드러운 형태, 투박한 라벨 테두리, 16세기 서부 개척 시대를 표현하는 서체이다. 현재 카보와보의 소비자층은 트렌드 추종자를 구축하고 있지만 브랜드의 인지 확산을 통해 주류 소비자도 카보와보의 소비자층에 포함될 것이다.

[그림 28]은 트렌드 소비자, 트렌드 브랜드, 문화코드 간의 관계를 설명한다. 전체 트렌드 소비자 중에 5%인 트렌드 결정자는 제안 문화코드와 비활성 문화코드를 전달하는 브랜드 트렌드 결정자를 받아들인다. 전체 트렌드 소비자 중에 70%인 트렌드 추종자, 초기 주류 소비자, 주류 소비자는 일반 문화코드로 자리잡은 브랜드 트렌드 추종자를 이해하고 사용한다. 브랜드가 전체 트렌드 소비자의 25%를 차지하는 후기 주류 소비자와 보수적 소비자까지 알려졌다면 그 브랜드는 활성 문화코드로 발전할 수 있다. 이런 브랜드를 리더십 브랜드라고 하는데, 높은 시장 점유율을 보유하고 전체 트렌드 소비자가 인식하고 있는 브랜드이다.

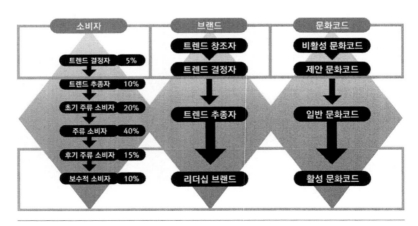

[그림 28] 트렌드 소비자, 트렌드 브랜드, 문화코드 간의 관계

다이아몬드 트렌드 브랜드 모델에 나오는 네 가지 브랜드 그룹의 특성을 보면 다음과 같다.

- 브랜드 트렌드 결정자는 제품 개발, 디자인/스타일 개발에 지속적인 노력을 한다. 소비자의 변화와 욕구를 파악하고 충족하려는 의지가 있다. 브랜드 트렌드 결정자는 누구보다 먼저 비활성 문화코드와 제안 문화코드를 사용하여 혁신적인 제품, 디자인, 스타일을 제공한다.
- 브랜드 트렌드 추종자는 브랜드 트렌드 결정자로부터 영감을 얻어 브랜드 트렌드 결정자가 만든 일반 문화코드를 사용하여 유사한 제품, 디자인, 스타일을 제공하여 대중문화를 이끈다.
- 리더십 브랜드는 일반 문화코드 역할을 한 브랜드 트렌드 추종자가 일반 대중화되면서 활성 문화코드로 발전한 브랜드이다.

트렌드 창조자와 트렌드 결정자의 역할과 디자인 특성

소비자트렌드를 분석하기 위해서는 문화를 적용하고 검토할 줄 아는 능력이 필요하다.[66] 트렌드 창조자 역할을 하는 브랜드는 문화의 발전을 추구한다. 그래서 제안 문화코드나 비활성 문화코드를 기준으로 제안시 각 문화코드를 사용하여 터치포인트 디자인을 창조한다. 나중에 일반 문화코드와 활성 문화코드로 발전할 수 있다.

---

66 김승욱(역), Mazzar, M.J.(저)(2000). 트렌드 2005. 경영정신.

트렌드 창조자인 브랜드는 먼저 5%의 트렌드 결정자 소비자를 대상으로 개발되지만, 브랜드 수명주기의 성장기에서 재빠르게 주류 소비자까지 발전해야 생존한다. 트렌드 창조자인 브랜드와 브랜드 트렌드 결정자인 소비자와 그 특징은 같다. 대부분의 트렌드 창조자인 브랜드는 그 제품군에 있어 처음 시도하는 브랜드이다. [그림 29] 참조.

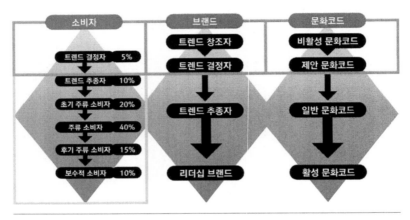

[그림 29] 트렌드 결정자인 브랜드와 트렌드 소비자의 관계

트렌드 결정자인 소비자는 젊은 세대, 경제적으로 부유한 사람, 유명인사, 디자이너, 예술가, 스타일을 의식하는 하위문화(Subculture)이다. 트렌드 결정자인 소비자들은 대부분 시각적으로 민감하고 쾌락적 욕구가 강하다. 이 집단에 속한 소비자들 중에 새로 부상하는 브랜드를 수용하는 사람이 많을수록 트렌드가 될 가능성이 높다. 이 집단의 특징은 다음과 같다.

- 젊은 세대 소비자는 자신의 정체성 및 성격을 탐구하는 인생의 단계에 있어 개방적인 사고를 갖고 있다.
- 경제적으로 부유한 소비자는 가장 비싼 브랜드를 구매할 수 있는 능력이 있기 때문에 트렌드 확산 과정에서 중요한 역할을 한다.
- 유명인사 소비자는 자주 대중에 비치는 이미지가 있기 때문에 항상 본인의 이미지를 스타일에 맞추려고 노력한다.
- 디자이너 소비자는 항상 새로운 것을 창조하는 데 관심을 기울여야 한다. 그래서 새로운 스타일을 받아들이는 데 부담감이 적혀 없다.
- 예술가 소비자는 일반 사람에 비해 더 창의적이어서 새로운 스타일을 잘 받아들인다.
- 스타일을 의식하는 하부 문화권의 소비자는 정해 놓은 스타일과 취향에 집착하는 사람들로 이루어진 소규모 집단이다. 새로운 스타일을 잘 받아들이거나 기존 스타일을 고집하는 다양한 소비자가 있다.

[그림 30]은 이탈리아 패션 브랜드이고 국제적인 넥타이 프랜차이즈 브랜드인 앤드류즈 타이(Andrew's Ties) 브랜드의 패키지디자인이다. 브랜드가 새로운 시장인 한국 문화에 적용할 수 있도록 브랜드 아이덴티티 마크, 브랜드 색상, 패키지디자인을 새롭게 디자인하였다. 제품의 식별 기능과 특성을 강조한 심플하고 화려한 앤드류즈 타이 브랜드의 핵심 이미지는 젊은 소비자들이 선호한다. 패키지디자인의 이미지는 세련된 빨강과 파랑 줄무늬의 일반 비즈니스 넥타이의 이미지와 특징을 표현하기 위해 정교하고 화려한 느낌의 사실적 이미지로 표현하였고, 코팅 종이에 인쇄하고 위에 유광 코팅하여 넥타이 제품 사진을 좀 더 고급스럽게 보

이게 했다. 자연스럽게 소비자들은 앤드류즈 타이 브랜드의 이미지와 연상을 통해 짧은 도입기를 거쳐 성장기로 발전하였다.

자료 제공: Albert Choi

[그림 30] 이탈리아 패션 브랜드 앤드루즈 타이(Andrew's Tie) 브랜드의 패키지디자인

트렌드는 항상 소비자들에 의해서 창조되기 때문에 트렌드 확산 과정은 트렌드 결정자인 소비자의 스타일과 취향을 연구하여 다른 라이프스타일에서 생겨나는 새로운 스타일을 짐작할 수 있다. 또한 새로운 스타일이 둘 이상의 브랜드에서 동시에 등장한다면 그 스타일은 트렌드일 가능성이 높다.

그러므로 브랜드는 트렌드 결정자 소비자들이 브랜드에 계속 집중할수 있도록 지속적인 스타일, 디자인, 제품 개발을 해야 한다. 경쟁 브랜드들이 새로운 형식의 스타일, 디자인, 제품을 출시하기 때문에 일정 기간이 지나면 트렌드 결정자 소비자들은 기존 스타일, 디자인, 제품에 흥미를 잃게 된다. 그래서 항상 트렌드 결정자 소비자들의 흥미와 관심에 벗어나지 말고 트렌드를 유지하기 위해 스타일, 디자인, 제품 개발을 소홀히 하지 말아야 한다.

트렌드 확산 과정의 속도가 국가 규모에 따라서 다르다. 트렌드의 확산 속도는 규모가 큰 다민족 국가보다는 규모가 작은 단일 민족 국가에서 더 빠르게 일어난다. 대한민국의 트렌드는 중국의 트렌드보다 빠르게 일어난다. 그렇지만 빠른 트렌드 확산 과정은 빠르게 스타일, 디자인, 제품에 대한 흥미를 잃게 된다. 다양한 트렌드 확산 과정의 속도는 브랜드에 따라 다르지만, 소비자의 일상생활에 많이 노출된 브랜드가 다이아몬드형 트렌드 모델에서 빠른 속도로 트렌드 결정자에서 주류 소비자로 전파되는 것을 알 수 있다.

또한 온라인이 없던 오프라인 시대와 온라인 시대의 트렌드 학산 과정의 속도가 다르다. 오프라인 시대에서 가장 빠르게 소비자들과 소통할 수 있는 방법은 텔레비전 광고, 라디오 광고, 신문 광고, 잡지 광고였다. 그렇지만 온라인 시대에 접어들면서 많은 브랜드의 트렌드는 더욱 빠르게 확산되고 있다. 그리고 더 놀라운 사실은 이제 트렌드는 한 지역의 소유가 아닌 세계로 쉽게 확장 가능한 것이다. 이제 트렌드를 잡은 브랜드가 살아남을 것이며, 지속적으로 경쟁 브랜드는 넘쳐날 것이다. 그 중에 음악이 다른 브랜드보다 빠른 이유는 어디서나 음악은 소비자들에게 노출되어 있기 때문이다. 이제 음악은 텔레비전, 상점, 인터넷에 적은 비용이거나 무료로 쉽게 들을 수 있다. [표 15] 참조.

[표 15] 트렌드 확장과정의 속도: 트렌드 결정자 소비자에서 주류 소비자

출처: 이진원(역), Vejlgaard, Henrik(저)(2008). 트렌드를 읽는 기술(Anatomy of a Trend, Confetti Publishing Inc.). 비즈니스북스.

브랜드	오프라인 시대 기간	온라인 시대 기간
음악	4개월	1개월 이내
화장품	1~2년	1년 이내
패션의류	2~3년	1년 이내
액세서리	2~3년	1년 이내
홈 디자인	5~7년	1년 이내

이렇게 온라인 시대인 현재, 트렌드 확산과정의 속도가 빠르기 때문에 브랜드가 현재의 시장 위치를 유지하려면 스타일, 디자인, 제품 개발에 지속적인 관심을 보여야 한다. 브랜드가 혁신적인 제품을 창조하고 디자인 개발을 주도하는 기회가 많을수록 다이아몬드 트렌드 모델의 높은 위치에 올라 갈 수 있고 트렌드 결정자 소비자를 고객으로 확보할 수 있다.

트렌드 추종자의 역할과 디자인 특성

트렌드 추종자 역할을 하는 브랜드는 문화코드가 확산하는 것을 돕는다. 그래서 브랜드 트렌드 추종자는 브랜드 트렌드 결정자의 제안 문

화코드나 비활성 문화코드를 기준으로 주류 소비자들도 이해 가능하도록 일반 문화코드와의 관계를 구축하여 브랜드 터치포인트 디자인을 만든다.

트렌드 추종자인 브랜드는 트렌드 추종자 소비자(10%), 초기 주류 소비자(20%), 주류 소비자(40%) 약 70%의 소비자를 대상으로 개발되지만, 재빠르게 주류 소비자까지 발전해야 생존한다. 브랜드 트렌드 추종자는 그 제품군에 있어 브랜드 트렌드 결정자로부터 영감을 받아 스타일, 디자인, 제품을 모방하기도 한다. [그림 31] 참조.

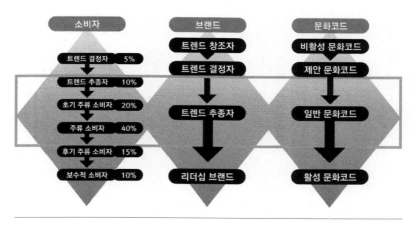

[그림 31] 브랜드 트렌드 추종자와 트렌드 소비자 관계

제7장

브랜드 터치포인트 디자인 유형에 있어 문화코드의 역할

　문화는 진화하고 있다. 또한 브랜드는 문화를 발전시키고, 문화는 소비자들을 하나로 만든다. 진화 중인 문화는 제안 문화코드와 일반 문화코드를 사용한 다양한 방법으로 인간들에게 변화를 주고 있다. 로스앤젤레스에서 운영하고 있는 푸드 트럭의 김치 타코는 제안 문화코드와 일반 문화코드를 융합한 진화 중인 문화이며 비활성 문화코드이다. 또한 김치 타코는 로스앤젤레스 시민들의 음식문화에 변화를 주고 있다. 그 변화는 새로운 문화의 설득이며 로스앤젤레스 시민의 신뢰로 이어지고 있다.

　21세기의 키워드 중 하나인 '브랜드'와 '문화'가 소비자와 연관된 모든 학문의 공동 관심 분야가 되고 있는 이 시점에, 브랜드디자인에서는 감성적 전략이 문화코드와 전략을 기준으로 디자인과정에서 연구해야하는 중요한 요소가 되고 있다. 이렇게 브랜드디자인은 전략적으로 소비자들을 설득하고, 소비자들에게 믿음과 신뢰를 얻도록 하는 방법이다. 그래서 브랜드 터치포인트 디자인에 일반 문화코드를 사용하는 방법을 통해 소비자를 쉽게 설득하고 소비자들의 신뢰를 얻을 수 있는 가장 좋은 방법이다. 하지만 일반 문화코드는 독창성, 창의성이 필요한 차별화된 브랜드를 구축하기 어렵다. 그러므로 브랜드는 제안 문화코드를 일반 문화코드와 함께 전략적으로 사용해야 독창성과 창의성을 요구하는 차별화된 브랜드디자인을 구축할 수 있다.

브랜드 터치포인트라고 하는 것은 '브랜드와 상품이 고객과 접촉하는 모든 접점'이라고 할 수 있다. 브랜드는 이러한 각각의 터치포인트를 통해서 소비자들에게 메시지를 전달하고 있다.[67] 치열한 시장에서 성공적인 브랜드가 되고 싶다면, 먼저 효율적인 브랜드 터치포인트의 메시지가 일관성 있게 유지되도록 해야 할 것이고, 고객에게 긍정적인 인상을 줄 수 있도록 최선을 다해야 할 것이다.[68] 브랜드를 촉진시킬 수 있는 세 가지 주요 전략적 목표는 브랜드를 경쟁 브랜드와 차별화시키고, 브랜드를 사용해보고 구매하도록 촉진시키고, 고객에게 가치를 제공한다는 것이다.[69]

이제 소비자가 브랜드의 의미를 학습하는 방식이 달라지고 있다. 통합적인 마케팅 커뮤니케이션이 필요하다. 하나의 매체를 통해서 배우는 것이 아니라 다양한 매체를 통해서 브랜드의 의미를 학습하고 있다. 그래서 브랜드디자인은 통합적인 마케팅 커뮤니케이션을 달성하기 위한 체계적인 특성을 제공해야 한다. 브랜드디자인은 소비자들과의 터치포인트를 만들 수 있는 핵심이 되는 표현방식, 혹은 시스템으로 작용할 수 있다.[70]

---

67 Wheeler, Alina and Katz, Joel (2011). Brand Atlas: Branding Intelligence Made Visible. Wiley. pp. 56~57.

68 윤경구(2009). 아커 켈러 캐퍼러 브랜드 워크숍. 유나이티드북스. pp. 415~417.

69 윤경구, 금은영, 신원학(역)(2013), Schmitt, Bernd H.(저)(2011). 번 슈미트의 체험 마케팅 감각 감성 인지 행동 관계 모듈을 활용한 총체적 체험의 창출(Experiential Marketing: How to Get Customers to Sense, Feel, Think, Act, Free Press). 김앤김북스. pp. 163~165.

브랜드의 메시지를 효율적으로 전달하기 위한 브랜드디자인은 이해 정보 전달, 욕구 정보 전달, 감성 정보 전달을 기준으로 소비자의 설득력과 신뢰도를 높일 수 있는 여섯 가지 브랜드 터치포인트 디자인 유형이 있다.[71] 이 여섯 가지 유형을 구분하기 전에 먼저 브랜드의 본원적 기능과 파생적 기능에 따라 문화코드, 문화특성, 문화유형을 연구하고, 구축된 문화코드를 기준으로 시각 문화코드를 연구해야 한다. 그리고 문화코드의 본원적 기능과 파생적 기능을 기준으로 각 브랜드 터치포인트 디자인 유형의 조건을 연구한다. 다음, 여섯 개의 브랜드디자인 유형이 쌍을 이루어 세 개 브랜드디자인 양극성으로 분류된다. 세 개의 브랜드디자인 양극성은 이해 정보 전달이 목적인 지속 기능 디자인과 단기 기능 디자인, 욕구 정보 전달이 목적인 동기 부여 디자인과 자극 방응 디자인, 감성 정보 전달 목적인 소프트 주제 디자인과 하드 주제 디자인이 있다. 여섯 개 브랜드디자인 유형과 세 개 브랜드디자인 양극성을 전략적으로 응용한다면 다양하고 차별화된 브랜드디자인 구축에 아무 문제가 없으며, 따라서 브랜드의 목표를 달성할 수 있다. [그림 32] 참조.

브랜드 터치포인트 디자인 유형이며 브랜드디자인 양극성인 감성 정보 전달, 이해 정보 전달, 욕구 정보 전달을 브랜드 터치포인트 디자인에 적용하기 위해 브랜드 디자이너는 먼저 브랜드 터치포인트 디자인의 일반적 법칙에 대한 지식이 있어야 한다. 모든 브랜드 터치포인트 디자인은

---

70 원유진(역)(2002), The Kellogg Marketing Faculty, Northwestern University(저)(2001). 마케팅 바이블(Kellogg On Marketing, John Wiley & Sons, Inc.). 세종연구원. pp. 134~135.

71 최인영(2013). 브랜드디자인: 브랜딩을 위한 커뮤니케이션 디자인. 미진사. pp. 187~198.

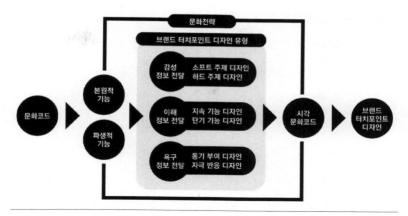

[그림 32] 브랜드 터치포인트 디자인 유형 연구 과정

일반적 법칙을 보유하고 있고 이를 통해 소비자들은 브랜드 터치포인트 디자인을 쉽게 인지한다. 예를 들어 효과적인 광고를 만들기 위해 다음의 일반적 법칙이 성립한다.[72, 73]

- 의미 있는 연상을 창조한다.
- 연관성이 있고 의미가 있다.
- 사람들의 가치와 연결되어 있다.
- 사람들의 삶에서 제품 또는 상표가 담당하는 역할을 반영한다.
- 사람들의 느낌과 감정을 반영한다.
- 쉽게 인지될 수 있다.

72 Franzen, G. (1994). Advertising effectiveness. Henley-on-Thames, Oxfordshire, UK: NTC Publications.

73 김유경, 전성률(역), Mooij, Meneke de(저)(2007). 글로벌 브랜드 커뮤니케이션(Global Marketing and Advertising, SAGE Publications, Inc). 나담.

앞의 내용을 브랜드 터치포인트 디자인 유형에 도입하면 브랜드 터치포인트 디자인의 감성 정보 전달 기능은 소비자들의 느낌과 감정을 반영하고 의미 있는 연상을 창조한다. 브랜드 터치포인트 디자인의 이해 정보 전달 기능은 브랜드가 쉽게 인지될 수 있고 소비자들과 연관성이 있고 브랜드에 대한 의미가 있다. 브랜드 터치포인트 디자인의 욕구 정보 전달 기능은 소비자들의 삶에서 제품 또는 상표가 담당하는 역할을 반영하고 소비자들의 문화적 가치와 연결되어 있다. 브랜드 터치포인트 디자인은 세 가지 기능 중에 하나만 전달할 수는 없다. 세 가지 기능을 전략에 맞춰 효율적으로 모두 전달해야 브랜드의 특성을 제대로 전달할 수 있다.

자료 제공: Hamagami/Carroll, Inc. California, USA

[그림 33] Slide Lecture Library

[그림 33]는 만성 신장 질병 공동 연구 보고서이다. 표지에 컴퓨터 그래픽으로 그린 세포 이미지는 질병을 직접적으로 보여 주는 하드 주제 디자인과 동기 부여 디자인 유형보다는 소프트 주제 디자인과 자극 반응 디자인 유형을 사용하여 질병을 과학적으로 연구하는 긍정적 느낌

을 전달한다. 보고서 레이아웃 포맷과 폴더는 지속 기능 디자인 요소이지만 이미지는 단기 기능 디자인 요소이다.

지속 기능 디자인과 문화코드

브랜딩은 궁극적으로 변화와 관련된다. 모든 것들이 점점 변화될수록 사실 브랜딩은 더 똑같아지는 것이다. 다만 그 의미만 달라지는 것이다. 안정적으로 브랜드의 의미를 변화시켜야 한다.[74] 브랜드 터치포인트 디자인이나 브랜드의 기본 요소를 오랫동안 노출하거나 자주 노출하여 브랜드의 이미지를 구축하는 데 도움을 준다. 이를 '지속 기능 디자인'이라고 하는데 시간의 흐름, 트렌드, 콘텐츠의 변화, 브랜드의 변화에 따라 발전 가능해야 한다. 오래 노출된 지속 기능 디자인 요소들 중에 가장 기억에 남는 요소가 생기고, 그 요소는 브랜드의 상징 요소 및 브랜드 연상 요소인 일반 문화코드로서 소비자들과 수월한 소통을 하게 한다.

브랜드 개발 및 유지에 영향을 주는 시대욕구의 변화인 장기간 변화와 단기간 변화를 번트 슈미트(Bernd Schmitt)가 지적한 마케팅 미학인 '미학적 일관성'과 '미학적 다양성'을 기준으로 '지속 기능 디자인'과 '단기 기능 디자인'으로 분류하였다.[75] '지속 기능 디자인'의 특성은 미적 일관

---

74 원유진(역)(2002), The Kellogg Marketing Faculty, Northwestern University(저)(2001). 마케팅 바이블(Kellogg On Marketing, John Wiley & Sons, Inc.). 세종연구원. pp. 135~136.

75 인피니트 그룹(역)(2007), Schimitt, Bernd(저)(1997). 번 슈미트의 미학적 마케팅: 브랜드, 아이덴티티, 이미지의 전략적 관리(Marketing Aesthetics: The Strategic Management of Brands, Identity, and Image, NY: Simon & Schuster, Inc.), 김앤김북스. pp. 92~94.

성, 기능의 수명이 김, 시대욕구에 쉽게 변하지 않음, 지속적인 기능 유지, 장기간 이미지 소통, 스타일과 트렌드에 예민하지 않음, 계절 및 기념일과 관계 낮음, 소비자들의 반응을 쉽게 적용할 수 없음이다. 그리고 '단기 기능 디자인'의 특성은 미적 다양성, 기능의 수명이 짧음, 시대욕구에 쉽게 변함, 단기적인 기능 유지, 단기간 이미지 소통, 스타일과 트렌드에 예민함, 계절, 기념일과 관계 높음, 소비자들의 반응을 쉽게 적용할 수 있음이다. [표 16] 참조.

[표 16] 지속 기능 디자인과 단기 기능 디자인 비교

구분	지속 기능 디자인 Sustainable Design	단기 기능 디자인 Ephemeral Design
특성	미적 일관성	미적 다양성
	기능의 수명이 길음	기능의 수명이 짧음
	시대욕구에 쉽게 변하지 않음	시대욕구에 쉽게 변함
	지속적인 기능 유지	단기적인 기능 유지
	장기간 이미지 소통	단기간 이미지 소통
	스타일과 트렌드에 예민하지 않음	스타일과 트렌드에 예민함
	계절, 기념일과 관계 낮음	계절, 기념일과 관계 높음
	소비자들의 반응을 쉽게 적용할 수 없음	소비자들의 반응을 쉽게 적용할 수 있음

잠바주스의 상품 특성은 인공 방부제, 인공 색소, 인공 향료를 넣지 않은 100% 천연 과일 주스와 주문에 따라 즉시 만들어준다. 콘셉트는 신선한 주스와 건강에 좋은 스낵을 취급하는 프랜차이즈 업체로서 유행을 타지 않으면서 남녀노소 모두에게 즐거운 이미지가 되어야 한다. 브랜드네임인 잠바주스의 어원인 아프리카 단어 'Jama'는 육체, 정신, 영혼

을 보살피는 것이 흥겨운 인생을 사는 비결이라는 의미를 갖고 있다. 즉 웰빙의 삶을 설명하고 있다.

현재 잠바주스는 국제적인 브랜드로서 미국, 캐나다, 한국, 필리핀에 프랜차이즈를 두고 있다. 그러므로 지속 기능 디자인과 단기 기능 디자인의 필요성이 높아졌다. 잠바주스의 지속 기능 디자인의 요소인 로고, 색채, 서체, 시각양식, 그래픽 모티브, 환경디자인, 사인디자인을 통해 소비자들이 잠바주스 브랜드를 인지하고 신뢰하여야 한다. 그러므로 브랜드 디자인은 브랜드의 특징을 시대욕구에 영향을 적게 받고 미적 일관성이 유지되고 잠바주스의 스타일을 구축할 수 있는 시각디자인이어야 한다.

지속 기능 디자인 요소인 아이덴티티 마크의 로고타이프는 모두 부드러운 소문자 슬랩 세리프(Slab Serif)를 응용하여 친근함을 표현하였고 즐거움과 믹스의 의미를 여러 칼라의 회오리 형태인 심벌릭 마크(Symbolic Mark)로 표현하였다. [그림 34] 참조.

자료 제공: Hornall Anderson Design Works, Seattle, USA

[그림 34] 잠바주스 브랜드 아이덴티티 마크

지속 기능 디자인 요소인 슬로건은 "live fruitfully."인데 태그라인(Tag line)의 형식을 갖추고 있다. 화려한 색채 조화와 Bembo와 Meta 서체는 즐거움과 건강을 한층 더 강조하고 있다. 또한 일러스트레이션은 영양의 가치와 즐거움을 표현하는데 화려한 색채와 자유로운 곡선을 사용하였다. [그림 35] 참조.

자료 제공: Hornall Anderson Design Works, Seattle. USA

[그림 35] 잠바주스 일러스트레이션 스타일

[그림 36]은 글로벌 브랜드인 잠바주스(Jamba Juice)의 지속 기능 디자인 요소인 음료수 컵 패키지디자인이다. 경쟁 브랜드들과 차별된 곡선형 실루엣 지기구조는 잠바주스의 가치와 즐거움을 표현하는데 중요한 역할을 한다. 특히 패키지의 촉감으로 곡선을 느낄 수 있다. 단기 기능 디자인 요소인 음료수 컵은 특별한 행사, 명절, 계절을 표현하여 일관된 다양성을 전달하고 있다. 일회용 패키지는 계절이나 기간에 따라 변할 수 있다. 그러나 지속 기능 디자인 요소인 화려한 색채와 자유로운 곡선은 유지하여 브랜드를 인지하도록 하였다.

잠바주스 프랜차이즈 브랜드의 지속 기능 디자인 요소인 인테리어디자인 [그림 37]은 브랜드 색상의 화려한 조화인 초록, 노랑, 주황, 빨강으로 표현하였고, 소비자들은 잠바주스 브랜드의 즐거움과 활동적인 브랜드의 이미지를 인지하게 한다. 부드러운 곡선과 나무 재질은 잠바주스 제품의 특성인 유기농 친환경 음료수라는 메시지와 함께 소비자들을 친근하게 환영하고 있다.

자료 제공: Hornall Anderson Design Works, Seattle, USA

[그림 36] 잠바주스(Jamba Juice) 음료수 컵 패키지디자인

자료 제공: Hornall Anderson Design Works, Seattle, USA

[그림 37] 잠바주스 인테리어디자인

단기 기능 디자인과 문화코드

브랜드 터치포인트 디자인 유형인 '단기 기능 디자인'은 브랜드의 새로운 소비자 구축, 행사나 이벤트 홍보, 단기 노출 홍보에 필요한 자극적 방법으로 제안 문화코드와 비활성 문화코드인 브랜드의 셀링포인트 정보, 감정적인 요소, 파생적 기능을 전달하여 소비자들의 실용적 욕구와 쾌락적 욕구를 연상시키고 소비자들의 의사결정을 자극하게 한다. 일관적이고 통일된 지속 기능 디자인 요소와 브랜드디자인 매뉴얼을 통해 브랜드는 소비자들의 신뢰를 받을 수 있다. 자극적인 단기 기능 디자인 요소는 브랜드를 새롭게 느끼게 하고 매력적인 이미지를 구축하는 역할을 한다.

그리고 글로벌 브랜드와 내셔널 브랜드에 있어 지속 기능 디자인 요소는 브랜드의 정체성과 아이덴티티를 일관성 있게 소비자들과 소통하는 데 사용하고 있다. 반면에 단기 기능 디자인 요소는 타깃 지역의 문화, 소비자, 관습 등 지역의 정체성을 적용하여 미적 다양성을 보여주어야 한다. 이런 노력으로 글로벌 브랜드와 내셔널 브랜드는 소비자들의 인식에 남아 있을 수 있고 브랜드를 연상시킬 수 있다.

잠바주스는 미국, 캐나다, 한국, 필리핀에서 현지 문화를 적용하고 현지 소비자들과 소통하기 위해 단기 기능 디자인을 사용한다. 잠바주스의 단기 기능 디자인 유형의 브랜드 터치포인트 디자인인 광고포스터와 브로슈어는 계절, 특별행사, 공휴일에 따라 소비자들의 실용적 욕구를 자극할 수 있는 방법을 고려하여 메시지를 소통하고 있다. 그러나 지속 기능 디자인 요소이며 활성시각 문화코드인 화려한 색채와 손 글씨 서체를 사용하여 브로슈어의 주체인 잠바주스 브랜드를 인식하게 하였다.
[그림 38] 참조.

[그림 38] 잠바주스 브로슈어

　잠바주스 브랜드의 다양한 인쇄홍보물은 지속적으로 소비자들과 소
통하기 위해 계절, 특별행사, 공휴일의 이미지와 연상 요소를 다양한 스
타일로 활용한다. 그러나 잠바주스의 브랜드 연상 요소인 젊음, 활기찬,

친환경, 건강주스를 유지하기 위해 잠바주스의 지속 기능 디자인 요소인 화려한 색채, 자유로운 곡선, 깔끔한 소문자 산세리프체와 타이포그래피, 추상적인 이미지인 젊고 자유로운 느낌의 일러스트레이션을 사용하였다. 서체와 일러스트레이션은 지역에 따라 변화를 주었다. [그림 39]는 잠바주스의 단기 기능 디자인 유형의 브랜드 터치포인트 디자인인 티셔츠이다. 티셔츠 디자인의 구성 요소이며 잠바주스의 지속 기능 디자인 요소인 색상, 서체, 타이포그래피, 이미지는 소비자들에게 신선한 느낌의 브랜드를 인식하게 한다.

자료 제공: Hornall Anderson Design Works, Seattle, USA

[그림 39] 잠바주스 판촉물(티셔츠)

동기 부여 디자인과 문화코드

'동기 부여 디자인'은 소비자의 생리적 욕구인 실용적 욕구를 측정하여 소비자들을 유인하고 소비 행동을 충동할 수 있는 브랜드의 본원적 기능 요소를 기준으로 만든 브랜드 터치포인트 디자인이다. 또한 동기 부여 디자인은 소문, 욕망과 같은 외적 자극을 강조하지 않는 디자인으로서 브랜드의 본원적 기능에 대한 정보를 정확하게 꾸밈없이 전달하여 소비자의 기본 욕구를 충족시키고 소비자의 구매 결정에 대한 만족감을 높일 수 있다.

자료 제공: Jill Bell Brandlettering, Kansas, USA

[그림 40] 볼트하우스(Bolthouse Farm) 친환경 쥬스 브랜드

[그림 40]은 볼트하우스(Bolthouse Farm) 친환경 주스 브랜드의 패키지 디자인이다. 1915년부터 신선한 농산물을 생산한 '볼트하우스'는 100% 친환경 주스 브랜드를 판매한다. 볼트하우스 브랜드는 소비자들의 실용적 욕구인 생리 욕구와 사회 욕구를 충족시킨다. 그래서 브랜드 터치포인트 디자인의 동기 부여 디자인 요소는 신선한 주스를 암시하는 손글씨 캘리그래피 스타일의 로고타이프, 자연을 상징하는 색채, 싱싱한 친환경 과일을 묘사한 일러스트레이션이다. 이렇게 음료수와 식품 패키지 디자인에서 가장 중요한 동기 부여 디자인 요소는 로고타이프, 색채, 일러스트레이션이다.

자극 반응 디자인과 문화코드

소비자들이 보유한 일반적인 욕구에서 벗어나 심리적 욕구인 쾌락적 욕구를 충족하여 구매를 유인하는 '자극 반응 디자인'은 브랜드의 파생적 기능을 외적 자극인 시각 디자인 요소로 강조하여 구매 결정에 따른 사회적 위치, 욕망, 개인적 표현을 만족시킨다. 브랜드의 파생적 기능을 전달하는 방법으로 신선하고 독특한 디자인, 고급스러운 디자인, 독창적인 디자인이 있다. 파생적 기능과 본원적 기능을 소비자들의 인지와 연상을 기준으로 브랜드 터치포인트 디자인에 사용해야 적합한 커뮤니케이션이 이루어 질수 있고 브랜드에 대한 거부감을 최소화할 수 있다. 소비자의 나이, 성별, 소득, 교육에 따라 자극 반응 디자인 방법이 다르다. 그리고 자극 반응 디자인은 소문, 욕망과 같은 외적 자극에 의해 영향을 받는다.

자료 제공: Nathan Ezra Trimm, Dallas, Texas, USA

[그림 41] 캐나다 드라이(Canada Dry) 그린티(Green Tea) 캔 패키지디자인

[그림 41]은 캐나다 드라이(Canada Dry) 그린티(Green Tea) 캔 패키지디 자인이다. 캐나다 드라이의 새로운 브랜드인 녹차 맛이다. 녹차의 일반 문화코드는 일본, 동양, 친환경이지만 캐나다 드라이는 일본, 동양 일반 문화코드를 배제하고 친환경 일반 문화코드를 강조했다. 그리고 기존 캐나다 드라이의 브랜드 이미지인 시원하고 톡 쏘는 음료수라는 느낌의 활성 문화코드를 녹차의 일반 문화코드인 친환경과 함께 사용하였다. 동기 부여 디자인 요소는 캐나다 드라이 브랜드의 본원적 특징인 브랜드의 출처를 알리는 캐나다 드라이 엠블럼 마크 디자인이다. 자극 반응 디자인 요소는 소비자들의 쾌락적 욕구를 충족시키는 브랜드의 파생적 기능으로 캐나다 드라이의 활성 문화코드인 톡 쏘는 음료수라는 느낌과 녹차의 일반 문화코드인 친환경을 융합하여 캐나다 드라이 브랜드의 신선하고 독특한 서브브랜드를 구축하였다. 캐나다 드라이의 새로운 문화코드 융합은 대문자 세리프와 산세리프 조합의 서체, 고전적인 중간맞춤 타이포그래피와 건강식의 본원적 기능 타이포그래피의 조화, 나뭇가지와 넝쿨로 만든 패턴이 소통하는 친환경 요소, 녹차를 상징하는 녹색과 젊은 세대를 상징하는 연한 녹색은 충분히 젊은 트렌드 추종자들이 원하는 음료수로 발전할 수 있었다.

소프트 주제 디자인과 문화코드

모든 미디어와 정보는 연령과 취향에 따라 전달되는 방법이 다르다. 연령에 따라 심리적 성숙함이 다르기 때문에 섹스, 폭력, 약물 남용, 인종차별 등과 같은 사회적 이슈를 이해하는데 한계가 있다.

'소프트 주제 디자인' 유형의 브랜드 터치포인트 디자인은 소비자들이 사회적 이슈가 없는 방법으로 브랜드를 표현하는 방법이다. 그 방법 중에 재치 있고 유쾌한 소프트 주제 디자인은 웃음과 긍정적인 느낌을 표현하고 행복한 감성을 준다. 이러한 감성은 브랜드에 대해 좋은 인상을 갖게 하고 긍정적인 브랜드 이미지를 형성하게 한다. 그렇지만 '클리셰 이미지'(Cliché Image)[76]를 사용한다면 새롭게 느껴지지 않는다면 다른 브랜드와 차별되지 않고 게으르게 보일 것이다. 그래서 항상 브랜드 수명 주기에서 성장기와 성숙기에 위치한 브랜드는 클리셰 이미지를 외면하고 브랜드와 연관된 새롭고 독특한 이미지를 개발해야 한다.

[그림 42]는 꺼림직한 헌혈이라는 주제를 소프트 주제 디자인 요소로 보여주고 있다. 미국 백혈병림프종단체(The Leukemia & Lumphoma Society)는 병에 대한 교육을 진행하는 한편 연구와 치료를 병행하고 있다. 비영리 단체 LLS는 맥주 퍼브 (Beer Bub)에서 연중 행사인 자선 모금 이벤트를 주최하였다. 본 행사의 주제와 연관된 핵심 단어는 자선 모금 이벤트, LLS, 맥주 퍼브, 행복, 나눔이고 메시지는 비영리 단체 LLS가 주최하는 행복한 나눔을 실행할 수 있는 맥주 퍼브 자선 모금 이벤트이다. 이런 내용은 딱딱한 느낌의 자선 모금 이벤트에 초점을 맞춰 클리셰 이미지를 보여 줄 수 있었다. 그러나 비영리 단체 LLS는 소프트 주제 디자인을 추구하여 모든 참가자들이 부담 없이 즐길 수 있는 재치 있고 유쾌한 감정을 선사했다. LLS의 앱스트랙트 마크인 핏방울을 응용하여 재미있는 빗방울 캐릭터를 이번 맥주 퍼브 이벤트의 엠블럼 마크로 디자인

---

76 클리셰 이미지(Cliché Image)는 너무 남용되어 독창적인 느낌이 부족한 상투적인 이미지이다. 사랑을 상징하는 하트는 클리셰 이미지이다.

했다. 이런 소프트 주제 디자인은 기부자들에게 흥미로운 자선 모금 이벤트임을 인식시켜 참여율을 높이고, 이벤트를 성공리에 이끌어준다. 맥주 퍼브 이벤트에 참여하는 모든 기부자에게 엠블럼 마크가 인쇄된 이벤트 티셔츠를 무료로 나눠 주어 이벤트 중 착용함으로써 소속감을 갖게 했다. 재미있고 장난스러운 LLS의 이벤트 엠블럼 마크는 그 후 LLS 자선 모금 이벤트의 마스코트가 되었다.

자료 제공: Nathan Ezra Trimm, Dallas, Texas, USA

[그림 42] The Leukemia & Lymphoma Society 헌혈 행사

하드 주제 디자인과 문화코드

에크만의 기본 감성 중에 공포, 분노, 행복, 혐오, 슬픔, 놀람을 유도하는 '하드 주제 디자인'은 충격적이거나 첨단적 시각 요소를 통해 새롭게 느끼거나 정서적인 불안감을 느끼게 한다. 또한 하드 주제 디자인을 '커팅에지'(Cutting Edge) 디자인[77]이라고 한다. 충격적인 디자인인 하드 주제 디자인 유형의 브랜드 터치포인트 디자인은 사람의 기억에 오래 남는 인상을 주기도 하고 소비자들의 쾌락적 욕구를 충족시키는 시각적 유혹을 주어 브랜드를 구매하기도 하고 브랜드의 독특한 이미지를 기억하기도 한다. 하드 주제 디자인은 단시간에 사람의 시선을 제압하므로 단기 기능 디자인에 자주 사용하는 방법이다.

베네통(Benetton)은 하드 주제 디자인 요소로서 독특한 색상과 도발적인 광고로 브랜드의 차별화를 주었고, 베네통 브랜드의 다인종과 다문화 이미지는 베네통이 글로벌 브랜드로 성장하는 밑거름이 되었다. 1980년대에서 1990년대까지 이런 도발적인 사회문제를 주제로 한 베네통 광고는 사회적인 비난과 함께 사람들 입에 오르내리면서 트렌드 이슈가 되었고 베네통의 브랜드 인지도와 브랜드 연상을 강화시켰다. 베네통 브랜드처럼 독특함과 하드 주제 디자인 요소를 이용한 차별화전략을 실시할 때 주의해야 할 점은 소비자들의 근본적 욕구를 주제로 다뤄야 하고, 다른 경쟁 및 유사 브랜드들이 쉽게 금방 따라할 수 없는 독특함이 있어야 한다는 점이다.[78]

---

77 커팅에지(Cutting Edge) 디자인은 가장 현대적이며 모든 최신 기능을 갖추고 있는 특정한 종류의 디자인이다.

78 홍성준(2005). 차별화의 법칙 소비자를 유혹하는 24가지 키워드. 새로운제안. pp. 112~118.

[그림 43]은 세계보건기구(WHO)의 담배 패키지디자인의 혐오사진 사용 캠페인 광고이다. 세계보건기구는 구매 충동을 일으키는 매력적인 담배 패키지디자인을 혐오적인 패키지로 만들어야 한다는 캠페인을 벌였다. 가장 혐오스러운 이미지를 만들수록 소비자들은 담배를 구매하길 꺼릴 것이다. 담배 패키지 앞면에 흡연으로 인한 참혹한 결과를 사실적 이미지인 사진으로 보여주어 소비자에게 심리적 부담감을 주었다. 왼쪽 위의 광고 이미지는 흡연이 구강암을 일으키는 원인이라는 메시지를 전달하고 있다. 이렇게 언어가 전달하는 메시지는 경험이 없는 흡연자들에게는 생소하게 느껴지겠지만, 강한 커팅에지 이미지인 흡연으로 인한 구강암의 무서운 모습을 담은 실제 사진은 흡연을 부정적인 행동으로 인식하게 했다. 이런 하드 주제 디자인은 주로 사회운동 캠페인에 사용하여 사람들의 기본 감성을 충동하여 행동으로 옮기게 한다.

자료 제공: Fabrica, Treviso, Italy

[그림 43] 세계보건기구의 담배 사진경고 담배 패키지 캠페인

제8장

브랜드디자인의
기본 디자인 요소와
문화코드

인간의 감각 중에 가장 발달된 감각은 시각이다. 시각은 인간이 타고난 감각이지만, 세상을 보는 인간의 시각은 문화적이다. 본다는 것은 항상 문화적으로 보는 것이다.[79] 인간은 시각을 통해 눈의 기능인 '시각 지각력'(Visual Perception)과 뇌의 기능인 '시각지식'(Visual Cognition)으로 시각적인 요소를 이해한다. 만약 브랜드의 브랜드 터치포인트 디자인의 시각적인 요소들을 보고 소비자들이 이해하고 인지한다면 그 시각적인 요소들은 일반시각 문화코드이다. 그러나 소비자들이 이해하기 힘든 시각적인 요소라면 그 시각적인 요소들은 제안시각 문화코드이다.

브랜드는 브랜드의 정체성이라고 할 수 있는 브랜드 아이덴티티와 시각적인 요소라고 할 수 있는 시각적 아이덴티티 및 브랜드 터치포인트 디자인을 통해 일관성 있게 소비자들에게 경험을 주어야 한다.[80] 먼저

---

79 조애리, 강문순, 김진옥, 박종성, 유정화, 윤교찬, 최인환, 한애경(역)(2008), Baldwin, Elaine; Longhurst, Brian; McCracke, Scott; Ogborn, Mies; Smith, Creg(저)(2004). 문화코드, 어떻게 읽을 것인가?(Introducing Cultural Studies, Pearson Education, Ltd.). 한울 아카데미. pp. 287~290.

80 인터브랜드(2015). 의미부여의 기술. 엔트리. pp. 143~151.

브랜드의 기본 일관성 목표는 제품이나 서비스의 품질을 일관적으로 관리하고 유지하는 것이다. 이를 기본으로 하여 브랜드의 기본 브랜드 로고와 브랜드 터치포인트 디자인의 일관성을 구축해야 한다. 일관된 브랜드 터치포인트 디자인은 고객이 브랜드를 만나는 장소와 시간에서 일관성 있게 경험과 지식을 전달하고, 그런 경험의 과정을 통해 소비자들의 브랜드 연상, 브랜드 개성, 브랜드 충성을 갖게 만든다. 또한 오랫동안 고집스럽게 브랜드의 정체성을 지켜가는 과정을 통해 소비자들에게 브랜드의 진정성을 강조한다.

세계적인 토탈 디자인 회사인 아이디오(IDEO)의 CEO인 팀 브라운(Tim Brown)은 "디자이너들은 인간중심적인 사고의 관점에서 기술적 경제적으로 실현 가능한 것들을 적절히 결합시켜 오늘날 대중이 즐겨 사용하는 제품과 서비스를 탄생시킬 수 있었다."[81]

브랜드디자인은 브랜드를 위한 디자인과 전략이다. 그것은 브랜드에 깔린 의미를 담고 있는 어떤 모습이나 형상, 느낌, 그리고 감각이다. 디자인은 브랜드의 의미를 시각적으로 표현하고, 언어인 단어를 통해서 언어적으로 표현하는 것이다.[82] 그래서 브랜드 디자이너는 소비자와 문화의 관점에서 가장 효율적인 방법과 전략으로 오감을 다루는 브랜드 터치포인트 디자인을 구축해야 한다. 본 8장에서는 오감을 다루는 브랜드 터치포인트 디자인 중에 시각적인 요소를 설명하였다.

---

81 고성연(역)(2014), Brown, Tim; Katz, Barry(저)(2009). 디자인에 집중하라 기획에서 마케팅까지 (hange by Design How Design Thinking Transforms Organizations and Inspires Innovation, Harper Business). 김영사. p. 9.

82 원유진(역)(2002), The Kellogg Marketing Faculty, Northwestern University(저)(2001). 마케팅 바이블(Kellogg On Marketing, John Wiley & Sons, Inc.). 세종연구원. pp.125~134.

브랜드의 메시지와 정보를 전달하기 위해 어떤 방법으로 시각 표현을 사용하느냐에 따라 소비자들의 이해 정도가 다를 수 있다. 브랜드는 가능하면 짧은 시간에 소비자의 인식에 자리 잡고 기억시키고 싶어 한다. 이러한 중요한 특성은 세 가지 분류의 시각 표현인 직접적 시각 표현, 추상적 시각 표현, 체계적 시각 표현으로 가능하다.

브랜드 터치포인트 디자인의 시각 표현 분류(Visual Representation)는 다음과 같이 세 가지로 나눌 수 있다.

- 직접적 시각 표현(Direct Visual Representation: DVR) - 메시지와 직접적 연관성을 보유한 시각 표현이다. 직접적 시각 표현을 구사한 브랜드 터치포인트 디자인의 장점은 소비자의 이해력과 설득력이 높다는 것이다. 반면에 브랜드에 대한 기억이 낮을 수 있다.
- 추상적 시각 표현(Abstract Visual Representation: AVR) - 메시지의 추상적인 면을 표현하는 방법이다. 추상적 시각 표현을 구사한 브랜드 터치포인트 디자인의 장점은 소비자에게 메시지의 감성적인 면과 특성을 전달할 수 있다는 것이다. 단점은 시각 표현 노출도를 높여야 하고 시각 표현 기간을 길게 잡아야 한다는 것이다.
- 체계적 시각 표현(Hierarchy Visual Representation: HVR) - 시각 표현 요소들과 시각화한 언어 표현 요소의 중요도에 따라 정리하는 방법이다. 체계적 시각 표현을 구사한 브랜드 터치포인트 디자인에서는 중요도 계층의 정리와 계층의 단순성에 따라 메시지의 이해력과 레이아웃의 스타일이 정해진다. 대부분 단순 체계적 시각 표현의 특징은 여백이 많고 계층이 적어 사실적 메시지는 이해력이 높은 반면에 추상적 메시지는 이해력이 낮다. 복잡 체계적 시각 표현

의 특징은 여백이 적고 계층이 많아 사실적 메시지는 흥미가 낮은 반면에 추상적 메시지는 흥미가 높다.

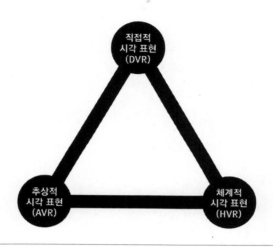

[그림 44] 시각 표현 유형의 삼각관계(Visual Representation Triad Relationship)

[그림 44]는 시각 표현 유형의 '삼각관계'(Triad Relationship)를 보여주는 다이어그램이다. 하나의 시각 표현 유형을 적용한 디자인을 만들 수 있고, 여러 개의 시각 표현 유형을 메시지를 기준으로 적용한 디자인을 만들 수 있다. 그리고 두 유형의 융합도 가능하다. 예를 들어 강한 직접적 시각 표현 요소와 약한 추상적 시각 표현 요소가 융합된 디자인을 만들 수 있다. 하지만 강한 직접적 시각 표현요소와 강한 추상적 시각 표현 요소가 융합된 디자인은 소통이 불가능한 불화음적인 디자인이다.

[그림 45]는 같은 중립적인 시선의 사실적 이미지를 단정하게 대칭적인 레이아웃 균형으로 배치하였다. 문화와 인종을 암시하는 추상적인 얼굴

모습은 개별 이미지의 연관성에 궁금증을 주고 전체 이미지에 시너지를 주어 관심을 갖게 하는 추상적 시각 표현을 사용했다. 그렇지만 시각 표현 요소들의 중요도 순서를 인식하기 어려워 체계적 시각 표현은 사용되지 않았다.

자료 제공: Kame Design, San Francisco, USA

[그림 45] Kino Falke Video & Filmmaker

레이아웃의 문화코드

'레이아웃'은 지정된 공간 안에 공간의 활용 용도에 따라 시각 요소들을 다루고 정리하는 방법이다. 시각디자인에서 레이아웃은 이미지, 타이포그래피, 색상, 그래픽 요소들의 관계와 전체적 모습을 창작하는 것이다. 소비자는 브랜드 터치포인트 디자인의 레이아웃을 보고 신문, 잡지, 광고, 웹페이지, 동영상, 포스터, 사인, 카탈로그, 팸플릿, 패키지 등을 짐작할 수 있다. 그리고 레이아웃의 디자인에 따라 정보 전달 속도와 정보 이해 정도를 조절할 수 있다.[83]

레이아웃의 기능은 다음과 같다.
- 레이아웃의 특징으로 브랜드의 이미지와 디자인의 콘셉트를 전달할 수 있다.
- 레이아웃의 구성에 따른 시선의 움직임과 시각적 관심으로 인해 정보에 대한 흥미를 유도할 수 있다.
- 레이아웃에서 타이포그래피와 이미지는 중요한 시각적인 요소다. 이들 요소는 내적 의미를 보유하는 동시에 외적 표현을 한다. 전체적인 이미지는 시선의 움직임, 시각적 관심 유도, 타이포그래피와 이미지의 관계로 만들어진 레이아웃 구성에 따라 다를 수 있다.

---

83 최인영(2013). 브랜드디자인: 브랜딩을 위한 커뮤니케이션 디자인. 미진사. pp. 132~137.

자료 제공: Frank + Victor Design, Austin, Texas, USA

[그림 46] University of Texas, Austin Articulate Magazine

[그림 46]은 오스틴 텍사스대학(University of Texas, Austin)의 브란턴미
술관(The Blanton Museum of Art) 잡지인 'Articulate Magazine'이다. 지속
기능 디자인 요소는 배너(잡지의 로고타이프), 잡지의 크기와 형태다. 단기

기능 디자인 요소인 특집 기사 의 핵심 이미지와 색채의 변화는 흥미를 유발한다. 그림 하단에 보이는 레이아웃은 매 이슈마다 나오는 특집 기사이다. 특집 기사의 편집 디자인은 기사의 내용에 따라 타이포그래피, 이미지 스타일, 색채, 보조 그래픽 요소, 이야기의 전개를 매번 다르게 활용할 수 있다. 다만 미술관 잡지의 일반 문화코드인 통일성과 일관성을 유지하기 위해 그리드 체계를 지켜야 한다.

자료 제공: Hornall Anderson Design Works, Seattle USA

[그림 47] Tend Blends, a holistic system of bath and body products

[그림 47]은 세면용품 브랜드인 텐드 블렌드(Tend Blends)이다. 대부분의 패키지디자인은 중앙 배치, 대칭 균형 레이아웃을 따른다. 다른 패키지와 진열되었을 때, 중앙배치에 의한 양쪽 여백으로 인하여 브랜드의 정보가 주목받고 주변 브랜드와 분리될 수 있기 때문이다.

[그림 48] Centre national des arts plastiques, Paris FRANCE의 연간 뮤직페스티발
포스터

[그림 48]은 프랑스 파리에 위치한 Centre national des arts plastiques
의 연간 뮤직페스티발 포스터이다. 음악 열정과 표현의 자유로움을 전하
기 위해 트렌드한 타이포그래피, 그림과 함께 난색을 주요 브랜드 색상으
로 사용했다. 포스터 디자인은 짧은 시간에 시선을 끌기 위해 궁금증을
자극하는 이미지, 타이포그래피, 색상을 사용한다. 중앙 배치와 대칭 균
형은 시선을 중앙에 배치한 흥미로운 일러스트레이션에 주목하게 한다.
대칭 균형은 안정, 균형, 신뢰, 전통, 권력, 권위 같은 표현을 전달하기 위
해 사용한다.

서체의 문화코드

글자는 언어의 코드를 시각화한 최소 단위다. 글자는 정치적 도구로 사람들을 통치하는 데 사용했고, 종교적 도구로 사람들에게 믿음을 전달했으며, 상업적 도구로 부를 쌓는 데 이용했다. 그리고 입력 방법의 효율성과 경제성에 맞추어 대문자에서 소문자로 발전해 나갔다. 입력 속도를 높이기 위해 손글씨를 기본으로 한 이탤릭체가 만들어졌다.[84] 영역을 지키고 차별화된 정체성을 구축하기 위해 필기도구로 만든 글자의 단순한 모습은 점점 발전하여 다양한 글자 형태를 만들기 시작했다. 글을 작성할 수 있는 기본적 글자 체계가 비슷한 글자 형태로 만들어지면, 그 글자 형태는 서체가 된다.

[그림 49]는 고급 여성 의류 매장인 '윔지'(Whimsey)는 여성적이면서 엉뚱하고 재미있는 의류의 특징을 브랜드 이름에 어울리게 손 글씨를 이용하여 부드러운 곡선으로 표현했다.

자료 제공: Jill Bell Brandlettering, Kansas USA

[그림 49] 로컬 패션 매장인 Whimsey Boutique

---

84 최인영(2013). 브랜드디자인: 브랜딩을 위한 커뮤니케이션 디자인. 미진사. pp. 84~93.

자료 제공: Joachim Müller-Lancé

[그림 50] Joachim Müller-Lancé의 다양한 서체 디자인

　서체는 시대, 역사, 문화, 국가, 정체성을 증명한다. 그래서 브랜드의 개성과 특성을 고려하여 브랜드디자인의 기본 서체로서 브랜드 터치포인트 디자인을 구축하는 데 사용한다. 서체 분류를 이해해야 서체를 현명하게 선택한다. [그림 50]은 서체 디자이너 요하임 뮬러-랜스(Joachim Müller-Lancé)의 다양한 서체 디자인이다. 디자이너는 다양한 모티프인

그래픽, 상황, 이야기를 기준으로 새로운 서체를 개발한다. 한편, 브랜드의 개성이나 특징은 하나의 모티프로 브랜드 서체를 개발하는 데 도움이 된다. 브랜드 서체의 문제점은 뚜렷한 개성을 보유한 서체는 브랜드의 정체성을 고립시킨다는 것이다. 시간의 영향을 받지 않는 브랜드 서체를 원한다면, 기본 서체를 기준으로 만들어야 한다. 트렌드에 민감한 브랜드 서체일수록 수명이 짧고 브랜드에 해를 끼칠 수 있다. 그래서 다국적 브랜드와 대기업의 브랜드 서체는 기본 서체를 기반으로 제작하고, 로컬 브랜드와 서브 브랜드는 개성이 강한 브랜드 서체를 선택한다.

ABCDEFGHIJKLM
NOPQRSTUVWXYZ
abcdefghijklmnopqrs
tuvwxyz1234567890
-=`~!@#$%^&*()_+[]
\;',./{}|:"<>?

자료 제공: Albert Choi

[그림 51] AC Young 서체

[그림 51]은 동양의 문화코드와 서양의 문화코드를 융합한 'AC Young' 서체이다. 1995년에서 1996년까지 2년 동안 개발한 'AC Young' 서체는

디자이너의 이름인 '알버트 영 최'를 응용해 만든 이름이다. 그동안 미국에서 동양을 상징하는 서체는 날카롭고 일반적인 동양인의 눈 모양과 젓가락 형태의 서체였다. 그러나 'AC Young'은 동양의 역사와 철학 그리고 아름다움을 붓글씨와 부드러운 난을 이용해 시각적으로 표현하려고 노력했다. [그림 52]는 'AC Young' 서체를 사용한 디자인이다. 상단 디자인은 2006년 모차르트 탄생 250주년 행사 포스터이다. 전 세계에서 이를 기념하는 행사와 공연이 이어지는 가운데 국내에서는 서울아트센터가 세계적인 모차르트 음악 지휘자인 니콜라우스 아르농쿠르 초청 공연을 기획했다. 다른 국가들은 전통적 방법이며 활성시각 문화코드로 행사 포스터를 만들었지만, 국내 행사 포스터는 제안시각 문화코드와 일반시각 문화코드로 동양적이며 현대적인 느낌을 통해 모차르트가 살아서 내한 공연하는 콘셉트를 표현하였다. 'AC Young' 서체는 모차르트 공연의 제안 문화코드이며 제안시각 문화코드이다. 하단 디자인은 한국관광공사 연하장이다. 기존 한국관광공사의 연하장은 한국의 활성시각 문화코드인 전통에 치우친 디자인으로 진부한 느낌을 주었다. 연하장은 국내는 물론 전 세계에 보내는 만큼 제안시각 문화코드와 일반시각 문화코드로 한국의 전통과 현대가 어우러진 심플하면서도 역동적인 타이포그래피 이미지를 통해 한류의 이미지를 전달하였다. 특히 기본 서체와 차별된 서체인 'AC Young' 서체는 독특한 한류의 일반 문화코드를 소통시켰다.

자료 제공: Albert Choi

[그림 52] AC Young 서체를 사용한 디자인

색채의 문화코드

브랜드의 색상은 브랜드나 사용상황에 대한 소비자들의 감정을 유도하는데 도움을 주는 효과적인 수단이다.[85] 감정을 표현하고 유도하는데 있어 색상은 형태보다 더 논리적으로 작용한다.[86] 이렇게 브랜드디자인은 색상을 사용하여 메시지를 커뮤니케이션하고, 소비자의 지각에 영향을 주고, 소비자를 주목시키고, 소비자의 행동에 영향을 주고, 브랜드메시지의 지속성 및 연속성을 만든다.

자료 제공: Meat & Potatoes, Inc. Burbank, California USA

[그림 53] 섹스 앤 더 시티(Sex and the City): The Wedding Collection 영화수집기념DVD

[그림 53]은 섹스 앤 더 시티(Sex and the City)의 영화수집기념DVD 세트이다. 미국의 인기 드라마 '섹스 앤 더 시티' 기념 DVD 패키지의 주요

---

85 원유진(역)(2002), The Kellogg Marketing Faculty, Northwestern University(저)(2001). 마케팅 바이블(Kellogg On Marketing, John Wiley & Sons, Inc.). 세종연구원. p. 359.

86 최경원(2014). 디자인 인문학. 허밍버드. pp. 104~107.

브랜드 색상은 드라마의 주연을 상징하는 핑크색이며, 보조 브랜드 색상은 가족 앨범을 연상시키는 검은색이다. 강조 색상은 사용하지 않았다.

브랜드디자인 전략에서 다음과 같은 색채 전략은 중요하다.[87]

1. 브랜드 식별(Brand Identification)
   - 인간은 색채를 이용하여 사물을 정리하고 구분함
   - 콜라는 빨간색을 아시아나 항공사는 갈색을 생각하게 함
2. 브랜드의 특성 강화(Feature Reinforcement)
   - 다양한 브랜드 중에서 신속하게 특정 브랜드의 특성을 식별하게 함
   - 패키지디자인에서 흑백은 저렴한 제너릭 브랜드를, 금은색은 프리미엄 브랜드를, 짙은 빨강은 강함을, 엷은 파랑은 온화함을 표현함
3. 브랜드의 차별화(Differentiation)
   - 다른 브랜드와의 차별화
4. 브랜드 리더 모방(Following the leader)
   - 브랜드 리더의 브랜드 색채를 모방하여 비슷한 브랜드라는 느낌을 줌
   - 휴대폰과 기타 보조 제품은 비슷한 색채를 사용함
5. 트렌드 색상(Trendy Color)
   - 트렌드에 민감한 색상을 구축하여 다른 브랜드의 브랜드 색상에 영향을 줌
6. 마케팅 확대(Extensive Marketing)
   - 다양한 제품을 시장에 소개하여 브랜드가 시장을 장악할 때

---

[87] 최인영(2013). 브랜드디자인: 브랜딩을 위한 커뮤니케이션 디자인. 미진사. pp. 94~101.

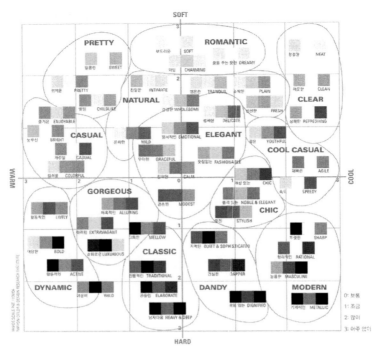

[그림 54] 고바야시 이미지 스케일

    고바야시의 '이미지 스케일' [그림 54]는 기본적 색채 전략 연구 방법이다. 다양한 방법으로 이미지 스케일을 활용할 수 있다. 이미지별로 분석하는 방법과 두 이미지 이상을 같이 분석하는 방법이 있다. 두 이미지 이상을 같이 분석하는 방법은 같은 X축이나 Y축에 있는 이미지를 사용하는 방법, 축의 반대 이미지를 사용하는 방법, 삼각형의 이미지 관계를 사용하는 방법, 짧은 거리 관계를 사용하는 방법, 먼 거리 관계를 사용하는 방법이 있다.

브랜드의 브랜드 색상을 구축하는 데 색상 하나로 할 수 있다면 가장 좋은 방법일 것이다. 그러나 이제 한 제품군에 수많은 브랜드가 존재하고 경쟁하기 때문에 색상 하나로는 차별화된 브랜드 색상을 구축하기 어렵다. 만약 새로운 제품군이 구축되어 소수의 브랜드가 존재한다면, 색상 하나로 브랜드 색상을 구축할 수 있다.

브랜드의 색상은 다음의 세 가지로 나눈다.

1. 주요 브랜드 색상(Dominant Brand Color or Main Color)
   - 보통 한 가지 색상이다.
   - 표면의 대부분을 차지한다.
   - 브랜드를 표현한다.

2. 보조 브랜드 색상(Sub-Dominant Brand Color or Minor Color)
   - 보통 색상이 없거나, 하나에서 여러 가지 색상이다.
   - 표면의 일부분을 차지한다.
   - 브랜드의 감성적 표현으로서 주요 브랜드 색상을 보조하는 역할을 한다.

3. 강조 색상(Accent Color)
   - 어떤 정보나 부분을 주목하게 한다.
   - 표면의 가장 작은 부분을 차지한다.

앨버트슨즈(Albertson's)는 미국의 대표적인 슈퍼마트 체인점이다. 2015년 기준으로 미국 전역에 1,000여 개의 매장이 있다. 앨버트슨즈는 상품에 붙어 있는 영양분석표를 확인하며 구입하는 소비자들의 근본적 욕구를 파악하였다. 그래서 알버트슨즈는 소비자가 식품의 영양성분을 쉽게 구분하고 읽을 수 있도록 매장 진열대에 영양성분을 체계적인 칼라 카드를 붙여 판단할 수 있게 하였다. 보라색 영양성분 카드는 '저칼로리', 오렌지색 카드는 '식이섬유 많음', 녹색 영양성분 카드는 '소금 적게 들어감', 파란색 영양성분 카드는 '칼슘 많이 들어감'을 표현하였다. 이제 소비자가 시간을 허비하며 음식 패키지에 붙어있는 깨알 같은 영양분석표를 읽지 않아도 칼라 영양성분 카드만 보고 자신에게 맞는 음식을 쉽게 찾을 수 있도록 한 서비스다. 앨버트슨즈는 이 서비스의 이름을 '뉴트리션 아이큐'(Nutrition IQ)라고 명명했다. 소비자들의 궁금증이 해소되면 적극적인 구매행동으로 이어진다. 이제 음식에 대한 위험성을 인지한 소비자들은 더욱 많은 식품 상품 정보를 원하고 있다. 소비자들은 이런 식품 상품 정보를 확인한 후 실제 구매행동을 한다.[88]

타이포그래피의 문화코드

브랜드에 적합한 서체를 선택한 후 다양한 방법으로 타이포그래피를 연구한다. 타이포그래피는 디자인 메시지를 고려하여 선택한 서체로 레이아웃에 메시지의 내용을 정리하여 주변 시각 요소와의 미적 관계나 정보 전달 속도 (읽는 속도)를 조정하는 것이다. 오랫동안 문화와 함께 해온 타이포그래피 형식은 서체, 인쇄술, 종이 기술의 진화에 의해 발전했

---

88 정재학, 케빈 리(2015). 마케팅 성공사례 상식사전 삼성 기아 스타벅스 나이키 고객의 마음을 훔친 56가지 마케팅 이야기!. 길벗. pp. 94~96.

고, 오랜 세월에 걸쳐 많은 디자이너가 공통적으로 사용한 타이포그래 피는 기본 원칙이 되었다.[89]

[그림 55]는 라이노 레코드(Rhino Record) 음반회사에서 제작한 타이타 닉(Titanic) 음악 수집세트 패키지디자인이다. 타이포그래피는 지난 시절 에 대한 그리움을 느끼는 스타일의 레이아웃 디자인이다. 타이포그래피 디자인은 3단계로 나누어 연구한다. 먼저 타이포그래피 디자인의 1단계 는 타이포그래피의 이론과 기본 원칙을 이해하는 것이다. 그래야 기본

자료 제공: Tornado Design, Los Angeles USA

[그림 55] Titanic: Music as haeard on the fateful voyage

---

89 최인영(2013). 브랜드디자인: 브랜딩을 위한 커뮤니케이션 디자인. 미진사. pp. 102~111.

원칙을 지켜 신속히 디자인하거나 기본 원칙을 벗어나 창의적인 디자인을 한다. 2단계는 읽는 사람의 기준으로 가독성과 판독성이 높은 타이포그래피 디자인을 연구하는 것이다. 3단계는 경우에 따라 필요한데, 언어를 전달하는 타이포그래피가 아닌 메시지의 감성적인 면을 전달하는 타이포그래피 이미지가 있다.

[그림 56]은 스칸디나비아의 라이프스타일 잡지이다. 표지 디자인의 타이포그래피는 복잡해 보이나 유사한 색상을 사용하여 복잡함을 단순화했다. 잡지 표지 디자인의 복잡한 타이포그래피는 다양한 라이프스타일을 표현하였다. 목차 페이지는 전체적으로 사각형 형식의 이미지와 그리드 시스템을 적용했다.

자료 제공: Artetype, Stockholm SWEDEN

[그림 56] Perfect Magazine Scandinavia

[그림 57]은 미국 로스앤젤레스 멜로즈에 위치한 명품 수제 가구 제작 판매 브랜드인 'Pieces Furniture Company'의 로고타이프이다. 고가 수공예품 가구 브랜드인 '피스스'(PIECES)의 로고타이프는 가구의 특징인 변신, 디테일, 고급, 아르데코 스타일을 전달하기 위해 실제 가구에서 글자를 찾아 이미지형의 알파벳 철자를 균형 있게 조합했다.

자료 제공: John Coy and Albert Choi

[그림 57] 명품 수제 가구 제작 판매 브랜드인 Pieces Furniture Company의 로고타이프

이미지의 문화코드

어느 브랜드나 소비자에게 부정적으로 보이려고 노력하지는 않을 것이다. 모든 브랜드는 브랜드의 긍정적인 모습을 보여 주려고 노력한다. 브랜드 이미지를 구축하는 과정에서 이미지의 스타일과 전략이 매우 중요한 이유다. 브랜딩에서 이미지의 역할은 다양하지만, 그중 가장 중요한 역할은 잠재 고객을 브랜드에 적합한 예상 고객으로 만드는 일이다. 브랜드의 잠재 고객은 브랜드 주변을 스쳐 가는 사람들이다. 그러나 잠재 고객의 욕구와 욕망을 자극하는 긍정적 이미지를 노출한다면, 대부분의 잠재 고객은 신규 고객으로 발전한다. 이런 신규 고객에게 지속적인 관심과 노력을 보여 준다면, 신규 고객은 브랜드의 고정 고객이 되고,

나아가 브랜드의 예상 고객이 된다.[90]

'시각 판단 능력'(Visual Literacy)은 이미지와 이미지의 구성 요소를 보며 이미지를 해석하고 판단할 수 있는 능력이다. '디자인 판단 능력'(Design Literacy)은 디자인과 디자인의 구성 요소를 보며 디자인을 해석하고 판단할 수 있는 능력이다. 상품을 구매할 때 현명한 의사 결정을 할 수 있는 스마트 소비자는 일반 소비자보다 시각 및 디자인 판단 능력이 높다. 이미지와 언어는 메시지를 이해하는 과정과 이해력에서 차이가 있다. 이미지는 소비자의 시각 판단 능력에 따라 해석이 다를 수 있으며 감성적이고, 언어는 모든 소비자가 이해하는 일반적 개념을 전달하며 논리적이다. 이미지와 언어를 같이 사용할 때, 동반 상승효과를 만들고 메시지를 뚜렷하게 전달할 수 있다. 이미지는 언어의 주장을 분명하게 표현하고 확신시킨다. 언어는 이미지를 더욱 흥미롭게 만들고 확신시켜 준다.

[그림 58]은 여성 패션 브랜드 Isabella Bird Fashion의 홈페이지이다. 그동안의 관습에 의해 웹사이트 레이아웃의 위치가 지정되어 있었다. 이제 소비자는 위치, 크기, 모양을 보고 무의식적으로 레이아웃의 기능을 판단한다. 레이아웃의 상단에는 브랜드 아이덴티티 마크, 메인 카테고리, 연락처가 있고, 레이아웃 우측이나 좌측에는 메인 카테고리의 서브 카테고리가 있다. 그리고 윈도 중앙에는 찾아간 페이지를 보여 준다. 페이지 안에서 마우스 커서를 움직여 대상(텍스트, 벡토 이미지, 비트맵 이미지, 버튼) 위에서 커서의 모양이 바뀌거나 대상이 바뀐다면, 그 대상은 상호 작용이 가능한 요소다.

---

90 최인영(2013). 브랜드디자인: 브랜딩을 위한 커뮤니케이션 디자인. 미진사. pp. 112~121.

자료 제공: Jill Bell Brandlettering, Kansas, USA

[그림 58] 여성 패션 브랜드 Isabella Bird Fashion의 홈페이지

독특하고 신선한 이미지 표현은 시각적으로 호기심을 주고 디자인 메시지를 기억하게 한다. 다양한 이미지 표현 방법 중 가장 많이 사용하고 영향력이 높은 이미지 표현 방법은 '강제연결법'(Forced Connection)과 '메타포'(Metaphor)이다. '강제연결법'은 두 개 이상의 의외적인 시각 요소가 동일 환경에 모여 하나의 시각 요소로 보이는 경우다. '메타포'는 디자인 메시지와 의외적인 시각 요소가 모여 타당성과 설득력을 갖는 경우다.

시각적 표현과 소통 요소로 인해 이미지의 유형이 나누어진다. 이미지의 유형에 따라 소통 방법에 차이가 있으므로 브랜드의 이미지와 메시지를 고려하여 이미지의 유형을 연구해야 한다.

이미지 유형은 다음과 같이 세 가지로 나눌 수 있다.[91]

- 사실적 이미지(Literal Image: LI) - 사실적 실제 사진 이미지다. 사실 적 이미지는 인간적 느낌과 역사적 인식을 준다. 사실적 이미지는 소비자를 쉽게 설득한다. 예를 들어 사진, 잡지 표지, 영화 홍보 포스터 등이 있다.

- 추상적 이미지(Abstract Image: AI) - 소비자가 아는 이미지를 단순화한 이미지다. 사실적 이미지로 만들기 힘들거나 복잡한 메시지를 단순하게 소통하기 위해 사용한다. 추상적 이미지는 소비자가 쉽게 관심을 갖도록 한다. 예를 들어 설명 일러스트레이션, 삽화, 만화, 앱스트랙트 마크 등이 있다.

- 기호적 이미지(Symbolic Image: SI) - 어떤 기준을 갖고 약속한 이미지다. 기호적 이미지는 반복된 학습에 의해 인식 가능하다. 예를 들어 수학 공식, 악보, 문자, 픽토그램, 기호적인 마크 등이 있다.

[그림 59]는 이미지 유형의 삼각관계를 보여주는 다이어그램이다. 본 다이어그램에 따르면 하나의 이미지 유형을 적용한 디자인을 만들 수 있고, 경우에 따라 두 개의 이미지 유형의 이미지를 적용한 디자인을 만들 수 있다. 예를 들어 강한 사실적 이미지와 약한 추상적 이미지를 적용한 디자인은 소비자들과 커뮤니케이션 할 수 있다. 하지만 강한 사실적 이미지와 강한 추상적 이미지를 동시에 적용한 디자인과 세 개의 이미지 유형을 적용한 디자인은 소비자들과 커뮤니케이션하기 어렵다.

---

91 최인영(2013). 브랜드디자인: 브랜딩을 위한 커뮤니케이션 디자인. 미진사. p. 115.

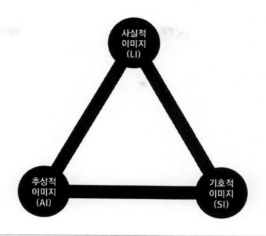

[그림 59] 이미지 유형의 삼각관계(Image Triad Relationship)

　[그림 60]은 1994년도 UCLA Extension의 여름계절학기 홍보 포스터이다. UCLA대학의 여름 계절 학기는 국제적 인지도가 높아 세계 여러 나라의 학생들이 단기간 동안 교육 과정을 경험한다. 매년 유명 디자이너를 고용하여 홍보 포스터를 디자인하는데, 포스터의 이미지는 모든 홍보물에 사용된다. 존 코이와 알버트 초이는 다양한 전공과목과 사람들이 모여 만든 환경을 이용해 포토몽타주 기법으로 두 인물을 만들고, 자유로운 교육 분위기와 아름다운 산타모니카 해변을 인물의 배경에 두어 UCLA의 일반 문화코드로서 긍정적 메시지를 전달했다. 포토몽타주 기법으로 추상적 이미지를 만들었고 UCLA의 여름 계절 학기의 개념과 분위기를 전달하였다.

자료 제공: John Coy and Albert Choi

[그림 60] UCLA Extension의 여름계절학기 홍보 포스터

이미지 표현 유형은 다음과 같이 세 가지의 표현 요소가 있다.[92]

- 전통적 이미지 표현(Traditional Image Representation: TIR)
  - 과거 시간과 강하게 연결되는 요소나 스타일을 사용할 경우
  - 표현 전달 요소_ 보수, 신뢰, 유산, 전통, 역사, 진실, 원숙
- 현대적 이미지 표현(Contemporary Image Representation: CIR)
  - 현재 시간과 강하게 연결되는 요소나 스타일을 사용할 경우
  - 표현 전달 요소_ 젊음, 트렌드, 기술, 세련됨, 욕구

---

92 최인영(2013). 브랜드디자인: 브랜딩을 위한 커뮤니케이션 디자인. 미진사. pp. 116~117.

- 미래적 이미지 표현(Futuristic Image Representation: FIR)
  - 미래 시간과 강하게 연결되는 요소나 스타일을 사용할 경우
  - 표현 전달 요소_ 신소재, 새로움, 혁신적, 아방가르드, 과학

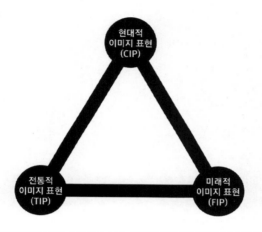

[그림 61] 이미지 표현 유형의 삼각관계(Image Representation Triad Relationship)

[그림 61]은 이미지 표현 유형의 삼각관계를 보여주는 다이어그램이다. 본 다이어그램에 따르면 하나의 이미지 표현 유형을 적용한 디자인을 만들 수 있고, 경우에 따라 두 개의 이미지 표현 유형의 이미지를 적용한 디자인을 만들 수 있다. 예를 들어 강한 현대적 이미지 표현 요소와 약한 전통적 이미지 요소를 적용한 디자인은 소비자들과 커뮤니케이션할 수 있다. 하지만 강한 현대적 이미지 표현 요소와 강한 전통적 이미지 표현 요소를 동시에 적용한 디자인과 세 개의 이미지 표현 유형을 적용한 디자인은 소비자들과 커뮤니케이션하기 어렵다.

자료 제공: Tornado Design, Los Angeles USA

[그림 62] Voices of the Shoah: Rememberances of the Holocaust 다큐멘터리 기념
수집세트

[그림 62]는 'Voices of the Shoah: Rememberances of the
Holocaust' 다큐멘터리 기념 수집세트이다. 다큐멘터리 필름 패키지디자
인은 괴이한 사실적 이미지를 사용하여 실제로 일어난 미스터리한 역사
를 증명했다. 그리고 과거 시간과 강하게 연결되는 희미한 여성 캐릭터
의 흑백사진은 전통적 이미지 표현이다. 고전적인 간단한 레이아웃 디자
인과 타이포그래피는 다큐멘터리 장르를 전달하고 있다. 헐리우드 블록
버스터 영화였다면 엔터테인먼트 요소를 부각시키기 위해 화려한 레이
아웃과 타이포그래피를 사용했을 것이다.

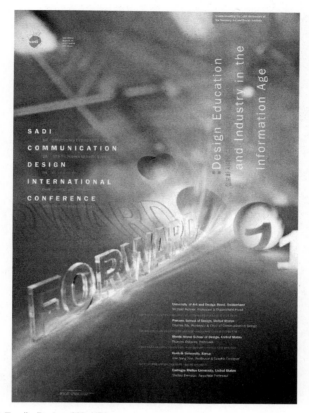

자료 제공: Tarallo Design, MA, USA

[그림 63] SADI의 커뮤니케이션 디자인 국제 컨퍼런스 행사 포스터

[그림 63]은 SADI의 커뮤니케이션 디자인 국제 컨퍼런스 행사 포스터 이다. 비현실적인 이미지이고 추상적 사실적 이미지의 투명한 문자 조각 과 빛의 조화를 통해 국제 컨퍼런스 행사가 지향하는 메시지인 21세기 정보 시대의 디자인 교육과 실무를 메타포 이미지 표현 방법으로 전달 했다. 또한 혁신적인 느낌의 미래적 이미지 표현을 하고 있어 미래 디자 인 교육을 암시한다.

패턴의 문화코드

'텍스처'는 감정을 전달하고 패턴은 문화와 역사를 전달한다. '패턴'은 패턴의 기본 요소인 모티프의 반복적 구성을 기반으로 만들어진다. 패턴의 모티프는 이미지의 일부분, 상징 요소 , 기본 도형이다. 이미지의 일부분을 모티프로 만든 패턴은 유머와 재치 있는 느낌을 전달한다. 상징 요소를 모티프로 만든 패턴은 문화와 역사를 암시한다. 기본 도형을 모티프로 만든 패턴은 현대적 이미지를 전달한다.[93]

단순한 느낌을 주는 브랜드 터치포인트 디자인의 표면이나 레이아웃의 여백에 디자인의 메시지와 관련된 문화, 사회, 역사를 상징하는 흥미로운 패턴을 사용하여 전체적 디자인에 장식 요소로 시각적 분위기를 조성하고 디자인 메시지의 스토리텔링을 보조한다.

자료 제공: Jesvin Puayhwa Yeo

[그림 64] Choi! Touchwood! 중국의 전통, 미신 그리고 신화에 관한 삽화 책

---

93 최인영(2013). 브랜드디자인: 브랜딩을 위한 커뮤니케이션 디자인. 미진사. pp.122~125.

[그림 64]는 싱가포르에서 출판한 중국의 전통, 미신 그리고 신화에 관한 삽화 책인 'Choi! Touchwood!'이다. 상징 요소를 모티프로 한 패턴은 시대와 문화를 짐작하게 한다. 역사를 증명하는 고전적 패턴을 현대적 느낌으로 수정 보완하여 신뢰와 전통이라는 브랜드의 이미지를 표현한다.

자료 제공: Frank + Victor Design, Austin, Texas USA

[그림 65] The Gents Place, 텍사스 프리스코에 위치한 남성들을 위한 멋진 이발소

[그림 65]는 미국 텍사스 프리스코에 위치한 남성들을 위한 멋진 이발소인 젠트 플레이스(The Gent Place)의 엠블럼 로고이다. 젠트 플레이스는 미국 텍사스 프리스코에 위치한 남자 전용 이발소다. 엠블럼 마크의 기본 틀인 마름모꼴 형태는 전통적으로 남성적인 의미를 갖고 있으며, 틀 장식 은 잘린 머리카락을 연상시킨다. 중앙에 위치한 이발용 가위 심벌과 바이라인 (Men's Fine Grooming)이 브랜드 아이덴티티 마크의 아이덴티티 재인을 강하게 한다.

[그림 66] Warhammer Product 프로모 패키지디자인

    [그림 66]은 벤처 보드 롤게임 브랜드인 워햄머(Warhammer)의 프로모 패키지디자인이다. 이야기 배경이 중세인 워햄머 캐릭터 만화책은 남성적이고 야만적 느낌인 일반 문화코드를 해골, 금속, 심벌, 패턴, 문양 텍스처 등과 같은 일반시각 문화코드를 사용하여 브랜드와 상품의 메시지를 전달하였다. 나이나 성별에 관계없이 모험 만화를 좋아하는 모든 소비자들을 위한 만화책이므로 성인 남자를 타깃으로 한 만화책에서 볼 수 있는 잔인한 모습과 피는 일반시각 문화코드로 사용하지 않았다.

    [그림 67]은 시각디자인 학생들이 자주 묻는 질문, 포트폴리오 방법, 디자인 전문가들의 조언과 블로그에 대한 대답을 얻을 수 있도록 해 주는 웹사이트인 '굿 포 그래스호퍼'(Good for Glasshopper)이다. 캐릭터를 빨리 인식할 수 있는 캐릭터의 일부분을 모티프로 패턴을 만들었다. 이렇게 이미지의 일부분을 모티프로 한 패턴은 재치 있어 보이고 유머러스하다. 아래의 이미지는 파스텔 색상과 선명한 색상이 어우러져 활기차 보인다.

[그림 67] GoodForGrasshopper.com

텍스쳐의 문화코드

시각 디자인에서 '텍스쳐'는 촉감을 통해 디자인의 감정적 면과 메시지를 전달한다. 텍스쳐는 '물질적 텍스쳐'와 '시각적 텍스쳐'로 분류하고 있다. '물리적 텍스쳐'는 재질의 표면을 촉감으로 느낄 수 있다. 패키지디자인은 물리적 텍스쳐를 통해 브랜드에 대한 안전성과 감정 요소를 전달하고, 나아가 브랜드 이미지를 구축하는 데 중요한 역할을 한다. 손으로 잡아야 하는 편집 디자인, 출판 디자인, 브로슈어, 카탈로그, 프로모 디자인은 물리적 텍스쳐를 통해 메시지를 직접적으로 느끼게 한다. '시각적 텍스처'는 물리적 텍스처를 시각적으로 표현하는 방법이다. 대부분 실제 사진 이미지를 사용하지만, 아도비 포토샵 같은 이미지 편집 프로그램으로 시각적 텍스처를 만들기도 한다. 또한 특수 인쇄 방법을 사용하여 텍스처를 시각과 촉각으로 느끼게 한다.[94]

이미지 위에 다양한 필터를 복합 사용하여 새로운 느낌의 이미지를 만든다. 이미지에 이러한 텍스처 효과를 주면 디자인의 시각적 분위기와 메시지를 전달할 수 있다. 시각적 텍스처를 손쉽게 표현하는 방법으로 이미지를 흐리게 만드는 방법, 잡음 느낌의 거친 이미지를 만드는 방법, 이미지를 망점 스크린으로 만드는 방법이 있다.

[그림 68]은 레인 보드카 브랜드의 로고타이프 디자인이다. 보드카 브랜드인 '레인'은 친환경 제품이라는 느낌을 상징적으로 연상시키는 레인(비)을 사용한 연상적 브랜드네임이다. 배경의 텍스처는 감성적인 표현을 강조하고 있다.

자료 제공: Jill Bell Brandlettering, Kansas USA

[그림 68] Rain Vodka 레인 보드카 브랜드의 로고타이프 디자인

94 최인영(2013). 브랜드디자인: 브랜딩을 위한 커뮤니케이션 디자인. 미진사. pp. 126~129.

[그림 69]는 2009년에 미국 캘리포니아 주립대학(California State University)에서 주최한 국제디자인비엔날레인 '유나이티드 디자인'(United Designs)의 행사 포스터이다. '키네틱 포스터'(Kinetic Poster)는 행사에 자주 사용하는 방법으로 여러 가지 포스터를 모아 다른 느낌이나 운동감을 주는 포스터 형식이다. 배경의 텍스쳐는 유나이티드 디자인 전시의 목표인 인간적인 행위인 디자인을 표현하고 있으며, 행사의 테마인 환경보호 포스터에 대한 환경 메시지를 전달하고 있다. 이렇게 다양한 DNA 요소인 세포들이 모여 행사를 지속적으로 운영하게 한다.

자료 제공: Albert Choi

[그림 69] 유나이티드 디자인(United Designs) 국제디자인비엔날레, 미국 주최 행사 포스터

[그림 70]은 미국 미주리 세인트루이스의 라파예트 광장의 동계 하우스 투어 포스터(2009 Parlor Tour Lafayette Square)이다. 시각적 텍스처는 붓 외에 다양한 방법으로 만들 수 있다. 위 이미지의 시각적 텍스처는 스펀지로 찍어 가며 만든 텍스처다. 여러 가지 텍스처를 만든 다음 스캔을 하여 이미지 편집 프로그램을 사용해 원하는 텍스처, 색상, 채도로 수정한다. 다양한 필터의 조합은 새로운 느낌의 텍스처를 만든다.

자료 제공: Carlos Zamora Design, USA

[그림 70] 미국 세인트 루이스의 라파예트 광장의 동계 하우스 투어 포스터(2009 Parlor Tour Lafayette Square)

형태의 문화코드

'형태'는 사물의 생김새나 모양이다. 기본적인 형태의 요소는 직선, 곡선, 기하학적 형태, 유기적 형태가 있다. 디자인의 외적 요소라고 할 수 있는 형태는 우선 아름다워야 한다. 사실 조형적으로 완성도가 높은 디자인은 눈을 자극하기보다는 편안하게 한다. 자극적인 형태는 쉽게 식상해진다. 자극이 강할수록 감각은 쉽게 피로해지는 것이다. 반면에 조화가 잘 되어 아름다운 디자인은 비록 그것이 장식적이라 해도 쉽게 식상해지지 않는다.[95]

[그림 71]은 캐나다 몬트리올에 위치한 50년대 다이닝(Dining) 식당인 뷰티즈 런치어네트(Beautys Luncheonette)의 로고타이프와 패키지 라벨 디자인이다. 식품 브랜드인 뷰티즈 런치어네트는 1950년대 캐나다 몬트리올의 느낌을 전달하려고 했다. 손글씨로 만든 로고타이프와 파스텔 색채 구성, 패턴, 배경 형태는 북미의 1950년대를 느낄 수 있고, 다양한 브랜드 터치포인트 디자인에 쉽게 사용할 수 있다. 1950년대의 다양한 느낌을 표현한 시각 요소 시스템을 통해 차별화되고 통일된 이미지의 브랜드디자인을 연구함으로써 서브브랜드에 중요한 역할을 한다. 자유로운 형태의 엠블럼 마크로 브랜드 이미지의 일관성을 보여 주기 위해 로고타이프와 형태 스타일을 통일했다. 그리고 테두리보다 로고타이프의 굵기를 두껍게 하여 로고타이프에 주목하게 했다. 다양한 모양의 엠블럼 테두리와 패턴을 낮은 시각 계층으로 두었다.

---

95 최경원(2014). 디자인 인문학. 허밍버드. pp. 95~101.

자료 제공: Subcommunication, Montreal, Canada

[그림 71] 캐나다 몬트리올에 위치한 50년대 다이닝(Dining) 식당인 'Beautys Lunch-eonette'의 로고타이프와 라벨 패키지디자인

[그림 72]는 '카보우노'(Cabo Uno) 프리미엄 데킬라 브랜드의 '브랜드 론칭 광고'(Brand Launching Advertising)이다. 명품 테킬라 브랜드인 '카보와보'의 프리미엄 브랜드 카보우노는 전통적인 방법으로 38개월 동안 소나무통 안에서 숙성시킨다. 이제 세계에서 가장 인정받는 프리미엄 테킬라 브랜드가 된 카보와보는 미국의 전설적 록 그룹인 '반 헤일런'의 리드 기타리스트인 새미 하거가 1996년 시장에 선보였다. 새 브랜드를 시장에 출시할 경우, 대대적으로 초기형 광고 노출 유형을 따져 주입식으로 노출한다. 그러나 명품 브랜드와 프리미엄 브랜드는 초기형 광고 노출 유형을 잘못 사용하면 부정적 브랜드 이미지로 보일 수 있다. 그래서 욕구형 광고 노출 유형으로 필요한 경우에 광고를 하고 맛과 전통을 바

탕으로 입소문과 개인적 경험에 의해 브랜드 이미지를 구축했다. 광고는 직접적 이미지가 아닌 간접적 방법으로 고전적이고 고급스러운 이미지를 전달했다. 맛을 본 경험자들은 맛을 다시 느끼고, 비경험자들은 차별화된 패키지디자인과 분위기에서 호기심을 갖는다.

자료 제공: Meat & Potatoes, Inc. Burbank, California, USA

[그림 72] 카보 우노(Cabo Uno) 프리미엄 데킬라 브랜드의 브랜드 론칭 광고(Brand Launching Advertising)

스타일의 문화코드

스타일은 사람이나 단체를 구별하고 확인할 수 있는 그들의 독자적이거나 획일적 기술, 기법, 개념이다. 소비자는 브랜드의 브랜드디자인을 보며 브랜드를 구별하고 확인한다. 소비자가 브랜드디자인의 시각적 요소를 통해 브랜드의 메시지와 콘셉트를 이해하고 나아가 시장에서 브랜드를 구별하고 확인할 때, 그 브랜드는 브랜드 스타일을 구축한 것이다. 브랜드 스타일은 브랜드 인지도를 형성하고 높이는 역할을 한다.[96] 기본 시각적인 요소들이 합쳐져서 스타일을 구성하며, 스타일은 복잡성, 표현 방식, 움직임, 강렬함 같은 몇 가지 차원으로 분석된다. 스타일에 대한 소비자의 선호도는 문화에 따라 차이가 난다.[97]

자료 제공: Jill Bell Brandlettering, Kansas USA

[그림 73] 컵케이크 베이커리 매장의 엡스트랙 마크와 로고타이프 디자인

---

96 최인영(2013). 브랜드디자인: 브랜딩을 위한 커뮤니케이션 디자인. 미진사. pp. 138~143.
97 윤경구, 금은영, 신원학(역)(2013), Schmitt, Bernd H.(저)(2011). 번 슈미트의 체험 마케팅 감각 감성 인지 행동 관계 모듈을 활용한 총체적 체험의 창출(Experiential Marketing: How to Get Customers to Sense, Feel, Think, Act, Free Press). 김앤김북스. pp. 159~161.

[그림 73]은 컵케이크 베이커리 매장의 엡스트랙 마크와 로고타이프 디자인이다. 붓 캘리그래피 로고타이프 'Baby Cakes'와 손으로 그린 느낌의 깜직한 컵케이크 일러스트레이션은 스타일 요소 중에 붓 기법을 사용하였다. 붓 기법은 선의 굵기가 손의 움직임과 붓의 모양에 따라 변하는 모습의 스타일이다. 붓 기법은 인간의 마음과 자연의 모습을 표현한다. 그래서 'Baby Cakes'가 원하는 브랜드의 이미지는 아이를 사랑하는 마음으로 만드는 가정집 수제 컵케이크이다.

브랜드 스타일을 구축하기 위해서는 경쟁 브랜드의 브랜드 스타일, 소비자 인식, 사회 분위기를 분석하고 이를 기준으로 차별화된 브랜드 스타일을 구축해야 한다. 스타일은 그 시대의 사회와 문화의 표본이다. 그러므로 브랜드의 비전과 정체성은 무엇이고, 소비자들에게 어떤 영향을 주었는지 알아야 브랜드에 맞추어 스타일을 응용할 수 있다. 항상 시대에 맞게 부활시켜 브랜드에 적용해야 한다. 이렇게 브랜드에 맞는 스타일을 찾아야 소비자들과 원만하게 소통할 수 있고 브랜드 터치포인트 디자인 유형을 활용하여 다양한 브랜드 터치포인트 디자인을 만들 수 있다. 그러나 브랜드가 경쟁 브랜드와 비슷한 브랜드 스타일을 갖고 있다면, 브랜드 개성과 브랜드 연상에 영향을 주는 브랜드 스타일을 구축하기 어렵고 다른 브랜드의 스타일 추종자로 남을 수 있다. 또한 스타일은 감성적이며 역사적 요소를 담고 있다. 그래서 스타일 중심으로 브랜드디자인을 구축한다면, 강한 스타일로 인해 브랜드 스타일의 감성적 요소나 역사적 요소가 부각될 수 있다. 이렇게 스타일이 감성적 요소나 역사적 요소로 남는 브랜드는 명품 패션 브랜드에서 쉽게 찾아 볼 수 있다.

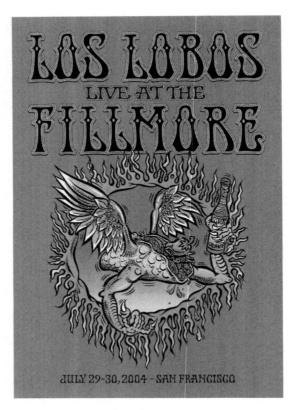

자료 제공: Tornado Design, Los Angeles, USA

[그림 74] 록밴드인 로스 로보스의 DVD 및 포스터 키아트(Los Lobos DVD/Poster Key Art)

[그림 74]는 미국 대중 록밴드인 '로스 로보스'(Los Lobos)의 DVD 및 포스터 '키아트'(DVD/Poster Key Art)이다. 1960년대 미국 대중문화 스타일인 '사이코델릭'(Psychodelic) 스타일의 특징은 환상적 이미지와 색상의 조화다. 그 시대의 음악 장르가 다시 부활하면서 밴드의 콘서트 포스터에 음악 장르에 맞춰 사이코델릭 스타일을 응용했다.

[표 17]은 수많은 스타일 중에 디자이너가 자주 사용하는 스타일을 개념, 기법, 예술가로 나누어 정리하였다. 시대와 브랜드의 조건을 기준으로 스타일 분류를 복합하고 시각 요소와 메시지 전달 방법을 활용한다면 브랜드에 적합한 스타일을 연구할 수 있다.

[표 17] 스타일의 기준

개념	기법	예술가
아르 누보	붓	데이비드 카슨
아르 데코	콜라주	장미셸 바스키아
카오스	색채이론	조나단 반브룩
고전주의	대조	헤르베르트 바이어
만화	구성	알렉세이 브로드비치
구성주의	그리드	아돌프 무롱 카상드르
인상주의	레어	프랭크 게리
멤피스	라인아트	밀튼 그레이저
미니멀리즘	포토몽타주	키스 해링
모던니즘	위치	로이 리히텐슈타인
노스텔지아	탁본	피에트 몬드리안
팝아트	실크스크린	클래스 올덴버그
사이코델릭	스케치	파블로 피카소
포스트모더니즘	도장	로버트 라우센버그
레트로	스텐실	맨 레이
세미아틱스	투명도	브래드버리 톰슨
스트리트아트	수채화	빈센트 반 고흐
버나큘라	파스텔	앤디 워홀

제9장

문화코드
브랜드디자인
방법론

브랜드는 문화를 보유하고 있다. 문화는 인간의 정신적 발전 상태에 영향을 주며 나아가 브랜드가 문화를 형성한다면 소비자들의 삶의 중요한 일부분이 될 수 있다. 이런 관계를 모든 브랜드가 갈망하고 있다. 그리고 이런 관계를 구축하여야 글로벌 브랜드가 될 수 있다. 즉, 글로벌 브랜드는 다양한 문화권의 소비자들에게 삶의 일부분이 되어야 한다. 이런 조건은 글로벌 브랜드 외에 모든 브랜드에 적용되는 내용이다. 성공적인 브랜드를 구축하고 싶다면 브랜드를 타깃 소비자들의 삶에 있어 일부분이 되도록 노력해야 한다. 그러므로 본 저서에서 제안하는 문화코드 브랜드디자인 방법론(Culture Code Brand Design Methodology: CCBD)은 체계적이고 논리적으로 연구할 수 있는 방법이다.

문화코드 브랜드디자인 방법론에 대한 이해

하나의 브랜드를 만들기 위해서 시간과 노력이 필요하다. 한 순간에 어느 상품이나 서비스가 소비자들이 인정하는 브랜드가 될 수는 없다. 그래서 브랜드 전략가인 브랜드 디자이너는 단기간에 브랜드로 진입할 수 있는 방법을 연구한다.

소비자들이 제품 구입에 있어 의사결정을 내리고 브랜드를 경험하며 재 구매를 통해 충성스러운 고객이 되기까지 각 단계별로 진행되는 심리적 과정들을 잘 이해한다면 그들과 브랜드와의 장기적인 관계를 구축할 수 있는 가능성은 그만큼 더 커질 것이다. 소비자와 브랜드의 관계를 네 단계로 다음과 같이 설명할 수 있다.[98]

- 1단계 일상 단계: 소비자들에게 새로운 가치를 제공하여 브랜드를 주목하는 자극을 주어 소비자들의 욕구와 만족감을 얻어낸다.

- 2단계 계획 단계: 소비자들이 브랜드 가치를 명확하게 인식하게 하여 소비자들의 기억 속에 오랜 기간 남아 있게 한다. 즉 브랜드의 독창성과 지속적인 관리는 브랜드에 대한 소비자들의 장기 기억을 만들고 브랜드의 브랜드 연상과 브랜드 스키마를 가능하게 한다.

- 3단계 구매 단계: 소비자들은 '가격-품질 추론(price-quality inferences)'를 두고 브랜드를 구매한다. 그러나 소비자들이 브랜드에 대해 강력한 감정을 느낀다면 브랜드를 선택할 확률은 그만큼 높아진다.

- 4단계 경험 단계: 소비자들은 지속적인 소통을 보여주는 브랜드에 충성한다. 이런 유대 관계가 형성되면 소비자들의 구매 패턴을 쉽게 예측할 수 있다.

---

98 채수환(역)(2014), Kahn, Barbara E.(저)(2013). 1초 안에 떠오르는 글로벌 브랜드의 성공 비밀: 끊임없는 성장을 위한 전략적 브랜드 관리(Global Brand Power Leveraging Branding for Long-Term Growth, Wharton Digital Press). 매일경제신문사. pp. 24~52.

하나의 상품이나 서비스가 브랜드가 되고 싶다면 소비자들로 하여금 그 상품이나 서비스에 대한 신뢰, 품질, 욕구 만족을 떠올리게 해야 한다. 즉 소비자들의 마음을 움직이고 기억하게 만드는 상품이나 서비스가 브랜드로 발전할 수 있는 것이다. 이때 다양한 경쟁 브랜드와 구별될 수 있는 방법은 오감을 자극하는 정보이다. 오감 중에 시각은 가장 중요한 자극 요소로서 정보를 쉽게 이해하는 방법이다. 그러므로 브랜드의 네임, 로고, 이미지, 색채, 슬로건은 브랜드디자인 연구의 결과물 중에 중요한 역할을 한다. 그리고 쉽게 구별할 수 있는 브랜드를 먼저 구축 했다면, 시간과 시대의 변화에 따라 브랜드는 반응하고 대처해야 오랫동안 치열한 시장에서 생존할 수 있다. 소비자들의 욕구 만족과 기호는 사회, 트렌드, 시대에 따라 변하므로 브랜드디자인 연구에서 항상 소비자의 욕구 만족과 기호를 인식해야 한다.

이처럼 브랜드와 소비자들의 꾸준한 관계는 브랜딩 전략에 있어 중요하다. 본 저서에서 제안하는 문화코드 브랜드디자인 방법론은 브랜드를 구축하는데 있어 **"브랜드는 문화를 보유하고, 문화를 만든다. 그러므로 브랜드 개발과 브랜드디자인의 기준은 문화이다."**라는 맥락으로 문화를 결정하는 소비자와 사회를 조사하고, 조사한 내용을 기준으로 문화를 분석하고, 분석한 내용을 바탕으로 브랜드 구축에 필요한 문화를 만드는 전략을 제안하는 과정이다. [그림 75] 참조.

[그림 75] 문화코드 브랜드디자인 방법론 과정

피터 드러커는 '디자이너의 임무는 필요를 수요로 전환시키는 것이다' 라고 지적하였다.[99] 디자이너의 목표는 사람들이 스스로 깨닫지 못하고 있는 잠재적인 욕구를 끄집어내 뚜렷이 밝힐 수 있도록 하는 것이다. 이제 디자이너는 점진적 개선보다 지도 전체를 다시 그릴 수 있게 하고 깊고 넓은 통찰력을 필요로 한다. 상호보완적으로 서로의 속성을 강화시킬 수 있는 요소는 통찰력과 관찰 그리고 공감이다.[100]

- 통찰: 소비자의 삶을 통해 배우기
- 관찰: 사람들이 무슨 일을 하는지, 어떤 말을 하는지 지켜보기
- 공감: 소비자의 입장에서 생각하고 느끼기

문화코드 브랜드디자인 방법론은 새로운 브랜드를 만들거나 기존 브랜드를 발전시키는데 필요하다. 새로운 브랜드를 치열한 시장에 선보이기 전에 철저한 시장조사와 브랜드 포지셔닝을 결정해야 한다. 그리고 선정한 브랜드의 포지셔닝을 실천 할 수 있는 전략을 연구하고, 전략을 실제 소비자가 체험할 수 있도록 브랜드 터치포인트 디자인을 체계적으로 구축해야 한다. 이로써 새로운 브랜드가 치열한 시장에서 정체성을 확보할 수 있다. 기존 브랜드는 철저한 시장조사도 필요하지만 브랜드의 자가 진단을 통해 시장에서의 포지셔닝을 먼저 확인하여야 한다. 이런 과정을 바탕으로 문화코드 브랜드디자인 방법론을 연구한다면 문화를 보유한 브랜드를 탄생시킬 것이다.

99 고성연(역)(2014), Brown, Tim; Katz, Barry(저)(2009). 디자인에 집중하라 기획에서 마케팅까지 (hange by Design How Design Thinking Transforms Organizations and Inspires Innovation, Harper Business). 김영사. p. 66.

100 Ibid., pp. 67~97.

문화는 소비자들에 의해 지켜지고, 발전되고, 없어지고, 융합된다. 이런 변화 과정은 단순한 아이디어에서 문화로 발전하기까지 시간이 필요하다. 브랜드가 소비자들이 이해하고 좋아하는 문화코드를 보유한다면 소비자는 그 브랜드를 지킬 것이다. 그리고 그 브랜드는 문화를 보유하게 된다. 따라서 일시적인 전략보다는 장기적인 전략 차원에서 문화코드 브랜드디자인 방법론은 중요한 역할을 한다.

브랜드 구축을 위한 연구과정 이해

브랜드디자인을 시작하기 전에 먼저 브랜드에 대한 문제 인식을 타깃 소비자, 경쟁 브랜드, 유사 브랜드를 분석하여 찾아내야 한다.[101] 이 중에 가장 중요한 문제 인식은 타깃 소비자들을 정확하게 식별하는 것이다. 그리고 경쟁 브랜드는 어떻게 똑같은 문제를 해결하는지 조사한다. 성공한 유사한 브랜드를 찾아 조사하여 성공 비결을 찾아내어 브랜드가 성공할 확률을 높인다.

문화코드 브랜드디자인 방법론의 기초 정보는 브랜드 포지셔닝인 브랜드 유형 분류 정보로 시작한다. 브랜드 포지셔닝을 정리하여 브랜드의 위치를 확인하고 문화조사 초점인 소비자 조사와 사회 조사를 규정한다. 브랜드 유형은 2장에서 자세하게 설명하였다.

---

101 추미란(역)(2015), Karjaluoto, Eric(저)(2014). 실용적인 비주얼 커뮤니케이션을 위한 디자인 방법론(Design Method: A Philosophy and Process for Functional Visual Communication. Pearson Education). 정보문화사. pp. 165~178.

문화코드 브랜드디자인 방법론의 연구 과정은 크게 세 가지 과정으로 나누어진다. 세 가지 과정은 과정 순서대로 문화조사(Culture Research), 문화분석(Culture Analysis), 문화전략(Culture Strategy)으로 체계적인 방법으로 브랜드에 문화를 구축하게 한다. 각 과정과 연관된 모든 내용은 본 저서에서 찾을 수 있으며, 과제에 대한 이해를 돕고자 해당 장과 그 내용을 다음과 같이 요약하였다.

첫 번째 과정인 문화조사 과정의 주요 목적은 브랜드의 타깃 소비자와 트렌드를 조사하고 문화분석에 필요한 자료를 정리하는 것이다. 소비자 조사 내용은 의사결정과정 요인(4장), 욕구 요인(5장)이 있고, 사회 조사 내용인 트렌드(6장)가 있다. 문화조사 내용은 순서 없이 필요에 따라 조사한다.

두 번째 과정인 문화분석 과정에서는 문화조사 자료를 정리하여 문화특성, 문화코드, 문화유형을 찾아내고 다음 과정인 문화전략에 필요한 자료를 구축한다. 문화분석 과정에서 첫 번째 단계는 문화특성 구분(9장)이고 문화기능(1장)과 문화요소(2장)를 매트릭스 분석을 통해 정리한다. 두 번째 단계는 문화코드 구분(2장)을 일반 문화코드(GCc), 제안 문화코드(PCc), 활성 문화코드(ACc), 비활성 문화코드(ICc) 등 네 가지로 나누어 브랜드를 분석한다. 세 번째 단계는 문화유형 구분(1장)을 물질문화, 행동문화, 관념문화 등 세 가지로 나누어 브랜드의 정체성을 분석한다.

문화코드 브랜드디자인 전략의 세 번째 과정이고 마지막 과정인 문화전략에서는 문화분석 과정에서 찾은 자료를 가지고 브랜드 터치포인트 디자인을 연구할 수 있는 문화코드 전략을 제안한다. 문화전략 과정에서 첫 번째 단계는 브랜드디자인 기능(3장)인 브랜드의 본원적 기능(PF)과 파생적 기능(DF)을 정리한다. 두 번째 단계는 브랜드 터치포인트 디자인 유형(7장)인 지속기능 디자인과 단기기능 디자인, 동기부여 디자인과 자극 반응 디자인, 소프트주제 디자인과 하드주제 디자인 중에 전략적으로 가장 효율적인 방법과 디자인 유형의 연관성을 정리한다. 세 번째 단계는 시각문화코드(2장)인 일반시각 문화코드(GVCc), 제안시각 문화코드(PVCc), 활성시각 문화코드(AVCc), 비활성시각 문화코드(IVCc)를 정리한다.

문화코드 브랜드디자인 방법론으로 정리한 브랜드의 문화전략을 통해 브랜드를 직접적으로 느낄 수 있게 하는 방법은 브랜드 터치포인트 디자인이다. 문화전략은 추상적이고 언어와 도표로 만들어진다면, 브랜드 터치포인트 디자인은 소비자와 시장에 직접적으로 느낄 수 있는 방법이므로 사실적이고 오감을 자극시키는 디자인이다. 오감을 자극하는 디자인은 '감성 디자인'(Emotional Design), '경험 디자인'(Experience Design)이라고도 한다. 이런 브랜드 터치포인트 디자인은 소비자들을 통해 브랜드를 구축하는데 중요한 역할을 한다. 브랜드 터치포인트 디자인은 시각 요소(로고, 이미지, 색채, 형태, 서체, 타이포그래피, 패턴, 텍스처, 스타일), 청각 요소(징글, 음악, 소리, 톤), 후각 요소(향, 냄새), 미각 요소(맛), 촉각 요소(표면, 온도)가 있다.

문화코드 브랜드디자인 방법론의 연구과정과 본 책의 브랜드 구축과정의 연관성을 보여주는 전체 구성도는 [그림 76]과 같다.

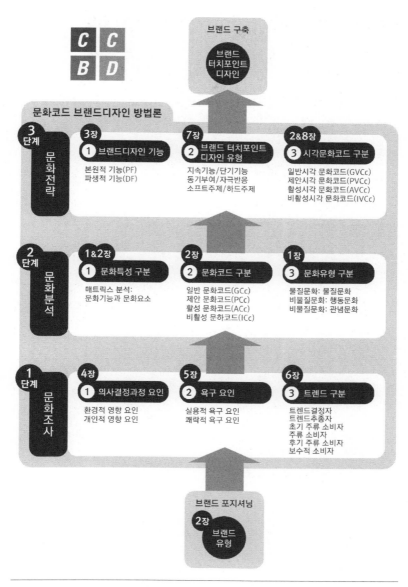

[그림 76] 문화코드 브랜드디자인 방법론(CCBD) 전체 구성도

기초 단계: 브랜드 포지셔닝(Brand Positioning)

문화코드 브랜드디자인 방법론의 출발점인 브랜드의 브랜드 포지셔닝에서는 브랜드를 브랜드 유형에 맞추어 구분하여 분석한다. 여기서 경쟁 브랜드와 함께 브랜드 유형을 분석하여 경쟁 브랜드와의 공통점과 차이점을 찾을 수 있다.

모든 브랜드는 여섯 가지 유형으로 구분할 수 있다. 브랜드 유형은 판매 목적(제품 브랜드, 서비스 브랜드, 문화 브랜드), 신뢰(통합 브랜드, 차별 브랜드), 판매 지역(글로벌 브랜드, 인터내셔널 브랜드, 내셔널 브랜드, 지역 브랜드, 로컬 브랜드), 가격(명품 브랜드, 프리미엄 브랜드, 일반 브랜드, 염가 브랜드), 사업 영역(오프라인 브랜드, 온라인 브랜드, 크로스오버 브랜드), 편익(기능성 브랜드, 상징적 브랜드, 경험성 브랜드)이다.[102] 그 중에 소비자와 트렌드에 직접적인 관계를 갖고 있는 판매 목적과 판매 지역이 브랜드 개발이나 브랜드 분석에 있어 가장 먼저 생각해야 하는 브랜드 유형이다. 브랜드의 판매 목적과 판매 지역에 이어 분석해야 하는 브랜드 유형은 신뢰, 가격, 사업 영역, 편익이 있다. [표 18]은 기초 단계인 브랜드 포지셔닝 내용을 정리할 수 있는 표이다. 기초 단계에 대한 내용은 제2장 브랜드 유형과 디자인에서 자세하게 설명하였다.

---

102 최인영(2013). 브랜드디자인: 브랜딩을 위한 커뮤니케이션 디자인. 미진사. pp. 24~25.

[표 18] 문화코드 브랜드디자인 방법론의 기초 단계: 브랜드 유형 구분 표

브랜드 유형	브랜드 종류	브랜드의 브랜드 포지셔닝
판매 목적	제품 브랜드	
	서비스 브랜드	
	문화 브랜드	
신뢰	통합 브랜드	
	차별 브랜드	
	글로벌 브랜드	
판매 지역	인터내셔널 브랜드	
	내셔널 브랜드	
	지역 브랜드	
	로컬 브랜드	브랜드의 브랜드 유형과 브랜드 종류를 규명함.
가격	명품 브랜드	
	프리미엄 브랜드	
	일반 브랜드	
	염가 브랜드	
사업 영역	오프라인 브랜드	
	온라인 브랜드	
	크로스오버 브랜드	
편익	기능성 브랜드	
	상징적 브랜드	
	경험성 브랜드	

예를 들어 '맥도날드'(McDonald's)는 소비자와 상호 작용을 하고 소비자를 위한 음식을 제공하는 서비스 브랜드이다. 보통 음식점들은 소비자들에게 제공되는 음식 외에 종업원의 서비스를 중요시 여기기 때문에

음식 서비스 브랜드(fast food service brand)라고 한다. 만약 맥도날드의 햄버거를 편의점에서 다른 음식과 함께 진열한다면, 맥도날드는 진열되어 있는 경쟁 음식 제품 브랜드인 김밥, 라면, 어묵과 경쟁하는 제품 브랜드인 것이다. 이때 그 편의점은 소비자들이 필요한 음식과 생활용품을 구매할 수 있는 서비스 브랜드이지만 진열되어 있는 상품들은 제품 브랜드이다.

모든 브랜드는 가격에 따라 이미지가 구축된다. 맥도날드는 일반 브랜드 가격을 갖춘 염가 브랜드이다. 즉, 대부분의 음식은 일반 가격이지만 가격이 낮은 제품을 두어 가격에 민감한 청소년과 소득이 낮은 젊은 직장인 같은 소비자들의 욕구를 충족시키고 있다. 맥도날드는 여러 경쟁 브랜드와 차별화하기 위해 맛, 질, 서비스를 브랜드의 차별 요소로 만들었다. 그리고 차별된 브랜드를 소통하기 위해 차별된 맥도날드 만의 스타일로 건축, 인테리어, 유니폼, 패키지, 메뉴, 광고 디자인을 구축하였다. 이제 맥도날드는 소비자들에게 신뢰를 받는 차별 브랜드로 자리 잡았다.

원래 맥도날드는 전통적인 방법인 소비자가 방문하여 구매하는 오프라인 브랜드였지만, 점차 인터넷과 스마트폰의 대중화를 통해 인터넷과 앱을 구축하여 소비자들이 음식을 주문하고 신속하게 배달 받을 수 있는 온라인 브랜드로 발전하였다. 그래서 맥도날드를 크로스오버 브랜드라고 한다. 소비자들의 편익을 기준으로 맥도날드를 분석하면 맥도날드는 소비자들의 일상생활 중에 식사를 해결하는 기능성 브랜드이다. 위 내용을 정리하면 맥도날드는 글로벌 브랜드, 서비스 브랜드, 일반 브랜드, 차별 브랜드, 기능성 브랜드, 크로스오버 브랜드이다.

1단계: 문화조사 과정(Culture Research)

문화조사 과정의 주요 목적은 브랜드의 타깃 소비자와 트렌드를 조사하고 문화분석에 필요한 자료를 정리하는 것이다. 문화조사 중에 의사결정과정 요인(인구통계학적 특성 포함), 욕구 요인, 트렌드 구분을 기준으로 실행한다. [그림 77] 참조.

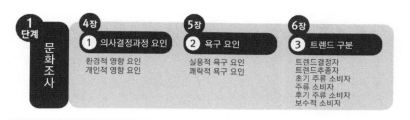

[그림 77] 1단계 문화조사: 의사결적과정 요인, 욕구 요인, 트렌드 구분

소비자 조사 중에 인구통계학적 특성인 사회 계층은 상류층, 중산층, 하류층(서민층) 등 세 가지 계층으로 나누어지고, 사회에 따라 그 기준이 다르다. 대한민국 사회 계층의 주요 기준은 소득 수준이다. 선진국인 미국의 경우, 사회 계층의 주요 기준은 학력과 직업이다.

소비자 조사 중에 인구통계학적 특성인 준거집단은 소비자의 의사결정에 영향을 주는 그룹이다. 청소년들은 연예인 집단을 준거집단으로 삼고 연예인을 모방하는데 노력한다. 연예인이 애용하는 브랜드를 구매하고 사용한다. 준거 집단의 영향 유형은 정보 제공적, 비교 기준적, 규범적이 있다. 준거집단 조사를 통해 트렌드 조사도 가능하다.

문화조사 중에 인구통계학적 특성인 라이프스타일은 소비자의 활동(Activities), 관심(Interests), 의견(Opinions)을 환경적 요인과 개인적 요인과

연결하여 찾는다. 라이프스타일을 찾는 과정에서 독특한 분류가 형성
된다면 이런 소비자 그룹의 명칭을 만들어낼 수 있다. 예를 들어 '포미족'
(For-me)은 내가 사고 싶은 것, 가치를 두는 제품에 대해서는 아깝지 않
을 정도로 투자하며 구매하는 소비자 집단이다. 소비자는 이런 소비자
집단 중에 하나가 될 수 있고, 여러 소비자 집단에 소속 될 수 있다. 포
미족과 키덜트의 라이프스타일을 보유한 소비자는 본인이 좋아하는 장
난감을 가격에 상관없이 구매한다.

소비자 조사 중에 의사결정과정 요인인 환경적 영향 요인의 기준은 인
구통계학적 요소, 문화, 사회 계층, 준거 집단, 가족으로 소비자와의 다
양한 관계를 갖고 있다. 어떤 환경적 요소가 소비자의 의사결정과정에
서 영향을 미쳤는지 중요도 순서로 정리하고 이유를 정리한다.

소비자 조사 중에 의사결정과정 요인인 개인적 영향 요인의 기준은 개
성, 학습, 라이프스타일이다. 여기서 연구자는 타깃 소비자의 독자적인
자아 개념을 정리하고, 브랜드에 대한 긍정적 부정적 경험에 의한 태도
를 조사하고, 독특한 생활 패턴과 가치를 조사하여 연구에 반영한다. 그
리하여 소비자로 하여금 브랜드에 대해 쉽게 의사결정을 할 수 있도록
한다. 개성은 다른 사람들과 구별할 수 있는 자기만의 특성이다. 자아개
념의 두 가지 원리인 실제적 자아와 이상적 자아 중 실제적 자아는 본인
의 개성과 유사한 브랜드를 구입하게 한다. 이상적 자아는 자신이 되고
자하는 본인의 개성과 유사한 브랜드를 구입하게 한다.

[표 19] 의사결정과정 요인 조사표를 사용하여 타깃 소비자의 환경적
요인과 개인적 요인을 AIO와 연관 지어 정리하고 중요도를 입력한다.

이때 영향이 적은 요인은 배제하고 가장 영향이 높은 요인을 중심으로 분석한다.

[표 19] CCBD 1단계 문화조사 과정 1: 의사결정과정 요인 [의사결정과정 요인 조사표]

CCBD 1단계 문화조사 과정 1: 의사결정과정 요인 [중요도 기준: 0=중요하지 않음, 1=보통임, 2=중요함]					
구분		중요도	활동 Activities	관심 Interests	의견 Opinions	요약
환경적 요인	성별					
	연령					
	교육					
	직업					
	인종					
	거주지					
	가족규모					
	수입					
	사회계층					
	문화					
	연령집단					
	준거집단					
	가족					
개인적 요인	라이프스타일					
	개성					
	학습					
	고정 관념					

소비자 조사 중에 욕구 요인인 실용적 욕구 요인은 근본적 욕구로 소비자의 의사결정 과정에서 소비자는 브랜드의 기능적인 요소를 판단하여 결정한다. 브랜드디자인의 기능 중에 본원적 기능이 소비자의 실용적 욕구를 충족하게 한다.

소비자 조사 중에 욕구 요인인 쾌락적 욕구 요인은 감정적 요소들에 의해 구매 의사결정을 하게 한다. 소비자들은 브랜드의 실용적인 요소보다는 감정적인 요소를 찾는다. 브랜드디자인을 연구하는데 있어 본원적 기능보다는 파생적 기능에 의해 쾌락적 욕구를 충족시켜준다. 에그만의 기본 감정인 공포, 분노, 행복 혐오, 슬픔, 놀람을 기준으로 브랜드의 감각적 요소를 구축할 수 있다. 그리고 기본 감정이 복합하여 여러 다양한 감정을 표현하는 브랜드를 만들 수 있다. [표 20] 참조.

[표 20] CCBD 1 단계 문화조사 과정 2: 욕구 요인 [욕구 요인 조사표]

CCBD 1 단계 문화조사 과정 2: 욕구 요인 [중요도 기준: 0=중요하지 않음, 1=보통임, 2=중요함]			
매슬로의 욕구 계층		중요도	욕구 내용
쾌락적 욕구 (구체적 욕구)	자아실현		
	자아욕구		
실용적 욕구 (근본적 욕구)	사회욕구		
	안전욕구		
	생리욕구		

사회 조사 중에 트렌드는 어떤 새로운 브랜드 혹은 스타일이 트렌드 결정자 소비자에서 시작하여 주류 소비자로 발전하는 과정이다. 트렌드

는 문화코드와 밀접한 관계를 갖고 있다. 브랜드의 트렌드 창조자는 문화코드에 있어 비활성 문화코드이고, 브랜드의 트렌드결정자는 문화코드의 제안 문화코드, 브랜드의 트렌드추종자는 문화코드의 일반 문화코드, 리더십브랜드는 문화코드의 활성 문화코드로 비교하여 분석한다. [표 21] 참조.

[표 21] CCBD 1 단계 문화조사 과정 3: 트렌드 구분 [트렌드 구분 조사표]

CCBD 1 단계 문화조사 과정 3: 트렌드 구분 [중요도 기준: 0=중요하지 않음, 1=보통임, 2=중요함]		
트렌드 구분	현재 소비자	타깃 소비자
트렌드 결정자 (05%)		
트렌드 추종자 (10%)		
초기 주류 소비자 (20%)		
주류 소비자 (40%)		
후기 주류 소비자 (15%)		
보수적 소비자 (10%)		

2단계: 문화분석 과정(Culture Analysis)

문화코드 브랜드디자인 방법론의 단계 1인 문화조사 자료를 정리하여 문화분석 과정인 브랜드의 문화특성, 문화코드, 문화유형에 대한 연구를 진행한다. 그리고 다음 과정인 문화전략에 필요한 자료를 구축한다. 문화분석 과정의 첫 번째 과정은 문화특성을 구분하는 방법이고, 두 번째 과정에서 브랜드의 문화코드를 구분하며, 세 번째 과정에서는 브랜드의 문화유형을 구분하여 연구한다. [그림 78] 참조.

[그림 78] 2단계 문화분석: 문화특성 구분, 문화코드 구분, 문화유형 구분

문화분석 과정의 첫 번째 과정인 문화특성 구분에서는 문화기능과 문화요소의 관계를 매트릭스 분석 차트(Matrix Analysis Chart)에 작성하여 구체적 특성들을(또는 요인) 찾는다. 기본적으로 매트릭스 분석 차트는 2, 3, 4개의 정보 그룹의 관계를 분석하는데 사용한다. 문화요소 그룹은 문화코드의 기본 구성 요소로서 예술, 문학, 전통, 신념, 언어, 관습, 지역, 종교, 생활양식이다. 문화기능 그룹은 서로 다른 문화들이 접촉하여 서로 간의 문화 요소들이 지켜지거나(Maintain: CM), 발전되거나(Grow: CG), 없어지거나(Disappear: CD), 융합되거나(Fuse: CF)하는 것이다. 이런 문화 요소 간의 접촉을 통해 새로운 문화가 탄생 할 수 있다. 아래 표와 같이 문화기능과 문화요소의 관계를 찾는다.

문화분석 과정의 두 번째 과정인 문화코드 구분에서는 [표 22] 문화특성 분석표에서 정리한 문화요소들을 [표 23] 문화코드 중요도 표에 문화코드 구분과 중요도를 고려하여 정리한다. 한 칸에 여러 문화특성 요소를 입력할 수 있다. 문화코드인 일반 문화코드, 제안 문화코드, 활성 문화코드, 비활성 문화코드에 따라 문화특성 요소를 중요도에 따라 입력

[표 22] CCBD 2 단계 문화분석 과정 1: 문화특성 구분 [문화특성 구분 분석표]

문화요소	문화기능			
	지켜짐(CM)	발전됨(CG)	없어짐(CD)	융합됨(CF)
예술				
문학				
전통				
신념				
언어				
관습				
지역				
종교				
생활양식				

CCBD 2 단계 문화분석 과정 1: 문화특성 구분
문화기능 중요도(5점-척도 구분):
1.매우 중요하지 않음, 2.중요하지 않음, 3.보통, 4.중요함, 5.매우 중요함
중요한 문화전략 요소: 중요도 3, 4, 5 배제할 문화전략 요소: 중요도 1, 2

[표 23] CCBD 2 단계 문화분석 과정 2: 문화코드 구분 [문화코드 중요도 표]

CCBD 2 단계 문화분석 과정 2: 문화코드 구분
문화기능 중요도(5점-척도 구분):
1.매우 중요하지 않음, 2.중요하지 않음, 3.보통, 4.중요함, 5.매우 중요함
중요한 문화전략 요소: 중요도 4, 5 배제할 문화전략 요소: 중요도 1, 2, 3

문화코드 구분	문화코드 구분	
문화코드 구분	중요도	내용
일반 문화코드(GCc)		
제안 문화코드(PCc)		
활성 문화코드(ACc)		
비활성 문화코드(ICc)		

한다. 문화코드의 중요도는 5점-척도 구분으로 1.매우 중요하지 않음, 2.중요하지 않음, 3.보통, 4.중요함, 5.매우 중요함으로 나누었다. 여기서 중요도 4, 5는 문화전략에 중요한 요소이지만 중요도 1, 2, 3은 문화전략에서 배제할 요소이다.

문화분석 과정의 세 번째 과정인 문화유형 구분에서는 전 과정에서 정리한 중요도가 높은 문화특성 요소를 물질문화, 행동문화, 관념문화로 나누어 정리한다. 물질문화(Material Culture)는 어느 사회 집단 구성원들의 기본적 욕구를 충족시키는 사물 및 기술이다. 행동문화(Behavior Culture)는 어느 사회 집단의 구성원들이 일반적으로 하는 행동 방법이다. 관념문화(Idea Culture)는 어느 사회 집단의 구성원들이 비슷하게 가지고 있는 생각, 사고이다. [표 24] 참조.

[표 24] CCBD 2 단계 문화분석 과정 3: 문화유형 구분 [문화유형 분석표]

CCBD 2 단계 문화분석 과정 3: 문화유형 구분 [중요도 기준: 0=중요하지 않음, 1=보통임, 2=중요함]				
문화유형	문화코드 구분			
	일반 문화코드 (GCc)	제안 문화코드 (PCc)	활성 문화코드 (ACc)	비활성 문화코드 (ICc)
물질문화				
행동문화				
관념문화				

3단계: 문화전략 과정(Culture Strategy)

　문화코드 브랜드디자인 전략의 마지막 과정인 문화전략에서는 문화분석 과정에서 찾은 자료를 기준으로 브랜드를 구축할 수 있는 브랜드 터치포인트 디자인 연구에 필요한 문화코드 전략을 제안한다. [그림 79] 참조.

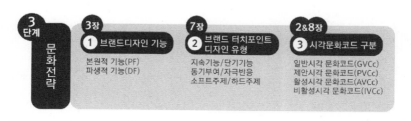

[그림 79] 3단계 문화전략: 브랜드디자인 기능, 브랜드 터치포인트 디자인 유형, 시각문화코드 구분

　3단계 문화전략의 첫 번째 과정인 브랜드의 브랜드디자인 기능에서는 브랜드의 본원적 기능(PF)과 파생적 기능(DF)를 정리한다. 정리하는 과정에서 항상 소비자 조사 내용을 준수해야 한다. 그리고 문화분석 과정인 문화특성, 문화코드, 문화유형을 브랜드디자인 기능인 본원적 기능과 파생적 기능과 함께 관계를 만든다. 본원적 기능은 브랜드를 인식할 수 있는 기본적인 정보이고, 파생적 기능은 경쟁 브랜드와 차별적으로 인식할 수 있는 독특한 정보이다. 브랜드 터치포인트 디자인에 있어 차별화된 브랜드의 파생적 기능은 브랜드를 브랜드 포지셔닝에서 효과적인 위치에 놓는다. [표 25] 참조.

[표 25] CCBD 3 단계 문화전략 과정 1: 브랜드디자인 기능 [브랜드디자인 기능 전략 표]

| 문화분석 | CCBD 3 단계 문화전략 과정 1: 브랜드디자인 기능 | |
| | 브랜드디자인 기능 | |
	본원적 기능(PF)	파생적 기능(DF)
문화코드 및 문화특성 문화유형		

3단계 문화전략의 두 번째 과정은 브랜드 터치포인트 디자인 유형을 연구하는 과정이다. 본원적 기능과 파생적 기능을 기준으로 여섯 가지 브랜드 터치포인트 디자인 유형을 이해 정보 전달, 욕구 정보 전달, 감성 정보 전달로 구분하여 연구한다. 브랜드 터치포인트 디자인 유형은 나중에 브랜드 터치포인트 디자인 연구에 있어 방향을 제시한다. [표 26] 참조.

[표 26] CCBD 3 단계 문화전략 과정 2: 브랜드 터치포인트 디자인 유형 [브랜드 터치포인트 디자인 유형 전략 표]

| CCBD 3 단계 문화전략 과정 2: 브랜드 터치포인트 디자인 유형 | | | |
| 브랜드 터치포인트
디자인 유형 | | 브랜드디자인 기능 | |
		본원적 기능(PF)	파생적 기능(DF)
이해 정보	지속 기능 디자인		
	단기 기능 디자인		
욕구 정보	동기 부여 디자인		
	자극 반응 디자인		
감성 정보	소프트 주제 디자인		
	하드 주제 디자인		

3단계 문화전략의 세 번째 과정은 문화분석 과정에서 두 번째 과정인 문화코드 구분과 연과지어 시각문화코드를 연구하는 과정이다. 문화코드의 요소 칸에 문화코드를 입력하고 입력한 문화코드를 가장 효과적으로 전달할 수 있는 시각문화코드를 연구한다. [표 27] 참조.

[표 27] CCBD 3 단계 문화전략 과정 3: 시각문화코드 구분 전략 표 [시각문화코드 구분 전략 표]

CCBD 3 단계 문화전략 과정 3: 시각문화코드 구분 전략 표					
문화코드		시각문화코드			
구분	요소	일반시각 문화코드	제안시각 문화코드	활성시각 문화코드	비활성시각 문화코드
일반 문화코드		시각표현 레이아웃 서체 색채 타이포그래피 이미지 패턴 텍스처 형태 스타일	시각표현 레이아웃 서체 색채 타이포그래피 이미지 패턴 텍스처 형태 스타일	시각표현 레이아웃 서체 색채 타이포그래피 이미지 패턴 텍스처 형태 스타일	시각표현 레이아웃 서체 색채 타이포그래피 이미지 패턴 텍스처 형태 스타일
제안 문화코드					
활성 문화코드					
비활성 문화코드					

이로써 문화코드 브랜드디자인 방법론에 의한 브랜드디자인 전략이 구축되었고 모든 내용을 정리하여 브랜드 문화전략을 적용한 '기획서'를 만든다. 문화코드 브랜드디자인 방법론(CCBD)은 브랜드 구축에 필요한 브랜드 터치포인트 디자인을 연구하는데 중요한 역할을 한다. 지속적인 노력으로 생소했던 브랜드는 어느덧 문화를 보유한 브랜드로 소비자들의 기억 속에 남을 것이며, 시장에서 차별된 위치에 자리 잡을 것이다.

브랜드 구축의 마지막 단계는 브랜드 실행과정이다. 문화코드 브랜드 디자인 방법론과 브랜드 터치포인트 디자인은 브랜드를 형성하고 계획된 방향으로 나아갈 수 있도록 해준다. 브랜드 실행과정은 형성된 전략이 시장에서 실현되는 것이다. 브랜드가 생명을 갖도록 하고 궁극적으로 브랜드 연상이 소비자의 마음속에 형성되기 시작하는 것을 말한다.[103]

"소비자와의 올바른 의사소통은 매우 중요한 역할을 할 것이며, 이를 위해 기업은 미학의 모든 요소를 아우르는 '미적 감각'(aesthetic sense)을 지닌 제품과 서비스를 만드는 데 초점을 맞추어야 할 것이다. 이것은 매우 어수선한 시장에서 싸우고 있는 제품들의 시장 점유율을 위해 중요하다."[104] 브랜드의 미적 감각과 커뮤니케이션 계층의 기능을 갖고 있는 브랜드 터치포인트 디자인은 여섯 가지 브랜드 터치포인트 디자인 유형(이해 정보 전달 기능인 지속 기능 디자인과 단기 기능 디자인, 욕구 정보 전달 기능인 동기 부여 디자인과 자극 반응 디자인, 감성 정보 전달 기능인 소프트 주제 디자인과 하드 주제 디자인)을 기준으로 편집 디자인, 광고 디자인, 정보 디자인, 패키지디자인, 웹사이트 디자인, 프로모션 디자인, 캐릭터 디자인, 포스터 디자인, 환경 디자인, 뉴미디어, UI/UX 등 연결 세트를 구축한다. 기본 디자인 요소인 레이아웃, 서체, 색채, 타이포그래피, 이미지, 패턴, 텍스처, 형태, 스타일은 브랜드 터치포인트 디자인 유형을 보조하여 브랜드 개성, 브랜드 연상, 브랜드 이미지를 구축하게 하고 나아가 브랜드 인지와 브랜드 충성으로 발전한다.

---

103 정인식, 구승회(역)(2006), Roll, Martin(저)(2005). 아시아의 글로벌 브랜드 전략과 과제 그리고 희망(Asian Brand Strategy How Asia Builds Strong Brands, Palgrave MacMillan). 시그마프레스. pp. 145~151.

104 Baisya, Rajat Kanti (June 2014). "Future of Aesthetics in Marketing". Review of Management. Vol. 4, No. 1/2. pp. 53-56.

제3부

브랜드의 기본 문화코드 요소의 문화 분석

유네스코는 문화를 "한 사회 또는 사회 집단에서 나타나는 예술, 문학, 생활양식, 가치관, 전통, 신념 등의 독특한 정신적 물질적 지적 특징"이라고 정의하였다.[105]

제3부 브랜드의 기본 문화코드 요소의 문화 분석에서는
다음과 같은 질문을 설명하였다.
브랜드는 어떻게 문화코드를 사용하는가?
문화코드는 시각문화코드와 어떤 관계인가?
브랜드는 예술을 어떻게 사용하는가?
브랜드의 기본 문화코드는 어떻게 적용하는가?
문화코드는 공유할 수 있는 요소인가?

---

105 UNESCO(2002). UNESCO Universal Declaration on Cutural Diversity. 2001년 11월
2일 파리 UNESCO 컨퍼런스.

출처: http://www.annasui.com/en/#/asclassic

[그림 80] 안나수이 스타일: 빅토리아 카우보이

안나수이(Anna Sui) 패션브랜드의 주요 소비자 타깃은 중상류층 고객이고, 브랜드 포지셔닝은 역사와 문화를 해석하는 오랫동안 남는 디자인을 담은 화장품이고 브랜드 유형은 글로벌브랜드, 제품브랜드, 차별브랜드, 프리미엄 브랜드, 오프라인 브랜드, 상징적 브랜드이다. 안나수이는 미국 패션디자이너로 시작하여 현재는 화장품의 브랜드인지도가 높아졌다. 안나수이의 스타일을 '빅토리아 카우보이'(Victorian Cowbow) 스타일이라고 한다. 빅토리아 스타일의 정교하고 부드러운 자연의 유기적인 패턴을 미국 서부 카우보이 느낌의 강하고 볼드하게 표현하여 새로운 '퓨전 스타일'(Fusion Style)인 '빅토리아 카우보이' 스타일을 선보였다. 안나수이는 예술 문화코드를 사용한 브랜드이다.

제10장

지역, 역사, 언어에 의한
문화코드 요소

소비자가 브랜드에서 심리적 가치를 획득하는 데 무엇보다 중요한 역할을 하는 것은 바로 '문화의미'(Cultural Meaning)다.[106] 다양한 브랜드 중에 지역의 특성, 역사의 상징성, 언어의 정체성을 전달하는 문화코드를 문화전략에 사용하는 경우가 있다. 브랜드의 특성을 소비자들에게 효율적으로 전달하는 방법이고 소비자들이 브랜드의 이미지를 쉽게 기억하고 인식하는 방법이기도 하다.

지역 상징 문화코드 요소의 문화 분석

지역은 공간적 범위로 나뉘고 있으며 인접한 다른 지역과 상호작용한다. 근접한 두 지역의 특징이 공통적으로 나타난다면 그 지역은 융합될 것이다. 이런 공간적 범위에서 나누어진 지역은 그 지역 만 가지고 있는

---

106 McCracken, G. (1986). "Culture and Consumption: A theoretical account of the structure and movement of the cultural meaning of consumer goods", Journal of Consumer Research, 19. pp. 317~338.

독특한 특성이 있고 공유한다. 이런 '지역특성'(Community Character)은 자연 조건, 인공 조건 등에 의해 생성된다. 이런 지역특성을 문화코드로 활용하여 브랜드에 적용할 수 있다.

자연조건에 의한 지역특성은 지형, 기후, 생물이 있다. 지역 주민들은 본인이 거주하는 지역에 대해 익숙하게 생각하고 적대감이 없이 이해한다. 그리고 지역의 특성을 전달하는 지형, 기후, 생물은 바꾸기 어려운 요소로서 브랜드의 활성 문화코드로 사용 가능하다. 이것은 사람들의 머릿속에 미리 주입된 연상 이미지를 브랜드에 적용하여 쉽게 브랜드 연상을 보유할 수 있게 하기 때문이다.

- 지형: 지형학적 단위로서 강, 호수, 해안, 바다, 하천, 산, 빙하, 화산이 있다. 지형을 브랜드의 일반 문화코드로 사용하는 경우가 많다.
- 기후: 날씨는 일시적인 기상현상이고 기후는 지속적이고 평균적인 기상현상이다. 사계절을 보유한 지역보다 단일계절을 보유한 지역은 기후를 일반 문화코드로 사용하고 있는 경우가 많다.
- 생물: 그 지역에서만 생존하는 동물이나 식물은 그 지역을 대표하는 활성 문화코드가 될 수 있다. 사람들은 생물을 작명하면서 생물의 특성을 기준으로 의미를 부여하였다. 생물을 모티브로 한 브랜드는 그 생물이 보유한 의미를 활용하여 브랜드의 특성을 강조할 수 있다.

자료 제공: Jill Bell Brandlettering, Kansas USA

[그림 81] 주택 단지 개발업체 매디슨(Madison)의 시그니처 마크(Signature Mark)

[그림 81]은 미국 캔사스 주택 단지 개발업체인 '매디슨'(Madison)의 시그니처 마크(Signature Mark)[107]이다. 사각형 안에 담은 나뭇잎은 거주 지역의 자연 환경을 상징하고, 부드럽고 멋스러운 손글씨를 사용한 브랜드 네임은 세련되고 고급스러운 주택 양식을 상징하는 주택 단지 개발업체인'메디슨 '의 시그니처 마크로 사용되고 있다.

[표 28]을 보면 매디슨 브랜드는 문화코드 성장과정에 있어 도입기부터 일반 문화코드를 사용하였다. 이 브랜드 분야에는 경쟁자가 많고 오랜 역사를 갖고 있어 독특한 디자인 보다는 친근한 디자인이 소비자들의 신뢰를 얻을 수 있다. 소비자들이 연상하고 있는 주택 단지 개발 업체는 친근함, 자연, 가정, 편안함이다.

---

107 시그너처 마크는 네 개의 브랜드 아이덴티티 마크 유형 중 두 개의 유형을 배합하여 하나의 브랜드 아이덴티티 마크로 사용하는 것이다. 예를 들어 1) 레터마크와 로고타이프, 2) 심벌릭 마크와 로고타이프, 3) 앱스트랙트 마크와 로고타이프, 4) 레터마크와 앱스트랙트 마크, 5) 레터마크와 심벌릭 마크를 배합하여 시그너처 마크로 사용할 수 있다.

[표 28] 매디슨 브랜드의 문화코드 성장 과정

문화코드 성장 과정			
구분	도입기	성장기	성숙기
문화코드	일반 문화코드(GCc)	일반 문화코드(GCc)	활성 문화코드(ACc)
기간	2002년	현재	미래
특징	친환경 주택 단지 개발	친환경 주택 단지 개발	친환경 주택 단지 개발

그래서 [표 29]를 보면 브랜드디자인 기능의 주요 기능은 본원적 기능을 중심으로 친환경적인 느낌을 주기 위해 직사각형, 나뭇잎, 공간으로 표현하였고, 보조 기능은 파생적 기능으로 자연스러운 손글씨를 예술 스타일로 매디슨 브랜드의 차별화를 만들었다.

[표 29] 매디슨 브랜드의 문화분석과 브랜드디자인 기능 전략

문화분석	문화분석과 브랜드디자인 기능 전략	
	브랜드디자인 기능	
	본원적 기능(PF)	파생적 기능(DF)
문화특성	지역, 생활양식 상징 요소	예술 상징 요소
문화코드	일반 문화코드(GCc)	일반 문화코드(GCc)
문화유형	관념문화	관념문화

지역 주민들은 거주 지역에서 생산되는 모든 것에 친근감을 갖고 있다. 그 중에 하나가 로컬 푸드(Local Food)이다. 로컬 푸드는 거주 지역인근에서 비료와 농약을 사용하지 않고 자연적인 방법으로 기른 과일, 채소, 소고기, 닭고기, 돼지고기 등을 일컫는다. 즉 신선한 음식 재료를 인근 소규모 농장들이 중간 상인 없이 직접 소비자들에게 판매하는 것이다. 그

리고 그 지역에서만 생산되어 타 지역에는 없는 지역특산물이 있다.

'돌'(Dole)은 1851년 하와이에서 창립된 글로벌 브랜드로 바나나, 파인애플, 포도, 딸기, 샐러드와 같은 생과일과 가공식품과일을 다루는 기업식 농업 기업(Agribusiness)이다.

출처: http://www.dole.com/AboutDole

[그림 82] 지안니노토(Gianninoto Associates) 광고 회사의 돌(Dole) 로고타이프

초창기에는 하와이에서 하와이파인애플농장(Hawaiian Pineapple Company)를 운영하였다. 1957년도 전에는 상품라벨에 로고가 없었고 빨강의 단순한 대문자 산세리프(Sans Serif)를 사용하였다. 이후 1957년에 '지안니노토'(Gianninoto Associates) 회사가 처음으로 돌 로고 [그림 82]를 탄생시켰다. 돌의 일반시각 문화코드였던 빨강, 대문자, 산세리프체는 돌의 기업 정체성과 특성을 표현하기에는 어려움이 있었다. 지안니노토는 빨강과 산세리프체를 유지하여 돌의 일반 문화코드를 유지하려고 하였다. 그러나 딱딱한 느낌의 대문자 로고타이프(Logotype)를 버리고 대문자와 소문자를 사용하여 브랜드네임에 부드러운 느낌을 주었다. 추가로 지역 상징이며 돌의 주요 생산물인 파인애플을 연상시키는 녹색의 파인애플 패턴을 발음 기호처럼 소문자 'o' 위에 두었다.

이후 돌의 사업은 번창하였고 단순한 파인애플에서 다양한 과일, 채소, 주스를 생산하게 되었다. 1986년에 새로운 로고가 탄생하였다. 새로운 로고 [그림 83]은 '랜도'(Landor Associates) 디자인 회사에서 디자인하

였다. 돌의 활성시각 문화코드인 산세리프체는 유지하여 돌의 연상 이미지인 신뢰와 친근함을 유지하였다. 그리고 글자가 겹치는 자간과 'o'를 다른 소문자 보다 크게 하고 높이를 x-line에 정렬하고 baseline 아래로 두어 좀 더 친근한 느낌을 표현하였다. 돌의 활성시각 문화코드인 색상은 빨강, 파랑, 노랑 등 세 가지 원색을 사용하여 신뢰와 신선한 느낌을 표현하였다. 그리고 기존에 지역특성과 일반 문화코드를 표현한 파인애플에서 제안 문화코드인 자연의 신선함과 품질을 표현하는 햇살이 눈부시게 비치는 모습을 사용하였다.

출처: http://www.dole.com/AboutDole

[그림 83] 랜도(Landor Associates) 디자인 회사가 디자인 한 돌(Dole) 로고타이프

[표 30]을 보면 돌 브랜드는 문화코드 성장과정에 있어 도입기에 제안 문화코드를 사용하였다. 이 브랜드 분야에는 경쟁자가 없기 때문에 독특한 디자인인 산세리프체를 사용하였다. [표 31]을 보면 소비자들이 연상하고 있는 요소는 신뢰, 친근함, 신선함, 품질이다. 색상을 통해 브랜드 연상인 신선함, 자연을 표현하였고 신뢰와 친근함은 변하지 않는 서체의 모양이다. 이제 산세리프체는 돌 브랜드의 활성 문화코드로서 다양한 브랜드 터치포인트에 사용되고 있다.

[표 30] 돌 브랜드의 문화코드 성장 과정

구분	문화코드 성장 과정		
	도입기	성장기	성숙기
문화코드	제안 문화코드(GCc)	일반 문화코드(GCc)	활성 문화코드(ACc)
기간	1957년 이전	1957년도	1986년도
특징	하와이 파인애플	하와이 파인애플	과일, 채소, 주스

[표 31] 돌 브랜드의 문화분석과 브랜드디자인 기능 전략

문화분석	문화분석과 브랜드디자인 기능 전략	
	브랜드디자인 기능	
	본원적 기능(PF)	파생적 기능(DF)
문화특성	신뢰, 친근함, 신선함	자연의 신선함과 품질
문화코드	활성 문화코드(GCc)	제안 문화코드(GCc)
문화유형	관념문화	관념문화

　　인공조건에 의한 지역특성은 물건, 환경, 생활이 있다. 인공조건도 자연조건과 같이 지역적 특징을 보유하고 있기 때문에 쉽게 바꾸기 어려운 요소인 활성 문화코드이다. 두 조건의 다른 점은 자연조건은 몇 세대를 거쳐서 만들어진 조건이라 역사가 깊은 반면 인공조건은 한 세대에서도 만들어질 수 있는 조건이므로 비활성 문화코드이기도 하다.

■ 물건: 그 지역에서만 만드는 물건이나 그 지역에만 사용하는 물건이다. 지역 브랜드 중에 지역을 대표하는 물건의 특성을 일반 문화코드로 사용하는 경우가 있다. 예를 들어 음식 도구, 가구, 도자기, 패턴, 의상 등이 있다.

- 환경: 환경은 그 지역의 랜드 마크(Landmark)[108]가 될 수 있는 장소, 건물이다. 랜드 마크와 관련된 브랜드는 그 랜드 마크를 다양한 시각 표현 방법으로 사용하여 랜드 마크의 이미지를 통해 브랜드의 브랜드 이미지와 브랜드 연상을 일으킨다.
- 생활: 그 지역 주민들의 생활을 알 수 있는 조건으로 방식, 관습, 전례, 언어, 사상, 개념, 표현, 음식 등이 있다.

자료 제공: Frank + Victor Design, Austin USA

[그림 84] 클링크(Clink) 칵테일 바의 시그니처 마크

[그림 84]은 '클링크'(Clink) 칵테일 바의 시그니처 마크이다. 클링크는 유리잔이 마주칠 때 쨍그랑하는 소리다. 상류층 바인 클링크는 브랜드의 특성과 이미지를 연상시킬 수 있는 연상적 브랜드네임이다. 지역 문화의 인공조건 물건인 칵테일 잔을 단순하게 형상화하여 칵테일 잔의 실루엣과 색상을 통해 다양한 칵테일을 표현한 'CLINK'의 앱스트랙트 마크는 브랜드네임의 특성과 이미지를 설명하고 있다.

---

108 랜드 마크(Landmark)는 지역을 탐색하고 인식할 수 있는 독특한 자연적 또는 인공적 요소이며, 가까운 거리나 먼 거리에서 볼 수 있는 특징이 있다. 에펠 타워, 남대문, 올림픽 경기장, 설악산, 독도 등이 랜드 마크이다.

역사 상징 문화코드 요소의 문화 분석

역사는 지난 시대에 남긴 기록이다. 브랜드가 시장에 출범한 도입기에서부터 거쳐 온 긴 시간 동안에 일어난 모든 중요한 사실을 모아 정리하면 브랜드의 역사와 브랜드 스토리가 된다. 그리고 브랜드의 역사가 길면 길수록 그 브랜드의 브랜드 스토리는 소비자들의 삶과 밀접한 관계로 이어질 수 있다.

[그림 85] 영국 럭셔리 브랜드(Luxury Brand) 버버리(Burberry)의 시그니쳐 마크

[그림 85]는 영국의 럭셔리 브랜드(Luxury Brand)인 '버버리'(Burberry)의 시그니쳐 마크이다. 버버리의 앱스트랙트 마크는 순수함, 명예, 자부심, 우아함, 귀족, 투지를 상징하는 승마와 기사 그리고 보호를 상징하는 방패를 가지고 있다.

버버리는 1856년에 토마스 버버리(Thomas Burberry)에 의해 창업되었고 아웃도어 복장을 개발하였지만 이후에는 하이패션 시장에서 트렌치코트와 패턴 스카프로 유명해 졌으며, 스포츠, 연예, 정치 관련 유명인들이 애용하는 럭셔리브랜드로 자리 잡았다. 특히 버버리가 영국의 아이콘 패션 브랜드가 된 이유는 제1차 세계대전에서 영국 군인들이 즐겨 입던 코트였고 엘리자베스 2세 여왕과 황태자는 버버리에게 왕실 조달 허가증(Royal Warrants)을 수여하였다. 버버리의 트레이드마크인 체크 패턴은 영국 Chav 문화의 심벌이 되었다. Chav 문화는 21세기 초 영국의 반사회적 청년들의 문화인 하위문화로서 버버리의 체크패턴은 그들을 상징하였다. 이렇게 단순한 패션 브랜드였던 버버리가 100년이 넘게 영국에서 생존 할 수 있었던 중요한 이유는 영국 사람들의 역사의 일부분이었던 것이다. 그래서 그 브랜드 스토리는 타 문화권의 사람들에게 좋은 이미지로 전달되고 영국 문화를 동경하는 사람들에게 그리고 반사회적 문화에 관심 있는 사람들에게 관심을 주고 있다. 다시 말해 아웃도어 패션(버버리의 제안 문화코드)이었던 버버리가 초기 시장에서는 아웃도어 패션이라는 이미지로 인식되기 어렵고 쉽게 경쟁 패션 브랜드에 의해 바뀔 수 있는 비활성 문화코드였지만, 제1차 세계대전에 영국 군인들이 애용하면서 영국인이 이해하고 신뢰하는 패션 브랜드로서 일반 문화코드가 되었고, 영국 여왕과 황태자가 왕실 조달 허가증을 수여하고 Chav 하위문화의 아이콘이 되어서 버버리는 영국의 활성 문화코드로 승격되었다. 이제 버버리는 영국의 문화를 쉽게 인식시키는 역사 문화의 아이콘이고 쉽게 바꿀 수 없는 문화코드인 활성 문화코드를 구축하였다. [표 32] 참조.

[표 32] 영국 럭셔리 브랜드인 버버리 브랜드의 문화코드 성장 과정

구분	문화코드 성장 과정			
	도입기	성장기 1	성장기 2	성숙기
문화코드	제안 문화코드 (PCc)	비활성 문화코드 (ICc)	일반 문화코드 (GCc)	활성 문화코드 (ACc)
기간	1856년 이후	제1차 세계대전 이전	제1차 세계대전 이후	20세기 후반
특징	아웃도어 패션	아웃도어 패션	트렌치코트 체크패턴	왕실 조달 허가증 Chave 하위문화

언어 상징 문화코드 요소의 문화 분석

언어는 인간의 커뮤니케이션을 위해 만든 복잡한 시스템이다. 더 나아가 우리는 언어를 통해 사람들의 배경과 문화를 짐작할 수 있다. 언어인 브랜드네임에 의해 브랜드의 신뢰, 인지, 가격, 특성을 짐작하거나 단정 짓게 된다. 이렇게 언어는 브랜드의 정체성을 예측하거나 인식하게 한다. 그러므로 글로벌 시대의 브랜드는 브랜드네임이 다른 문화권에서는 어떻게 읽혀지고 어떻게 인식되는지 신중하게 생각해야 한다. 한 문화의 긍정적인 브랜드네임이 다른 문화에서는 부정적이거나 다른 의미의 브랜드네임이 될 수 있기 때문이다.

'코카콜라'(Coca-Cola) 브랜드의 브랜드 유형은 글로벌 브랜드, 제품 브랜드, 문화 브랜드, 통합 브랜드, 차별 브랜드, 일반 브랜드, 오프라인 브랜드, 기능성 브랜드, 상징적 브랜드이다. 브랜드네임인 코카콜라'(Coca-Cola)는 코카(Coca) 잎과 카페인인 콜라 견과류(Kola nuts)의 합성어이다.

코카콜라가 시장에 선보인 1886년도에는 '코카콜라'라는 브랜드네임은 참신한 브랜드네임이었다. 소비자의 기억에 남는 브랜드네임으로 제품의 특성과 잘 어울리는 브랜드네임이다.

출처: 알파벳 로고 http://www.coca-cola.com/global/ 한자 로고 http://www.icoke.cn/zh/home/

[그림 86] 코카콜라 로고타이프: 알파벳 로고와 한자 로고

코카콜라는 해외로 진출하면서 브랜드네임에 대한 수정이 필요하였다. 특히 중국에 진출하기 위해 중국의 언어를 사용해야 하였다. 영어의 알파벳과 한국어의 한글은 소리를 상징하는 글자 체계 즉 표음문자(Phonogram)이다. 그러나 중국의 한자는 문자마다 의미가 있고 언어의 말이나 형태소의 발음을 나타내는 표어문자(Logogram)이다. 그러므로 영어로 된 코카콜라 네임을 중국어/한자로 바꾸는데 고려해야 할 사항은 코카콜라와 가장 비슷한 문자의 의미와 문자의 발음을 찾는 것이다. [그림 86]은 현지 활성 문화코드인 언어를 사용한 코카콜라 로고타이프이다.

코카콜라의 한자 네임은 '可口可乐'이다. 문자의 의미는 '맛이 있어도 행복할 수 있다.'이고 문자의 발음은 '커쿠커러(Ke Kou Ke Le)'이다. 한자 브랜드네임은 먼저 문자를 선정하고 그 문자의 발음이 가장 원음에 가까우면 된다.

1927년 처음 중국 상해에 판매할 당시, 코카콜라의 브랜드네임은 '蝌蚪啃蠟'이고 문자의 의미는 '올챙이 씹는 왁스'이고 문자의 발음은 '커도컨라(Ke Dou Ken La)'였다. 이런 이상한 브랜드네임으로 소비자들에게 친근하게 인거되기 어려웠다. 코카콜라를 마신다는 건 올챙이와 왁스를 씹은 국물을 마신다고 생각되었다. 350파운드 브랜드네임 공모를 통하여 영국의 중국계 교수인 이지앙(Jiang Yi)이 내놓은 '可口可乐' 브랜드네임이 당선되어 현재까지 사용되고 있다. 코카콜라 브랜드는 브랜드네임을 가장 성공적으로 중국 현지화한 서구브랜드이다. 그리고 코카콜라 브랜드는 제안 문화코드로 시작하여 이제는 미국을 대표하는 활성 문화코드로서 글로벌 브랜드이다.

브랜드네임을 중국어와 한자로 변환하는데 있어 다음과 같이 네 가지 방법이 있으며, 변환하는데 있어 브랜드네임의 문화코드도 영향을 받는다. [표 33]은 중국의 활성 문화코드인 한자를 사용한 해외 글로벌 브랜드의 브랜드네임과 중국 언어와의 연관성을 정리한 표이다. 발음과 의미 모두 적용한 코카콜라(커코우커러)는 중국 문화에서 활성 문화코드가 될 수 있지만 의미만 적용한 버거킹(한바오왕)은 중국 문화에서 일반 문화코드는 될 수 있지만 활성 문화코드로 발전하기는 어렵다. 이렇게 브랜드네임은 바름과 의미 모두 적용해야 브랜드의 활성 문화코드로 발전할 수 있고 활성시각 문화코드 및 일반시각 문화코드를 연구하는데 영향을 준다.

[표 33] 중국 활성 문화코드인 언어를 사용한 해외 글로벌 브랜드의 브랜드네임

구분	중국 활성 문화코드인 언어를 사용한 해외 글로벌 브랜드의 브랜드네임				
		중국 언어와의 연관성			
성장 과정	브랜드 사례	제안 문화코드 (PCc)	비활성 문화코드 (ICc)	일반 문화코드 (GCc)	활성 문화코드 (ACc)
적응 없음	Heineken 네덜란드 성 喜力 (xǐ lì). 행복한 파워	○	○	X	X
발음 적응	Audi 라틴어 '듣다(Listen)' 奥迪 (ào dí) 엄청난 깨우침	○	○	X	X
의미 적응	Burger King 버거 중에 왕이다 汉堡王 (hàn bǎo wáng.) '汉堡' 은 버거'王'은 왕	○	○	○	X
모두 적응	Coca-Cola 코카잎과 콜라견과류의 합성어 可口可乐 (Ke Kou Ke Le) 맛이 있어도 행복할 수 있다.	○	○	○	○

제11장

전통, 관습, 생활양식에 의한
문화코드 요소

문화는 계속 끊임없이 진화하고 있다. 인간은 문화를 만들고 문화는 사회를 하나로 만든다. 또한 문화는 인간을 통해 문화의 이동에 따라 전달되고 있다. 문화가 전달되는 과정에서 새로운 문화를 받아들이는 사회는 그 새로운 문화의 장점을 파악하고 자기의 문화로 재해석하고 있다. 그래서 근접 거리에 있는 문화권은 유사한 전통, 관습, 생활양식을 공유하고 있는 것이다. 로컬 브랜드, 지역 브랜드, 내셔널 브랜드, 글로벌 브랜드는 시장에서 경쟁하기 위한 차별화 싸움을 하고 있다. 소비자들의 전통, 관습, 생활양식의 문화코드를 사용하는 브랜드는 소비자들의 인정을 얻을 것이다 그리고 소비자들이 동경하는 전통, 관습, 생활양식의 문화코드를 사용하는 브랜드는 소비자들의 욕구를 얻을 것이다. 그렇지만 소비자들이 경험하는 브랜드에 혐오하는 전통, 관습, 생활양식의 문화코드가 존재할 경우에는 소비자는 그 브랜드를 외면할 것이다.

전통 상징 문화코드 요소의 문화 분석

전통은 오랜 세월동안 세대를 거치면서 내려오는 사상, 관습, 행동 등의 정신적 가치와 양식이다. 우리나라의 전통 옷은 '한복'이고, 전통 주택은 '한옥'이고, 전통 음식은 '김치'이다. 시간이 지나면서 사회가 현대화되었고, 우리는 현대화와 함께 전통을 지키기 어려워지고 있다. 일반인의 생활에서 우리는 한복을 입지 아니하며, 한옥에 살지 않는다. 우리는 서구 스타일의 옷을 일반적으로 입고 있으며 서양 주택 양식을 응용한 아파트나 주택에서 살고 있다. 이런 변화에 우리는 편안함을 전통보다 우선시 하고 있다. 한복보다는 서구 옷이 편하다. 한옥보다는 서양 주택 양식이 편하다. 이제 전통은 특별한 날인 설날, 추석 등 명절에 지켜지는 상징적인 요소가 되어버렸다.

그러나 아직 우리의 전통 음식인 김치는 우리 식탁 위에서 쉽게 볼 수 있으며 없어서는 안 될 요소이다. 수많은 전통 음식이 편안함 때문에 우리 식탁 위에서 없어졌지만, 김치는 한국인의 식탁뿐만이 아니라 다양한 문화권에서 즐겨 찾는 음식으로 발전하고 있다. 이제 세계인들은 우리의 김치를 건강에 좋은 발효식품이라고 인식하고 있다. 우리가 김치를 사용하여 김치볶음밥, 볶은 김치, 김치전, 김치국, 김치찌개를 만들어 먹고 있듯이 세계 사람들은 김치를 피자 토핑으로 사용하고, 불고기와 함께 타코를 만들고, 햄버거 안에 볶은 김치나 생김치를 넣어 먹고, 중국 식탁에 야채 음식으로 나오고, 일본 식당에는 단무지 대신 작게 썰어 나오고 있다. 이렇게 소비자들에 의해 문화의 요소인 김치와 소비자의 음식 문화가 융합되고 있다.

예를 들어 대상이 미국 문화이고 제안 문화코드는 김치일 경우에 어떤 음식 문화코드 융합이 가능한지 [표 34]에 정리하였다. 제안 문화코드였던 김치는 융합 대상의 일반 문화코드이나 활성 문화코드인 바비큐, 피자, 타코에 의하여 일반 문화코드로 발전할 수 있는 가능성이 높다. 특히 긍정적인 이미지를 보유한 일반 문화코드가 융합되면 일반 문화코드가 될 가능성이 높다. 예를 들어 피자와 햄버거는 미국 어디서나 즐겨 찾는 음식이고 김치는 과학적으로 증명한 가장 건강에 좋은 발효식품이다. 이 두 음식이 융합하여 만든 음식은 소비자들의 관심을 높여준다. 만약 맛에 대한 경험이 긍정적이라면 소비자는 지속적으로 찾을 것이다. 이런 경험이 모인다면 어디서든 찾을 수 있는 음식으로서의 일반 문화코드가 될 수 있다. 하지만 제안 문화코드인 김치와 또 다른 제안 문

[표 34] 음식 문화코드 융합에 대한 소비자의 인식 변화: 김치와 미국 음식

음식 문화코드 융합에 대한 소비자의 인식 변화					
문화코드 융합		소비자의 인식 (미국인)			
도입 음식 (김치)	기존 음식 (미국)	제안 문화코드 (PCc)	비활성 문화코드 (ICc)	일반 문화코드 (GCc)	활성 문화코드 (ACc)
제안 문화코드 (PCc)	제안 문화코드 PCc: 설렁탕	O	X	X	X
제안 문화코드 (PCc)	비활성 문화코드 ICc: 월남국수	O	O	X	X
제안 문화코드 (PCc)	일반 문화코드 GCc: 바비큐	O	O	O	X
제안 문화코드 (PCc)	활성 문화코드 ACc: 피자	O	O	O	X

화코드인 설렁탕이 융합될 경우 한국인에게는 일반 문화코드겠지만 미국인에게는 생소한 음식 문화코드라 쉽게 다가설 수 없다. 그리고 월남국수와 같은 비활성 문화코드와 제안 문화코드인 김치가 융합될 경우에는 월남국수에 의해 비활성 문화코드가 될 수 있다. 비활성 문화코드는 소수의 소비자가 있고 언제든지 소비자가 바뀔 수 있는 문화코드이다.

2009년 미국 시장에 선보인 김치 브랜드가 있다. '장모김치' (Mother-in-Law's Kimchi (MILKimchi))는 미국 특수 소매점과 친환경 마트에서 판매되는 첫 번째 김치 라인이다. 일반 김치(House Napa Cabbage Kimchi), 무김치(Muu Daikon Radish Kimchi), 채식김치(Vegan Table Cut Napa Cabbage Kimchi), 채식흰김치(Vegan White Napa Cabbage Kimchi)를 판매하고 있으며 물김치 라인과 고추장 라인도 판매 중이다. MILKimchi의 새로운 소비자들을 구축하기 위해 제안 문화코드인 김치와 미국의 일반 문화코드 및 활성 문화코드를 융합하여 홍보하고 있다. 홍보 방법으로 MILKimchi는 김치 요리책을 출판하였고, 홈페이지에 김치로 만든 미국 음식 요리법을 선보이고, 소셜 네트워크인 인스타그램에서 요리를 공유하고 있다.

[그림 87]은 MILKimchi의 브랜드 로고타이프와 패키지디자인이다. 한국인에게는 생소한 김치 패키지디자인이다. 하지만 김치의 맛은 미국인의 입맛에 생소하고 이런 미국 시장에서 MILKimchi는 새로운 시장을 개척하는 브랜드이다. 그래서 한국에서 판매하는 원조 김치 패키지디자인의 본원적 기능에서 벗어나 미국인이 연상 할 수 있는 친환경, 유기농에 대한 일반 문화코드와 새로운 것을 쉽게 받아들이며 건강을 중요시

여기고 트렌드에 민감한 젊은 소비자층이 이해하는 본원적 기능을 기준으로 만든 새로운 패키지디자인이다. 이렇게 미국에서 일반 문화코드로 발전하고 있는 김치는 MILKimch 브랜드를 통해 김치 패키지디자인의 본원적 기능을 구축하고 있으며, 브랜드에 대한 젊은 소비자층의 인지도도 높여가는 추세이다. 주류 소비자들을 유혹하기 전에 트렌드의 추종자인 젊은 전문가 소비자층을 확보하는 중이다.

[그림 87] 미국 장모김치(Mother-in-Law's Kimchi (MILKimchi)) 브랜드

푸드 트럭(Food Truck)은 트럭을 개조해 음료수나 간단한 식사를 파는 곳이다. 푸드 트럭은 아무데나 주차하고 주변 직장인이나 사람들에게 식사를 판매하고 일정시간이면 떠난다. 이런 일반적인 푸드 트럭 이미지에서 탈피하여 로스앤젤레스의 유명 레스토랑으로 자리 잡은 푸드 트럭이

있다. 브랜드명은 고기(Kogi)이고 멕시칸 타코와 부리토에 한국식 BBQ 고기를 넣은 퓨전 음식이다. 목적지를 알지 못하는 기존 푸드 트럭의 이동 루트에서 트위터(kogibbq)와 웹사이트(kogibbq.com)를 통해 이동 경로를 메신저로 받을 수 있는 소비자와의 소통이 이루어졌다. 이런 서비스를 통해 고기 브랜드는 고정고객이 가능해졌다. 젊은 소비자들은 고기 푸드 트럭 찾아다니는 멋진 놀거리를 만들어준 대표적인 사례이다.[109]

관습 상징 문화코드 요소의 문화 분석

관습은 어떤 단체나 사회에서 오랫동안 지켜 내려오는 질서나 풍습이다. 경우에 따라 관습이 전통으로 발전하거나, 불필요하다면 없어지기도 하고, 시대와 사회에 맞게 바뀌지기도 한다.

'밸런타인데이'(Valentine's Day)는 매년 2월 14일에 연인들이 서로의 사랑을 확인하는 날이다. 밸런타인데이의 유례는 로마 가톨릭교회의 성 밸런타인 주교가 로마 황제의 명령이었던 혼인금지법을 어기고 혼인을 성사시키고 순교한 날이다. 이후 연인들은 이 날을 기념하여 용기 있게 사랑을 고백하고 선물이나 연애편지를 주고받는 관습이 생겼다. 그러나 시간이 흘러 지금은 상업적인 기념일이 되었다. 초콜릿을 보내는 관습은 19세기 영국에서 시작되었다. 일본에서는 여성이 남성에게 선물을 주는 날이라는 관습이 생겼다. 그리고 일본 제과업체들이 화이트데이를

---

109 정재학, 케빈 리(2015). 마케팅 성공사례 상식사전 삼성 기아 스타벅스 나이키 고객의 마음을 훔친 56가지 마케팅 이야기!. 길벗. pp. 160~162.

만들어 일본에 전파하고 한국과 대만도 이런 관습을 따르게 되었다. 국내에서는 밸런타인데이에 여자가 남자에게 초콜릿을 주고 다음 달 같은 날인 3월 14일 화이트데이에 남자가 보답하는 의미로 여자에게 사탕을 준다.

밸런타인데이를 상징하는 심벌은 다양하다. 심벌은 여러 가지 의미로 이루어진 복잡한 의사소통 수단이다.[110] 문화는 심벌을 통해 특정한 문화의 이념과 구조를 표현한다. 심벌은 사람들이 문화를 일반문화 또는 활성 문화코드로 인식하면서 만들어진다. 밸런타인데이의 활성 문화코드인 심벌은 붉은 장미, 붉은 하트, 로마 신화에 나오는 나체에 날개를 달고 활과 화살을 가진 아이의 모습인 사랑의 신 큐피드(Cupid), 러브버드(Lovebird), 비둘기, 사라의 매듭, 끈과 리본이 있다. 이 심벌들은 하나같이 사랑이라는 감동스러운 스토리를 담고 있다. 예를 들어 사랑의 매듭은 시작과 끝이 없는 매듭으로 영원한 사랑을 의미한다. 사랑의 매듭의 기원은 아랍 전통에서 시작되었다. 젊은 무슬림 여자가 사랑하는 남자에게 사랑을 고백하기 위해 카펫에 비밀스러운 메시지를 매듭으로 새겨 놓았다. 우리는 밸런타인데이에 사랑하는 사람을 위해 선물, 카드, 케이크, 행사를 준비할 때에 사랑의 메시지를 전달하기 위해 꼭 밸런타인데이의 활성 문화코드로 장식한다. 장식 하나 하나가 사랑하는 사람에게 사랑의 메시지를 전달하는 역할을 한다. 사랑의 심벌을 받은 상대방은 자연스럽게 사랑을 느끼고 만족할 것이다.

밸런타인데이는 사랑이라는 인류 문화의 활성 문화코드를 지키고 있

---

110 Womack, Mari. Symbols and Meaning: A Concise Introduction. California: AltaMira Press, 2005.

다. 그러나 모든 문화권이 밸런타인데이를 사랑을 표현하는 긍정적인 날이라고 보지는 않는다. 각 문화권마다 기념일을 다루는 관습이 다르다. 어느 문화권에서는 밸런타인데이의 활성 문화코드인 심벌들을 부정적으로 다루고 있다. 예를 들어 이란, 사우디아라비아 등 이슬람 국가에서는 밸런타인데이를 비 이슬람교인 유럽의 기념일로 인식하여 밸런타인데이 금지법을 만들었다. 이슬람 국가는 사랑이라는 문화코드보다는 종교라는 문화코드로 해석했기 때문에 밸런타인데이에 사랑을 나누는 젊은이들에게 태형이라는 끔직한 벌을 주고 있다. 이런 이유로 이슬람 국가에서는 밸런타인데이를 기념하지 않는다.

밸런타인데이에 미국과 유럽은 남녀가 함께 고백을 한다. 하지만 여자가 본인 마음을 표현하기 어려운 문화권인 일본, 한국, 대만은 먼저 여자에게 고백할 수 있는 기회를 주고, 남자는 나중에 답례를 하는 것이다. 그래서 한국의 밸런타인데이인 2월 14일에는 여자가 사랑하는 여자에게 초콜릿을 주며 사랑을 고백하고 화이트데이인 3월 14일에는 남자가 사랑하는 여자에게 사탕을 주며 사랑을 고백한다. 블랙데이인 4월 14일은 밸런타인데이와 화이트데이에 선물을 받지 못한 남녀가 짜장면을 먹는 날이다. 그리고 로즈데이인 5월 14일에는 연인들끼리 사랑의 표현으로 장미꽃을 주고받는다.

이 외에 크리스마스, 설날, 추석 등과 같은 명절도 국가와 문화에 따라 이를 기념하는 방법과 관습이 다르다. 이는 문화적 관습의 차이를 잘 나타내고 있다. 브랜드는 이를 잘 간파하여 브랜드전략에 적용하고 브랜드 터치포인트 디자인을 통해 그 대상 문화에 적합한 메시지를 구축하여 브랜드 이미지를 인식할 수 있도록 해야 한다. 이를 잘 활용한다면 활성 문화코드로서 브랜드가 될 수 있다. 가장 좋은 예로 한국의 대표적인 기념일인 빼빼로데이가 있다. 처음 롯데제과에서 1983년에 빼빼로를 판매하기 시작했다. 1996년부터 빼빼로데이가 유행하기 시작하면서 빼빼로데이인 11월 11일에는 친구나 연인들 사이에 '빼빼로' 과자를 주고받는 기념일이 되었다. 숫자 11월 11일은 빼빼로 모양인 길쭉한 초코막대 과자 네 개를 상징한다.

생활양식 상징 문화코드 요소의 문화 분석

생활양식은 라이프스타일(Lifestyle)이라고도 한다. 사회계층에 따라 라이프스타일이 다르기 때문에 그 사회계층 소비자들의 가치관을 기준으로 라이프스타일을 구분한다. 소비자들이 가지고 있는 가치관을 보조해주고 격려해주는 제품이나 서비스를 우리는 라이프스타일 브랜드라고 한다.

라이프스타일 브랜드는 소비자 자신의 아이덴티티인 사회계층을 표현하게 하고 소비자들은 비슷한 이미지의 라이프스타일 브랜드들을 모아 본인만의 스타일을 구축하기도 한다. 이런 소비 패턴이 지속적으로 이어지면 그 브랜드에 대한 충성도가 높아지고 브랜드에 의지하게 된다.

미국을 대표하는 하위문화[111]이며 아트운동인 힙합(Hip Hop) 문화는 뉴욕 브롱스(Bronx)에서 미국계 아프리카인과 히스패닉 청년들에 의해 1970년도에 선보였다. 일반 문화코드와 활성 문화코드인 힙합의 특성

---

111 하위문화(Subculture)는 상위 문화와 다른 독자적인 정체성이나 특성을 가진 상위 문화 내의 소집단의 문화 그룹이다.

으로는 MCing/Rapping, DJing, b-boying/breakdancing, graffiti art, knowledge, beatboxing, street entrepreneurism, language, fashion 등 아홉 가지의 독특한 요소인 활성 문화코드가 있다. 그 중에 MCing/Rapping, DJing, b-boying/breakdancing, graffiti art, beatboxing은 힙합의 대표적인 활성 문화코드이다.

힙합 라이프스타일 브랜드 중에 힙합과 오랜 역사를 같이한 브랜드 중에 하나인 '아디다스'(Adidas)는 80년대 초반에 힙합 개척자인 Run DMC를 트렌드 창조자로 내세워 아디다스 브랜드를 애용하는 이미지를 선전하였다. 이후 여러 힙합 가수들의 이름을 힙합 트렌드 창조자로 내세워 다양한 스타일의 신발을 디자인하였다. 이를 젊은 소비자들은 트렌드 추종자로서 스타일을 따르며 힙합 문화를 즐겼다. 이제 아디다스의 세 개의 줄무늬는 아디다스와 힙합의 활성 문화코드이면서 상징적인 심벌이기도 하다. 독일 패션 브랜드인 아디다스 브랜드는 힙합을 활성 문화코드로 발전시키기 위해 지속적으로 힙합 가수들을 영입하여 그들이 디자인한 신발을 인기리에 판매하고 있다. 아디다스의 주 소비자들인 힙합의 트렌드 추종자들은 비싼 가격에도 불구하고 아디다스를 구매하고 자랑스럽게 사용한다.

[표 35]를 보면 아디다스 브랜드는 문화코드 성장과정에 있어 도입기에 제안 문화코드를 사용하였다. 이 브랜드 분야에는 경쟁자가 없기 때문에 독특한 디자인인 산세리프체를 사용하였다. 1986년도부터 유명한 운동선수에서 미국의 신생 하위문화인 힙합의 아이콘인 가수 Run DMC를 대표 모델로 사용하면서 아디다스의 소비자층이 넓어졌다. 그리고 아디다스 브랜드는 대중화되기 시작하였다.

[표 35] 아디다스 브랜드의 문화코드 성장 과정

구분	문화코드 성장 과정		
	도입기	성장기	성숙기
문화코드	제안 문화코드(GCc)	일반 문화코드(GCc)	활성 문화코드(ACc)
기간	1900~1949년도	1950~1985년도	1986년도~
특징	스파이크 운동화 Jesse Owens	축구 운동화 올림픽 운동화	스포츠 힙합 Run DMC

[표 36]을 보면 소비자들이 연상하고 있는 요소는 운동화, 독일, 쿨, 줄무늬, 달리기, Run DMC, 힙합, 축구이다. 브랜드디자인 기능의 주요 기능은 본원적 기능을 중심으로 쿨한 운동화 이미지를 주기 위해 줄무늬, 사실적 이미지, 현대적 이미지 표현, 직접적 시각표현으로 아디다스 메시지를 전달하였고 파생적 기능으로 라이프스타일인 젊은 유명 운동선수가 운동하는 모습과 젊은 세대의 사람들이 활동하는 모습을 보여주어 아디다스 브랜드의 차별화를 만들었다. 이제 아디다스 브랜드는 글로벌 브랜드로서 독일이라는 연상 단어는 필요 없는 요소가 돼버렸다. 이렇게 역사가 오래된 브랜드는 일반 문화코드나 활성 문화코드가 다양하게 많아서 제안 문화코드를 받아들이기 어렵다. 그리고 소비자들의 기본적 욕구를 충족시키는 브랜드로서 물질문화를 본원적 기능 요소로 사용하고 있으며, 파생적 기능요소는 소비자들이 비슷하게 생각하는 관념문화를 사용하고 있다. 이로써 글로벌 브랜드의 기본 문화유형은 본원적 기능요소로서의 물질문화와 파생적 기능으로서의 관념문화라고 할 수 있다.

[표 36] 아디다스 브랜드의 문화분석과 브랜드디자인 기능 전략

문화분석과 브랜드디자인 기능 전략		
문화분석	브랜드디자인 기능	
	본원적 기능(PF)	파생적 기능(DF)
문화특성	운동화, 줄무늬, 달리기, 쿨	Run DMC, 힙합, 축구, 독일
문화코드	활성 문화코드(GCc)	활성 문화코드(GCc)
문화유형	물질문화	관념문화

힙합 문화와 힙합 트렌드의 트렌드 결정자는 뉴욕과 로스앤젤레스의 힙합 가수들이다. 트렌드 결정자들은 그들이 시도하는 제안 문화코드를 쉽게 활성 문화코드로 발전시킬 수 있다. 트렌드 추종자는 그 외 지역에서 활동하고 있는 힙합 가수들이다. 이들은 항상 MTV와 유튜브(YouTube)의 동영상을 보거나 XXL, Vibe, URB, Hype, The Source와 같은 힙합 전문잡지를 구독하여 힙합 스타일을 확인하고 있다. 초기 주류 소비자는 대부분 힙합 마니아들이다. 이들을 통해서 힙합 스타일이 주류 소비자층에게 전달되어진다. 이제 힙합 문화는 쉽게 일반대중이 경험할 수 있으며 힙합 브랜드를 쉽게 구입할 수 있다.

생활양식에 따른 한국의 문화코드는 요즘 세계적인 유행을 주도하는 '한류'에서 찾을 수 있다. 한류는 1990년대부터 전 세계적으로 알려지기 시작했다. 한류의 초기인 90년대에는 K-drama인 '대장금', '겨울연가', '궁'과 K-pop인 '원더걸즈', '비', '소녀시대'가 한국 문화와 유사한 문화권인 동, 남, 동남 아시아 전역에 전파하여 인기를 얻었다. 한류 초기에는 한국 문화와 상대적인 차이가 있는 미국과 유럽에 크게 인지도가 높지 않았다. 그러나 한류는 인터넷과 소셜 미디어를 통해 멋지고 세련된 한 편

의 영화 같은 K-pop 비디오를 전파하여 인터넷 세대들인 10대와 20대 젊은 소비자층에 의해 세계적인 트렌드로 발전하게 되었다. 트렌드 추종자인 젊은 소비자들은 한국의 일반 문화코드와 활성 문화코드인 음식, 화장법, 패션, 한국어, 한글, 관습, 전통 등에 관심을 갖고 애용하기 시작하였다. 그리고 이런 행동들이 국가 이미지를 높이고 관광 산업을 높이는 역할을 하였다.

한류가 성장기에 돌입한 가장 큰 계기는 2012년에 싸이(Psy)의 '강남스타일' 노래를 유튜브에 방영한 이후부터이다. 싸이의 '강남 스타일' 비디오는 서양인에게 제안 문화코드라고 할 수 있는 독특해 보이는 한국의 문화코드를 재미있게 풍자하여 관심을 갖게 하였다. 그리고 말 타는 자세의 춤을 노래의 기본 코드로 잡아 모든 사람들이 쉽게 음악에 맞추어 따라하게 하였다. 또한 노래 가사의 대부분은 '강남스타일'과 감탄사로 흥을 돋구었다. '강남스타일'이 유튜브를 통해 입소문이 난 후에, 지금까지 10억번 이상의 조회 수를 기록한 최초의 유튜브 비디오가 되었다. 이제 한류는 21세기의 시작 이후로 전 세계 다양한 문화사업과 문화코드에 크게 영향을 미치는 문화코드로 발전되었다. 한 예로 BTS(방탄소년단)는 2017년 11월에 개최한 미국의 권위 있는 뮤직 시상식인 '아메리칸 뮤직 어워드'(American Music Awards)에서 한국 가수 최초로 특별 초청을 받아 히트 곡 "DNA"를 공연하였다.

한국인과 외국인이 공통적으로 인정하는 현대 한국사회의 문화코드는 집단주의, 서열주의, 공권력에 대한 불신, 섹슈얼리티, 물질주의 등이 있다.[112] 이중에 문화산업의 문화코드로 활용할 수 있는 한국사회의 문

---

112 박치완, 김평수(2011). 문화콘텐츠와 문화코드: 글로벌시대를 디자인하다(문화콘텐츠학 총서 8). 한국외국어대학교출판부. pp. 170~194.

화코드는 집단주의, 섹슈얼리티, 물질주의이다. 서열주의와 공권력에 대한 불신은 문화산업의 문화콘텐츠 개발에 있어 부정적인 이미지를 담고 있는 문화코드이다. 외국에 관심을 줄 수 있는 문화산업의 문화콘텐츠에 외국인이 인정하는 한국의 공통적인 문화코드인 집단주의, 섹슈얼리티, 물질주의에서 한국적이고 긍정적인 요소를 찾아 전달한다면 한류는 힙합처럼 독특한 문화로서 세계적인 문화로 발전할 것이다.

보아, 원더걸즈, 세븐이 미국에 진출하여 성공하지 못한 경우가 있었다. 그리고 수많은 가수와 배우들이 세계의 엔터테인먼트와 트렌드의 발단지인 미국을 공략하려고 노력하고 있다. 하지만 결과는 어렵다. 같은 문화권에 사는 미국인들도 성공하기 어려운 미국의 문화산업인데 다른 문화권에 사는 한국인들이 미국 문화산업에서 성공하기에는 더욱 어렵다. 그래서 우리는 심도 있게 한국과 미국의 문화코드를 분석하고 유사한 문화코드, 차별된 문화코드, 융합할 수 있는 문화코드, 보여주지 말아야 할 문화코드, 발전해야 할 문화코드를 찾아 한류라는 활성 문화코드를 구축하여 문화콘텐츠의 다양한 장르와 아티스트를 양성하고 발전시켜야 한다.

[표 37]은 미국과 한국의 활성 문화코드를 비교한 표이다. 표에서 제시한 상이한 문화코드들은 한국 문화콘텐츠가 미국 사회에 문화적 갈등을 유발하는 중요한 요소이다.[113] 미국인들은 한국 문화콘텐츠를 생소하게 생각하고 부정적인 반응을 보여줄 것이다. 미국의 대표적인 활성 문화코드는 개인주의, 평등, 자유, 실용주의이다. 한국의 활성 문화코드인 집단

---

113 Ibid., pp.296~317.

주의, 섹슈얼리티, 물질주의와 연결하면 어떤 공식이 나올지 궁금하다.

[표 37] 미국과 한국의 활성 문화코드 비교

중요도	활성 문화코드 비교	
	미국	한국
1	개인주의	집단주의
2	평등주의	계층의 중시
3	자유	질서의 존중
4	실용주의	명분주의
5	법치주의	인본주의
6	다문화주의	단문화주의
7	청교도 전통	유교의 전통
8	개척정신	고향 사랑
9	과학, 기술의 신뢰	자연에 대한 경외심
10	미래 지향성	과거 지향성

[그림 88]은 한국관광공사(KTO)가 출간하고 있는 '한류'(Hallyu, The Korean Wave Magazine) 홍보 잡지이다. '한류' 잡지의 표지 이미지는 인기 한류 드라마 '궁'의 주연 캐릭터다. 산뜻한 젊은 여성과 그녀를 꾸민 전통 의상은 한국의 활성 문화코드인 집단주의와 섹슈얼리티를 상징하는 제안시각 문화코드이지만 다른 의미인 한국 전통과 한국을 전달하는 활성시각 문화코드이다. 최첨단 과학 기술과 통신 기술인 삼성 휴대폰은 한국의 활성 문화코드인 물질주의를 상징한다. 이렇게 활성 문화코드를 기준으로 제안시각 문화코드와 활성시각 문화코드를 융합하여 현대 한국의 한류를 상징적으로 표현했다. 그리고 한복과 휴대폰은 한국사회의

자료 제공: Albert Choi

[그림 88] 한국관광공사(KTO)의 한류 잡지(Hallyu, The Korean Wave Magazine)

과거와 미래를, 휴대폰 액세서리와 휴대폰은 개인주의와 실용주의를 상징한 직접적이고 체계적인 시각 표현을 기준으로 전통적 요소와 현대적 요소를 보유한 사실적 이미지로 표현하였다. 이런 차별화된 이미지와 브랜드 터치포인트 디자인을 통해 외국인들이 잡지와 한류에 관심을 갖고 수집하게 만들었다.

제12장

예술, 문학에 의한
문화코드 요소

예술은 미적 형상인 음악, 미술, 영화, 무용으로 사람들에게 감정과 사상을 전달한다. 문학은 예술의 일부분으로서 언어를 사용하여 감정과 사상을 전달한다. 이렇게 예술과 문학의 문화코드는 사람들에게 감정과 사상을 전달하는 역할을 한다.

예술 상징 문화코드 요소의 문화 분석

두 가지 분야가 합쳐진 예술인 건축, 오페라, 게임, 영화, 연극을 우리는 '종합예술'(Composite Art)이라고 한다. 특히 20세기의 대표적인 종합예술은 영화이다. 흑백텔레비전이 있기 전에 19세기 말부터 20세기 초에는 무성영화가 미국 문화를 하나로 만들었다. 다양한 건축 양식, 음식, 환경, 패션 등 상상했던 국제적인 도시인 뉴욕을 눈으로 확인할 수 있었다. 1920년대에 들어서 흑백영화에 소리를 입혔을 때에 오하이오 시골에 살던 사람들은 뉴욕의 자동차 소리, 뉴욕인의 억양과 매너, 뉴욕에서 유행하는 노래 등 문화에 대한 정보를 움직임과 함께 눈과 귀로 알 수 있었다. 그리고 1932년에 애니메이션 만화를 통해 첫 칼라영화가 상영되었다. 이제 소비자들은 영화를 보고 미국의 다양한 문화를 간접적으로 경험하게 되었다. 미국 문화의 큰 변화는 영화 기술이 발전하므로 가능해졌다. 제안 문화코드였던 유럽 이민자들의 문화는 영화와 텔레비전을 통해 일반 문화코드가 되었고 반복되는 영상으로 일반 문화코드는 활성 문화코드로 자리 잡았다. 짧은 역사를 갖고 있는 미국은 영화와 텔레비전을 통해 다양하고 차별화된 일반 문화코드와 활성 문화코드를 보유하게 되었다. 좋은 예로서 활성 문화코드인 티셔츠이다. 19세기에부터 남성 속옷이었던 티셔츠는 1929년의 대공황(Great Depression)과 2차 세계대전에 남자들이 바지위에 간단히 입었다. 하지만 1950년 젊은이들의 우상이었던 마론 브랜도(Marlon Brando)가 영화 'A Streetcar Named Desire'에서 즐겨 입었던 티셔츠는 젊은 세대의 남성들에게 아웃웨어(outwear) 패션 아이콘이 되었다. 그 후 1960년대부터 프린트 티셔츠는 기념품, 사회운동, 광고용으로 사용되었다. 이제 티셔츠는 속옷이 아닌 캐주얼 패션 아이템으로 발전하였다. 이렇게 영화는 거대하고 다양한 미국 지역 문화를 이어주고 일반 문화코드가 부족했던 미국의 문화를 활성화시키고 이로써 다양한 활성 문화코드를 구축하게 된 동기였다.

예술에는 그 시대를 대변하는 스타일이 있다. 이런 스타일은 그 시대의 미의 관점과 사상을 그대로 전달하고 있다. 시각 예술 중에 현대에서 가장 자주 사용된 스타일은 '팝아트'(Pop Art)이다. 매스미디어(Mass Media)와 광고 등 대중문화를 해석한 팝아트는 1960년대 미국 뉴욕을 중심으로 발전한 예술 운동이다. 대표 작가로는 앤드 워홀, 로이 리히텐슈타인 등이 있다. 팝아트 스타일은 볼드, 화려한 색상, 유머, 디자인 요소, 여러 스타일의 융합, 스트리트아트 등으로 표현할 수 있다. 팝아트는 고급문화 영역에서 다룬 대중문화이다.

브랜드가 특정 문화 아이콘과의 결합을 통해 구축될 때 하나의 '아이콘 브랜드'(Iconic Brand)가 된다.[114] 브랜드와 문화 아이콘 간의 결합 강도가 강해지면서 아이콘 브랜드는 문화 아이콘 자체가 되어 버린다. 문화 아이콘은 독특한 정체성 신화를 보유하기 때문에 소비자가 자아를 표현하는 데 무엇보다 훌륭한 수단이다. 그렇기에 한 브랜드가 아이콘 브랜드가 됨으로써 그 브랜드는 소비자와 깊은 유대의 관계를 가지는 것이다.[115]

'나이키'(Nike) 브랜드는 2014년도 여름에 Nike Kobe 9의 팝아트(Pop Art)를 선보였다. 미국의 유명 농구 선수인 코비 브라운(Kobe Brown)과 운동화 브랜드인 나이키가 협동하여 만든 나이키 라인인 Nike Kobe 9은 팝아트의 스타일을 모방한 농구화를 판매하였다. 코비는 가장 농구를 잘하는 선수였고, 농구의 아이콘이고, 청년층의 우상이고, 이 시대의 아이콘이기도 하다. 즉 코비는 그 시대의 일반 문화코드이다. 운동화를 대표하는 나이키는 운동화 브랜드에서 소비자가 신뢰하는 브랜드인 일반 문화코드이다. 이 두 일반 문화코드가 융합하여 브랜드 터치포인트 디자인을 통해 소비자들에게 농구화와 농구의 활성 문화코드로 인시된다. 미국 농구의 아이콘인 코비가 나이키 운동화를 신었기 때문에 나이키 농구화는 다른 농구화보다 격이 높은 브랜드가 되었다. 그리고 지속

---

114 Holt, D. B. (2004). How Brands Become Icons: The Principles of Cultural Branding. Boston: Harvard Business School Press.

115 우석봉(2007). 브랜드 심리학. 학지사. p. 213

적으로 기능적이고 멋진 농구화라는 이미지를 유지한 나이키 농구화 브랜드를 애용한 코비를 멋진 농구 선수로 인식하게 된다. 이렇게 두 일반 코드가 상호 작용하여 긍정적인 이미지를 협업한다. 그런데 팝아트는 예술이다. 예술이 운동과 기술에 어떤 관계를 이어주는 것일까? 팝아트는 예술이지만 대중문화를 대표하는 활성 문화코드이다. 누구나 팝아트 스타일을 보면 대중문화가 생각날 코드를 추가 하여 농구는 예술이라는 제안 문화코드를 만들었다. 또한 것이고 이런 개념을 바꾸기 불가능하다. 이렇게 팝아트 스타일을 사용하여 투박한 농구 일반 문화코드에 예술의 지적인 이미지인 일반 문화화려한 색상과 부드러운 유기적인 형태의 그래픽 요소는 치열하면서 화려한 농구 경기의 분위기와 특성을 잘 표현하였다.

이렇게 예술을 활용하여 브랜드의 특성과 이미지를 만들 수 있다. 여러 예술운동 중에 대중적인 팝아트 스타일은 브랜드의 브랜드 터치포인트 디자인 유형을 다루는데 있어 가장 많이 응용되고 있다. 그 중에 팝아트 예술가인 Andy Warhol, Keith Harring, Jean-Michel Basquiat, Claes Oldenburg, Robert Rauschenberg, Richard Hamilton, Roy Lichtenstein, Peter Blake의 스타일은 브랜드 터치포인트 디자인에 있어 자주 응용되는 스타일이다.

로버트 라우셴버그(Robert Rauschenberg)는 미국 팝아트를 대표하는 화가이다. 그는 사진과 사물을 이용한 콤바인(Combines) 회화를 만들었고, 차 후 그를 팝아트의 대표적인 예술가로 만든 그의 스타일은 시사적 화제의 이미지를 포토샵 레어와 같은 방법으로 배합한 표면에 오브제를 첨가하는 독특한 실크 스크린 기법이다. 로버트 라우셴버그의 이미지 콤바인 실크스크린 작품들은 많은 디자이너들에게 영감을 주었다.

자료 제공: Hornall Anderson, Seattle USA

[그림 90] 테라비다 (TeraVida) 쇼핑몰 편의 카페: 포장 패키지디자인

[그림 90]은 로컬브랜드인 '테라비다'(TeraVida) 쇼핑몰 편의 카페의 포장 패키지디자인이다. 패키지디자인의 이미지 스타일에서 로버트 라우셴버그의 '이미지 콤바인'(Image Combine) 실크스크린 스타일의 영향을 확인할 수 있다. 풍차 이미지와 꽃 이미지는 사실적 이미지(Literal Image)로 표현하였고 브랜드 색상인 오렌지와 브라운을 사용하여 이미지에 모노톤 효과를 주어 테라비다 브랜드의 연상 요소인 지구와 라이프의 균형적인 삶을 표현하였다. 그리고 지구와 라이프를 표현하는 이미지 사

이 중간에 위치한 대문자 'Terravida' 로고타이프는 자연스럽게 이미지와 결합하면서 지구와 라이프를 연결하는 브랜드라는 메시지를 소통하고 있다.

브랜드의 네임인 '테라비다'(Terravida)는 라틴어로 지구와 라이프란 의미가 있다. 지구와 라이프를 표현하기 위해 추상적 사실적 이미지(Literal Image) 형식의 사진을 형태적으로 모방하여 브랜드의 메시지를 전달했다. 그리고 형태적 모방과 지구와 라이프라는 브랜드 콘셉트를 로고타이프에도 적용했다. [그림 91] 커피빈 패키지디자인의 옆면은 로버트 라우센버그의 '이미지 콤바인' 실크스크린 스타일을 사용한 테라비다의 자연주의 사진 이미지와 라이프를 표현했다. 앞면은 크게 자연적인 느낌의 로고타이프와 앱스트랙트 마크를 배치하여 로버트 라우센버그의 이미지 콤바인 실크스크린의 느낌을 강조하였다.

'앱솔루트 보드카'(Absolute Vodka) 브랜드는 활성 문화코드로 투명한 유리병에 박힌 음각 라벨의 모던 스타일을 추구하였다. 엡소루트 보드카는 1979년 미국에 진출하면서 세계시장에 처음 소개되었다. 그 후 40년 동안 일관된 브랜드 아이덴티티 활동을 펼치며 명확하고 차별화된 브랜드 포지셔닝을 구축했다. 'Be Bold, Dare to Challenge'를 브랜드 철학으로 삼아 탄생 초기부터 명확한 브랜드 아이덴티티를 정립해왔다. 이러한 브랜드 정신은 앱솔루트 보드카의 특징인 병 모양과 투명한 음각 라벨 등 사람들이 갖고 있는 편견, 관습, 기존의 틀을 깨는 시도에서 발견할 수 있다. 앱솔루트 보드카가 탄생 이래 철저하게 지켜온 '원 소스'(One Source) 원칙에 따라 여전히 스웨덴의 '아후스'(Ahus) 지역에서 재배한 원료만을 사용하고, 그곳에서 전 세계로 나가는 전량을 생산한다.

자료 제공: Hornall Anderson, Seattle USA

[그림 91] 테라비다 (TeraVida) 쇼핑몰 편의 카페: 커피빈과 일회용 컵 패키지디자인

메시지를 여러 가지 전달하는 것보다 한 가지의 핵심 메시지를 꾸준하게 전달하는 것이 소비자의 마음속에 자리 잡는 방법이다. 소비자에게 하나의 메시지를 꾸준히 전달하다 보면 언젠가는 각인이 되고 브랜드

이미지가 명확하게 인식된다. 2014년 하반기에 플레이버(flavoured) 디자인을 반영한 병이 새롭게 출시되었다. 핵심 타깃인 젊은 층의 라이프스타일, 그들의 관심, 행동 패턴 등을 분석한 결과다. 1985년 앤디 워홀과의 첫 번째 협업을 통해 앱솔루트 보드카는 남과는 다른, 기존의 틀을 깨는 브랜드 정신을 표현했다. 그때부터 예술은 앱솔루트 보드카의 활성 문화코드며 브랜드 DNA가 되었다. 그 후 1500명이 넘는 다양한 분야의 예술가와 협업을 진행했다. 앱솔루트 보드카가 지금까지 협업한 예술가들은 시대를 대표하는 예술가들이 대부분인데 그 예술 분야에서 주목받는 유망주이자 라이징 스타이다.[116]

문학 상징 문화코드 요소의 문화 분석

문학은 언어로 이루어진 작품이고 창작과 평론으로 구성되어 있다. 문화를 발전시키는데 문학은 중요한 역할을 한다. 문학은 언어로서 스토리를 전개하고 상상력을 높여준다. 또한 문학은 스토리를 둘러싼 사회적 역사적 문화적 요소가 담겨져 있다. 좋은 문학은 다른 매체인 텔레비전과 영화로 재해석되어 전달하는 경우가 많다. 이런 경우 상상력에 의존했던 스토리가 눈과 귀로 확인하는 단계에서 배우들과 환경에 의해 직접적인 감정과 감동이 생기며, 스토리를 상징하는 요소는 사람들로 하여금 소유하고 싶은 경험하고 싶은 욕구를 일으킨다. 그래서 문학이 영화로 재해석될 때 문학은 상품화가 되어버리고 대중문화가 되어버린다.

---

116 인터브랜드(2015). 의미부여의 기술. 엔트리. pp.152~158

노벨문학상을 수상한 존 스타인백(John Ernst Steinbeck, Jr,)의 작품은 따뜻한 인간미가 있고 노동자들의 생활을 잘 그려냈다. 1952년에 출판한 그의 작품 '에덴의 동쪽'(East of Eden)은 줄리 해리스와 제임스 딘이 주연한 영화로 제작되어 1955년에 개봉하였다. 50년대의 미국 젊은이들의 정서를 잘 나타내는 영화이다. 제임스 딘이 처음 출연하였고 그를 스타로 만든 영화이기도 하다. 이 영화의 주연인 제임스 딘의 제스쳐, 말투, 패션은 바로 젊은이들의 트렌드로서 미국의 일반 문화코드가 되었다.

조앤 롤링(J. K. Rowling)의 판타지 소설인 '해리포터'(Harry Potter)는 1997년 첫째 작품인 '해리포터와 마법사의 돌'(Harry Potter and the Socerer's stone)이 출판되었고 전 세계적으로 베스트셀러가 되었다. 그 후 워너브라더스(Warner Brothers)영화사는 2001년 첫 영화를 개봉하였다. 총 7권의 해리포터 시리즈가 출판되었고 모두 영화로 만들어져 블록버스터(Blockbuster)급이 되었다. 그리고 해리포터의 스토리와 캐릭터들은 소설 외에 비디오 게임, 캐릭터 상품들로 제작되고 해리포터 마니아들이 영화를 직접 체험할 수 있는 해리포터 투어가 영국 런던 근교에 위치한 워너브라더스 스튜디오와 일본 오사카에 위치한 워너브라더스 스튜디오에서 운영되어 영화의 캐릭터인 마법사가 될 수 있는 기회를 주고 있다.

해리포터는 소설에서 캐릭터들의 관계를 설명하는 스토리와 캐릭터들의 삶이 있는 세계를 자세하게 표현하기 위해 실제 장소를 사용하였고 실제 볼 수 있는 물건들을 응용하였다. 이를 통해 스토리는 좀 더 흥미로워질 수 있었다. 그리고 캐릭터가 10대 청소년기와 청년기로 성장하는 과정을 다루고 있어 청소년들로 하여금 처음으로 두꺼운 책을 읽게 하였다.

해리포터는 물질문화, 행동문화, 관념문화를 기준으로 문화코드를 제안하고 활성화하였다. 영화에서 볼 수 있는 여러 가지의 물건들은 쉽게 구매 할 수 있고 경험할 수 있다. 그래서 소비자들은 해리포터 스토리를 더욱 생동감 있게 느낄 수 있다. 이제 스토리는 문화코드로서 다양한 방법으로 소비자들에게 스토리에 몰두하게 하였고 나아가 소비자들이 스토리를 소유하고 체험할 수 있도록 캐릭터 상품과 공간을 제공하고 있다. 이제 해리포터는 21세기의 글로벌 문화산업을 대표하는 아이콘으로서 문화브랜드이다.

1944년에 저자 마가렛 랜던(Magaret Landon)이 출판한 '앤나 앤드 시암 킹'(Anna and the King of Siam)은 실제 경험을 바탕으로 한 전기 소설이다. 이 이야기는 19세기 말 태국 시암의 영어 선생님인 안나를 이야기하는데, 그는 '몽쿠트'(Mongkuk) 왕의 많은 아이들과 아내들의 선생님이 된다. 소설은 안나의 일인칭 관점에서 시암 사람들과 그들의 문화에 대한 세부 사항들을 내러티브하게 이야기하여 서양 문화권 사람들에게 낯선 이국적인 문화코드를 경험하게 하는 역할을 하였다. 독자는 아바타 같은 앤나 캐릭터를 통해 이국적인 제안 문화코드인 시암 문화를 경험한다. 이런 방법으로 사람들의 호기심과 관심을 끌 수 있었다.

[그림 92]는 안나 선생 역할을 맡은 조디 포스터(Jodie Foster)와 몽쿠트 왕 역할을 맡은 주윤발이 주연인 1999년도 '앤나 앤드 더 킹'(Anna and the King)의 브랜드 프레스킷(Brand Press Kit)[117]이다. 미국의 영화와 음악을 주도하는 할리우드 문화 산업은 시사회, 공연, 판매 등 소비자에게 동

---

117 브랜드 프레스킷(Brand Press Kit)는 브랜드에 대해 언론, 구매자, 소비자에게 브리핑하기 위해 제공되는 홍보 자료 패키지이다.

자료 제공: Tornado Design, Los Angeles, USA

[그림 92] '앤나 앤드 킹'(Anna & the King) 프레스키트(Press Kit)

기 부여를 주기 위해 브랜드 터치포인트 디자인인 상품권, 티셔츠, 모자, 가방, 수건, 상패, 특별 기획물 등을 전략적으로 활용한다. 블록버스터 급 영화와 음악은 브랜드 프레스킷과 같은 특별 기획으로 제작한 한정 판 패키지를 판매하거나 수집하게 한다.

자료 제공: Hamagami/Carroll, Inc., California, USA

[그림 93] 디즈니의 '라이온 킹'(Lion King) 프로모 패키지(Promotional Package)

[그림 93]은 디즈니의 '라이온 킹'(Lion King)의 브랜드 터치포인트 디자인인 프로모 패키지(Promotional Package)이다. 디즈니의 블록버스터 애니메이션 영화인 라이온 킹의 DVD와 블루레이를 출시하기 전에 디즈니는 다양한 협력 브랜드(Collaborative Brand)를 활용하여 홍보하고 협력 브랜드는 디즈니 영화의 브랜드 연상 요소의 도움을 받아 판매를 높이고 브랜드 이미지를 향상시킬 수 있다. 사람들은 어디를 가나 라이온 킹을 만날 수 있다. 아침에는 켈로그 시리얼 패키지에 그려진 장난꾸러기 라이온 킹 캐릭터를 만날 수 있었다. 학교에서는 자기가 좋아하는 라이온 킹 캐릭터가 그려진 필기도구와 공책을 사용한다. 저녁에 식구가 맥도날드에서 라이온 킹 캐릭터 장난감을 받으려고 해피밀 세트를 주문한다. 이렇게 다양한 터치포인트 방법으로 일상생활에서 라이온 킹을 만난다.

프로모 디자인의 동기 부여 기능은 협력 디자인 전략을 통해 브랜드를 쉽게 인식시킨다. 협력 디자인 전략은 다양한 분야의 브랜드가 같이 협력하여 공통된 문화코드를 구축하는 방법이다. 라이온 킹의 협력 브랜드인 디즈니, 맥도날드, 켈로그 시리얼, 학용품 브랜드가 공동으로 추구하는 문화코드는 라이온 킹의 스토리인 사랑과 행복이다. 이런 라이온 킹이 제공하는 문화코드는 협력 브랜드의 브랜드 이미지와 브랜드 연상을 구축하는데 도움이 된다.

제13장

종교, 신념에 의한
문화코드 요소

다양한 종교와 신념이 인간을 인간답게 산다는 것을 생각하게 만들었다. 그리고 인간에게 선과 악을 구분 짓게 하고 삶에 있어 행복의 기준을 찾도록 하였다. 종교에 있어 가르침, 스토리, 캐릭터, 장소, 시간, 물건은 그 종교의 활성 문화코드로서 물질문화, 행동문화, 관념문화로 나누어 신앙공동체를 하나로 통일시킨다. 신념은 굳게 믿는 마음으로 신념이 강한 소비자들은 제안 문화코드와 트렌드를 수용하기 어렵다. 하지만 만약 활성 문화코드나 일반 문화코드에 대한 신념이 강한 소비자들은 강한 브랜드 충성도를 보여준다.

종교 상징 문화코드 요소의 문화 분석

'신과 인간을 잇다'를 의미하는 '종교'(Religion)는 특정한 신앙 체계를 공유하는 신앙공동체이다. 인류의 종교는 기독교, 힌두교, 불교, 유대교, 이슬람 등 대표적으로 다섯 가지를 들 수 있다. 다양한 종교 속에서 같은 신앙을 믿는 사람들끼리 구분 할 수 있는 방법은 독특한 활성 문화코드이다. 다양한 활성 문화코드 중에 심벌은 쉽게 종교를 상징한다. 사람들은 종교 심벌을 보고 종교를 판단할 수 있다. 모든 종교 심벌들은 활성 문화코드로서 쉽게 인식하게 하고 쉽게 바뀌지 않는 문화코드이다. 활성 문화코드인 심벌을 통해 신앙공동체는 같은 생각과 믿음을 갖고, 일반적으로 같은 행동을 취하고, 기본적 욕구를 충족시킨다.

기독교는 예수를 그리스도(메시아, 구세주)라고 하는 종교이다. 기독교는 예수의 가르침을 따른다. 가장 많이 사용하는 기독교의 심벌은 십자가이다. 십자가는 예수님의 십자가형으로 죽음과 부활을 상징한다. 물고기는 기독교에서 십자가 다음으로 많이 사용하는 심벌이다. 그리스도의 인격과 신도들의 찬양을 간결하게 기술한 그리스어 단어인 "Iesous Christos Theou Yios Soter (Ἰησοῦς Χριστός, Θεοῦ Υἱός, Σωτήρ)"를 번역하면 "Jesus Christ, Son of God, Savior"이다. 이 그리스어 단어의 첫 글자들을 모으면 단어 '물고기'(Ichthys, ΙΧΘΥΣ)가 나타난다. [그림 94] 참조.

출처: Inyong Choi

[그림 94] 기독교의 심벌: 십자가와 물고기

불교는 기원전 6세기경 인도의 고타마 부처에 의해 시작된 종교이다. 진리를 깨달아 '부처'(깨우친 사람)가 될 것을 가르치는 종교이다. 불교의 심벌인 팔정도는 고귀한 여덟 개의 올바른 길인 '빤나'(지혜), '시라'(윤리), '사마디'(집중)를 의미한다. [그림 95] 참조.

출처: Inyong Choi

[그림 95] 불교의 심벌: 부처와 팔정도

힌두교는 고대 인도에서 기원전 1,500년 경에 발생하였고 다신교적 일신교(여러 신을 인정)이며 특정한 창시자가 없다. 네팔의 국교는 힌두교이다. '옴'자는 '아트만'(영혼, 내적 자아)과 '브라흐만'(궁극적 실재, 우주, 진리, 신, 우주 원리, 지식)을 의미한다. [그림 96] 참조.

출처: Inyong Choi

[그림 96] 힌두교의 심벌: '옴' 글자

유대교는 유대인들의 신앙과 철학이며 삶의 방식이다. 유대교의 심벌인 다윗의 별은 정 삼각형 두 개를 겹쳐서 꼭지 점 여섯 개의 별 모양이다. 17세기부터 많은 유대인들이 유대교를 상징하는 심벌로 사용하기 시작하였다. [그림 97] 참조.

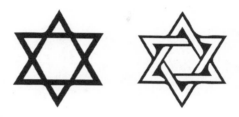

출처: Inyong Choi

[그림 97] 유대교의 심벌: 다윗의 별

이슬람은 무함마드를 예언자로 하며 '알라'를 단일 신으로 하는 종교이다. 이슬람은 복종, 순종이란 의미를 갖고 있다. 이슬람 남자 신자는 '무슬림'이라고 하고 여자는 '무슬리마'라고 한다. 이슬람 종교의 심벌 초승달은 알라를 상징하고 진리의 시작을 의미한다. 꼭지 점 다섯 개인 별 모양은 '샤하다'(신앙고백), '쌀라'(기도), '라마단'(금식), '자카트'(희사), '하지'(성지순례) 등 다섯 가지 율법을 의미한다. [그림 98] 참조.

출처: Inyong Choi

[그림 98] 이슬람의 심벌: 초승달과 별

종교는 관념문화이고 그 종교를 상징하는 심벌은 활성 문화코드이며 활성시각 문화코드이다. 종교의 관념과 심벌은 쉽게 없어지지 않으며 바뀌지 않는다. 어떻게 보면 종교는 인류 역사에서 최초의 글로벌 브랜드라고 할 수 있다. 어떤 문화에 속한 것인지 관계없이 믿음을 중심으로 사람들을 하나의 심벌과 관념으로 통일시키는 힘이 있다. 이런 종교의 특성은 대부분의 브랜드가 원하는 목표이기도하다. 브랜드 중에서 이런 종교적인 특성을 보유한 브랜드가 있다. 맥도날드는 소비자들의 문화에 상관없이 맥도날드 브랜드의 관념을 수용하게 만든다. 행복한 식사를 할 수 있는 장소라고 믿는다. 그리고 언어가 아닌 심벌만 보아도 맥도날드가 연상되어 맛을 다시 기억하게 한다. [그림 99] 참조.

출처: https://www.mcdonalds.com/us/en-us.html

[그림 99] 맥도날드(McDonald's)의 브랜드 아이덴티티 마크

신념 상징 문화코드 요소의 문화 분석

신념은 굳게 믿는 마음이다. 자신이 가진 견해 및 사상에 대하여 흔들림 없는 태도를 취하며 변하지 않는 것이다. 소비자가 브랜드에 대해 신념을 강하게 느낀다면 그 브랜드의 브랜드 충성도 높을 수 있다. 신념은

긍정적인 브랜드 연상이 활성 문화코드로서 작용할 때 이루어진다. 그래서 브랜드는 충성적인 소비자를 구축하기 위해 브랜드에 대한 소비자의 신뢰를 유지하고 일관된 브랜드 이미지를 관리해야 한다. 한 순간의 방관하는 브랜드 관리가 소비자들의 신념을 무너트릴 수 있으며, 브랜딩에 있어 치명적일 수 있다.

하트(♥) 심벌은 사랑을 상징한다. 사랑의 의미는 어떤 사람이나 존재에 대한 강한 긍정적 감정으로 몹시 아끼고 귀중이 여기는 마음이나 행동이다. 사랑은 기본 감정 중에 행복과 연관이 있고, 행복이나 사랑을 이미지로 표현 할 때 하트 심벌을 사용하기도 한다. 그래서 하트 심벌은 표의문자(Ideogram)[118]로서 모든 감정의 중심에 있는 심장의 은유적 상징적 의미를 담고 있다.

1977년 이후 미국 뉴욕의 관광을 장려하기 위해 사용된 광고 캠페인 슬로건은 'I Love New York'이고, 로고는 I ♥ NY이며, 'I Love New York' 노래도 있다. 다양한 용도로 사용할 수 있는 유명한 I ♥ NY로고는 뉴욕 디자이너 밀튼 그래이저(Milton Glaser)에 의해 1976년에 제작 되었다. 로고의 기본 서체는 둥근 슬래브 세리프 서체인(American Typewriter)[119]로 단어 '나는'인 대문자 'I'를 시작으로, 그 옆에 사랑을 상징하는 빨간색의 하트(♥) 심벌이 있고, 그 아래에 뉴욕의 머리글자인 대문자 'N'과 'Y'로 구성되어 있다. 뉴욕인은 I ♥ NY 티셔츠를 뉴욕을 사랑하는 마음으로 자랑스럽게 입고 다닌다. 이런 행동은 뉴욕인의 뉴욕에 대한 신념을 보여준다. 관광객들은 뉴욕 방문을 기념하기 위해 I ♥

---

118 표의문자(Ideogram)는 아이디어나 개념을 표현하는 그래픽 기호이다.

119 AmericanTypewriter는 International Typeface Corporation을 위해 1974년에 조엘 카든(Joel Kaden)과 토니 스탠(Tony Stan)이 디자인한 슬래브 세리프 서체이다.

NY 티셔츠를 구매하여 입고 다니지만 뉴욕인이 갖고 있는 뉴욕에 대한 신념은 없다. 하트는 사랑을 쉽게 인식할 수 있고 쉽게 바뀌지 않는 신념을 상징하는 활성 문화코드로서의 심벌이다. 뉴욕의 머리글자인 대문자 'NY'은 뉴욕의 특징을 쉽게 인식할 수 있고 쉽게 바뀌지 않는 신념을 상징하는 활성 문화코드이다. 이렇게 사랑을 표현하는 주체인 '나는'(I)은 두 개의 신념을 상징하는 활성 문화코드와 융합하여 메시지를 전달하였다. 사람들은 I ♥ NY를 본인의 표현 및 소통 도구로 사용하고 있다.

사람들은 장인의 신념을 판단하여 프리미엄 브랜드, 럭셔리 브랜드, 브랜드 리더를 인정한다. 장인의 신념을 보유하고 있는 브랜드들의 활성 문화코드인 오랫동안 변하지 않는 브랜드의 특성과 약속은 소비자들로 하여금 브랜드를 신뢰하게 한다. 또한 브랜드의 신념은 브랜드가 약속하는 미션이기도 한다.

오스트리아에 설립된 '스와로브스키'(Swarovski)브랜드는 1895년부터 창립자 다니엘 스와로브스키(Daniel Swarovski)가 장인 기술로 만든 완성도 높은 크리스탈 액세서리 제품을 만든다. 혁신과 디자인에 대한 그의 지속적인 열정으로 인해 그는 세계 최고의 보석 및 액세서리 브랜드를 만들었다. 스와로브스키의 신념이며 활성 문화코드는 1891년 창립자 다니엘 스와로브스키의 비전인 "만인을 위한 다이아몬드"(a diamond for everyone)에서 시작되었다. 그는 크리스탈을 정밀하게 깎을 수 있는 기계를 발명하였고, 그는 크리스탈의 새로운 시대를 열어주었다.

20세기에는 파리의 패션디자이너와의 공동 프로젝트를 계기로 명품 브랜드인 디오르(Dior)와 함께 새로운 패션 액세서리 시장을 개척하였다. 그리고 명작 영화인 'Diamonds are a Girl's Best Friend'와 'Breakfast at Tiffany's'에서 아름다운 스와로브스키 크리스탈을 선보였다. 특히 1962년 5월 19일에 마릴린 먼로(Marilyn Monroe)가 스와로브스키 크리스탈 드레스를 입고 케네디 대통령에게 노래를 부른 역사적인 순간은 누구도 잊지 못할 것이다. 1980년에 첫 매장을 개장한 후 현재 170개의 국가에서 2,800개의 매장을 운영하고 있는 글로벌 럭셔리 브랜드인 스와로브스키는 현대 여성의 아름다움의 일반 문화코드로서 발전하였다.

제4부

브랜드 유형에 따른 기본 문화코드 브랜드디자인 전략

지식 체계, 감성 체계인 브랜드디자인은
문화코드를 활용하여 소비자의 기억과
마음속에 오랫동안 남아 있도록 노력한다.

제4부 브랜드 유형에 따른 기본 문화코드 브랜드디자인 전략에서는
다음과 같은 질문을 설명하였다.

로컬 브랜드는 어떻게 문화코드를 사용하나?
지역 브랜드는 어떻게 문화코드를 사용하나?
내셔널 브랜드는 어떻게 문화코드를 사용하나?
글로벌 브랜드는 어떻게 문화코드를 사용하나?
문화코드가 중요한 이유?

[그림 100] 아마존(Amazon) 온라인 쇼핑몰 브랜드 아이덴티티 마크

아마존(Amazon) 브랜드는 1994년에 제프 비조스(Jeff Bezos)가 미국 시애틀 시에 창업하였다. 처음에는 서적 만 판매하였는데 CD와 DVD를 판매하고, 이제 다양한 제품을 판매하고 있는 세계에서 가장 규모가 큰 인터넷 쇼핑몰이다. 아마존 브랜드는 글로벌 브랜드, 서비스 브랜드, 차별 브랜드, 온라인 브랜드, 상징적 브랜드이다. 그리고 다양한 가격을 다루는 온라인 쇼핑 브랜드이다. 로고타이프는 친근한 이미지의 소문자와 약간의 세리프가 있는 서체이다. 아마존에서는 행복한 쇼핑 경험 (스마일 모습의 입)을 할 수 있으며, 모든 상품 A에서 Z까지(스마일 입 꼬리가 A와 Z에 위치함) 찾을 수 있다.

제14장

로컬 브랜드의
문화코드 브랜드디자인 전략

　로컬 브랜드는 서울, 부산, 보성, 동대문, 가로수길, 베벌리힐스, 헐리
우드와 같은 한 국가의 특정 지역의 소수 단위 지역을 대상으로 홍보 및
판매를 실행하는 브랜드이다. 로컬 브랜드는 지역 소비자들의 신뢰를 높
이는 지역적 특징을 브랜딩 요소로 사용한다.

　서울 '신당동 떡볶이 타운'은 한국의 70, 80년대 정감을 느낄 수 있는
거리로서 대부분의 떡볶이 가게들은 20~30년 이상 한 자리에서 장사를
하고 있다. 소비자들은 한국의 활성 문화코드인 떡볶이를 저렴하게 먹
을 수 있고 한국의 70, 80년대의 활성 문화코드인 간판, 인테리어, 거리
환경, 사인 등 환경을 경험하며 옛 향수에 젖고자 찾아온다. 특히 21세
기에 태어난 젊은 세대들은 옛 한국의 역사와 문화를 체험할 수 있는 중
요한 장소이다. 이런 긍정적인 문화코드를 보유한 로컬 브랜드는 한 역
사를 증명하는 역할을 하고 역사라는 활성 문화코드로 인해 로컬 브랜
드가 강화될 수 있다. 하지만 여기에 현대적인 커피 카페와 같은 제안
문화코드가 로컬 브랜드에 융합될 경우에는 브랜드 연상과 브랜드 개성
에 부정적인 영향을 준다. 반면에 지금은 사라져버린 다방과 같은 시대
에 맞는 일반 문화코드와 융합될 경우에는 브랜드 연상과 브랜드 개성

을 촉진시킨다.

로컬 브랜드의 최소 단위인 거리문화는 내일의 주류시장을 만든다. 현재 젊은 세대는 세계를 조정할 수 있는 위치에 있다. 젊음의 자기표현이라는 강력한 욕구가 거리문화의 원동력이다. 집단적 믿음이 유행을 창조한다. 거리는 무엇이 최신유행이며 무엇이 대안인지를 규정하고 해석하고 있다. 거리문화는 다양한 하위문화로 구성되어 있다. 그중에 음악과 패션은 그 시대 문화의 특성을 가장 뚜렷하게 대변한다. 문화의 다양성은 소비자에게 다양한 차이를 즐기도록 가르쳐왔다. 거리문화의 다양성이 시간이 지나면서 고유문화로 성장했다.[120]

사업가의 영문 단어인 'entrepreneur'는 '시도하다' '모험하다'라는 뜻을 가진 프랑스어 'entreprendre'에서 유래되었다. 즉 사업가는 결과가 불확실한 시장에서 새로운 사업으로 도전하는 사람이다. 이런 사업가 정신을 가진 로컬 브랜드의 사업가들은 로컬브랜드의 강점인 속도와 유연성을 기준으로 브랜드를 관리해야한다. 로컬브랜드는 수많은 경영 계층이나 대규모 판매 조직이 없기 때문에 마케팅 계획과 전략 및 전술을 상황에 맞춰 즉각적으로 바꾸고 변화를 꾀할 수 있다. 시장의 변화, 경쟁자의 책략, 서비스 틈새시장, 경제 현실, 새로운 미디어, 뉴스 가치가 있는 사건 그리고 최종 제안에 즉각 대응할 수 있다.[121] 소기업인 로컬 브

---

120 서정희 (2005). 소비자트렌드 예측의 이론과 방법. 내하출판사. pp. 105~113

121 박희라(역)(2009), Levinson, Jay Conrad; Levinson, Jeannie; Levinson, Amy(저)(2007). 게릴라 마케팅 마케팅 전쟁에서 열정과 민첩함으로 승부하는 게릴라 마케터들의 지침서(Guerrilla Marketing Easy and Inexpensive Strategies for Making Big Profits from Your Small Business, Mariner Books). 비즈니스북스. pp. 59~63.

랜드의 강력한 무기는 다양한 마케팅 도구를 결합하는 것이다. 이러한 브랜딩의 마케팅 도구는 브랜드 터치포인트 디자인이다. 브랜드 터치포인트 디자인으로는 웹사이트, 방문 판매, 개별 편지, 텔레마케팅, 전단과 브로슈어, 게시판 광고, 안내 광고, 실외 광고, 다이렉트 메일, 샘플, 세미나, 시연회, 이벤트 후원, 박람회 출품, 티셔츠 광고, PR, 서치 라이트 사용, 판촉물, 전화번호부, 신문, 잡지, 라디오, 텔레비전, 대형 광고판, 블로그, 입소문 등이 있다. 브랜드 터치포인트 디자인이 브랜드, 이벤트, 기획을 기준으로 소비자들을 설득할 수 있는 욕구 충동 기능을 보유하려면 디자인 세트로 사용해야 한다.[122] 그리고 로컬 브랜드에 있어 가장 중요한 소비자와의 관계 요소는 신뢰이다. 로컬 브랜드의 기본 소비자 분류는 로컬 소비자들이 가장 많고 타 지역 소비자는 입소문이나 특성화 지역 방문으로 만날 수 있다. 로컬 브랜드는 브랜드의 전문성에 기초한 소비자들의 믿음, 고객에 대한 배려를 나타내는 호의, 브랜드 품질 및 서비스에 대한 정직성 등으로 신뢰를 얻을 수 있다.[123]

로컬 브랜드와 문화코드 브랜드디자인 방법론(CCBD)의 관계를 설명하고자 이탈리아 밀라노의 DESIGN FOR FOOD+ 전시 이벤트 사례를 다음과 같이 정리하였다.

---

122 박희라(역)(2009), Levinson, Jay Conrad; Levinson, Jeannie; Levinson, Amy(저)(2007). 게릴라 마케팅 마케팅 전쟁에서 열정과 민첩함으로 승부하는 게릴라 마케터들의 지침서(Guerrilla Marketing Easy and Inexpensive Strategies for Making Big Profits from Your Small Business, Mariner Books). 비즈니스북스. p. 49.

123 홍성준(2005). 차별화의 법칙 소비자를 유혹하는 24가지 키워드. 새로운제안. pp. 98~102.

로컬 브랜드와 브랜드 유형의 특성

[기초단계: 2장 참조]

　이탈리아 밀라노의 DESIGN FOR FOOD+ 전시 이벤트의 브랜드 유형은 9장의 [표 18] 문화코드 브랜드디자인 방법론의 기초 단계: 브랜드 유형 구분 표를 사용하여 분류한다. [표 38]은 DESIGN FOR FOOD+ 전시 이벤트를 분류한 브랜드 유형 구분 표이다.

[표 38] 브랜드 유형 구분 표: DESIGN FOR FOOD+ 전시 이벤트

브랜드 유형	브랜드 종류	브랜드의 브랜드 포지셔닝
판매 목적	문화 브랜드	이탈리아 ADI(Associazione Disegno Industriale)의 저명한 Compasso d'Oro 산업디자인 공모전에 수상한 음식관련 산업디자인을 전시함
신뢰	차별 브랜드	여러 경쟁 이벤트와 차별화하기 위해 이벤트의 우월성을 소비자들에게 전달함
판매 지역	로컬 브랜드	밀라노
가격	프리미엄 브랜드	가격과 품질이 높은 이벤트로서 소비자들의 잠재 욕구를 충족시킴
사업 영역	오프라인 브랜드	전통적인 이벤트 방법으로 운영함
편익	경험성 브랜드	소비자들의 감각적 인지적 경험을 자극하여 잠재 욕구를 충족함

로컬 브랜드의 소비자 특성

[1단계 문화조사: 과정 1(4장)·과정 2(5장) 참조]

소비자 특성은 먼저 9장의 [표 19] CCBD 1 단계 문화조사 과정 1: 의사결정과정 요인 [의사결정과정 요인 조사표]를 사용하여 조사한다. [표 39]는 DESIGN FOR FOOD+ 전시 이벤트의 환경적 요인과 개인적 요인을 조사한 표이다 [4장 참조]. 타깃 소비자들의 환경적 요인과 개인적 요인을 분석하면 DESIGN FOR FOOD+ 전시 이벤트의 타깃 소비자층의 특성은 디자인과 음식에 관심이 높고 문화 활동에 적극적이고 지인들과 같이 여유로운 시간을 보내고 싶은 모든 밀라노 시민이다.

[표 39] 의사결정과정 요인 조사표: DESIGN FOR FOOD+ 전시 이벤트

구분		중요도	활동 Activities	관심 Interests	의견 Opinions	요약
		CCBD 1 단계 문화조사 과정 1: 의사결정과정 요인 [중요도 기준: 0=중요하지 않음, 1=보통임, 2=중요함]				
환경적 요인	거주지	2	2	2	0	밀라노 시민, 밀라노에 대한 자부심 높음
	문화	1	2	1	1	문화 활동에 적극적임
개인적 요인	라이프 스타일	2	2	1	2	디자인과 음식에 관심이 높음
	개성	1	1	2	1	개인적인 활동보다 지인들과의 활동 선호

소비자 특성인 욕구 요인은 9장의 [표 20] CCBD 1 단계 문화조사 과정 2: 욕구 요인 [욕구 요인 조사표]를 사용하여 조사한다. [표 40]은 DESIGN FOR FOOD+ 전시 이벤트의 쾌락적 욕구와 실용적 욕구를 조사한 표이다 [5장 참조]. 타깃 소비자들의 쾌락적 욕구와 실용적 욕구를 분석하면 DESIGN FOR FOOD+ 전시 이벤트는 소비자들의 실용적 욕구를 충족하기 위해 다양한 음식을 경험할 수 있는 질서 있는 이벤트를 제공하여 디자인과 음식을 좋아하는 밀라노 사람들과 접촉할 수 있는 기회를 제공하고, 소비자들의 쾌락적 욕구인 자아욕구를 충족하기 위해 디자인과 음식 트렌드를 경험하게 한다.

[표 40] 욕구 요인 조사표: DESIGN FOR FOOD+ 전시 이벤트

CCBD 1 단계 문화조사 과정 2: 욕구 요인 [중요도 기준: 0=중요하지 않음, 1=보통임, 2=중요함]			
매슬로의 욕구 계층		중요도	욕구 내용
쾌락적 욕구 (구체적 욕구)	자아실현	0	없음
	자아욕구	1	디자인과 음식 트렌드
실용적 욕구 (근본적 욕구)	사회욕구	2	밀라노의 디자인과 음식을 좋아하는 사람들과 접촉할 수 있는 이벤트
	안전욕구	1	질서 있는 이벤트
	생리욕구	1	다양한 음식 경험 가능

로컬 브랜드의 소비자 트렌드 특성

[1단계 문화조사: 과정 3(6장) 참조]

소비자 트렌드는 먼저 9장의 [표 21] CCBD 1 단계 문화조사 과정 3: 트렌드 구분 [트렌드 구분 조사표]를 사용하여 조사한다. [표 41]은 DESIGN FOR FOOD+ 전시 이벤트의 소비자 트렌드 구분을 조사한 표이다 [6장 참조]. 타깃 소비자 트렌드 구분을 분석하면 DESIGN FOR FOOD+ 전시 이벤트는 도입기에 접어든 새로운 전시 이벤트이기에 현재 소비자층이 없지만, 이벤트를 활성화하기 위해 주요 표적 시장을 트렌드 추종자(10%)와 초기 주류 소비자(20%)로 두었고 2차 표적 시장을 주류 소비자(40%)로 전체 소비자 중에 약 70%를 표적 시장으로 두었다.

[표 41] 트렌드 구분 조사표: DESIGN FOR FOOD+ 전시 이벤트

CCBD 1 단계 문화조사 과정 3: 트렌드 구분 [중요도 기준: 0=중요하지 않음, 1=보통임, 2=중요함]		
트렌드 구분	현재 소비자	타깃 소비자
트렌드 결정자 (05%)	N/A	0
트렌드 추종자 (10%)	N/A	2
초기 주류 소비자 (20%)	N/A	2
주류 소비자 (40%)	N/A	1
후기 주류 소비자 (15%)	N/A	0
보수적 소비자 (10%)	N/A	0

로컬 브랜드의 문화 특성

[2단계 문화분석: 과정 1(1장·2장) 참조]

　문화 특성은 먼저 9장의 [표 22] CCBD 2 단계 문화분석 과정 1: 문화특성 구분 [문화특성 구분 분석표]를 사용하여 조사한다. [표 42]는 DESIGN FOR FOOD+ 전시 이벤트의 문화요소와 문화기능 매트릭스를 통해 문화 특성을 분석한 표이다 [1장·2장 참조]. 융합된 문화기능은 예술, 전통, 언어, 지역이고, 지켜진 문화기능은 신념이고, 발전된 문화기능은 관습이다.

[표 42] 문화특성 구분 분석표: DESIGN FOR FOOD+ 전시 이벤트

문화요소	CCBD 2 단계 문화분석 과정 1: 문화특성 구분 문화기능 중요도(5점-척도 구분): 1.매우 중요하지 않음, 2.중요하지 않음, 3.보통, 4.중요함, 5.매우 중요함 중요한 문화전략 요소: 중요도 4, 5 배제할 문화전략 요소: 중요도 1, 2, 3			
	문화기능			
	지켜짐(CM)	발전됨(CG)	없어짐(CD)	융합됨(CF)
예술	1	1	1	5
문학	1	1	1	1
전통	1	1	1	4
신념	5	1	1	1
언어	1	1	1	5
관습	1	4	1	1
지역	5	2	1	1
종교	1	1	1	1
생활양식	1	1	1	1

로컬 브랜드의 문화코드 특성

[2단계 문화분석: 과정 2(2장)·과정 3(1장) 참조]

문화 특성은 먼저 9장의 [표 23] CCBD 2 단계 문화분석 과정 2: 문화코드 구분 [문화코드 중요도 표]를 사용하여 조사한다. [표 43]은 DESIGN FOR FOOD+ 전시 이벤트의 문화코드 구분을 통해 브랜드의 문화코드를 구성한 표이다 [2장 참조]. 활성 문화코드와 제안 문화코드가 가장 중요한 문화코드로서 브랜드에 영향을 미친다. 융합 문화코드를 활용한 새로운 이벤트는 밀라노의 차별화된 이벤트로 자리 잡을 것이다.

[표 43] 문화코드 중요도 표: DESIGN FOR FOOD+ 이벤트 브랜드

CCBD 2 단계 문화분석 과정 2: 문화코드 구분 문화기능 중요도(5점-척도 구분): 1.매우 중요하지 않음, 2.중요하지 않음, 3.보통, 4.중요함, 5.매우 중요함 중요한 문화전략 요소: 중요도 4, 5 배제할 문화전략 요소: 중요도 1, 2, 3 문화코드(Cc) 구분		
문화코드 구분	중요도	문화요소
일반 문화코드(GCc)	3	
제안 문화코드(PCc)	5	• 예술CF: 현대 산업 디자인, 음식에 관련된 산업 디자인 • 전통CF: 이탈리아 지역의 다양한 음식 • 언어CD: 국제적인 이벤트: 국제공통어인 영어 사용
활성 문화코드(ACc)	5	• 신념CM: 공모전 수상작 전시 • 지역CM: 밀라노와 음식 • 관습CG: 밀라노에서 새로운 개념의 이벤트로 발전
비활성 문화코드(ICc)	1	

문화 특성은 9장의 [표 24] CCBD 2단계 문화분석 과정 3: 문화유형 구분 [문화유형 분석표]를 사용하여 조사한다. [표 44]는 DESIGN FOR FOOD+ 전시 이벤트의 문화코드와 문화유형의 관계를 분석한 표이다 [1장 참조]. 문화코드 중요도 표의 제안 문화코드와 활성 문화코드를 기준으로 문화유형을 분석한 결과 문화유형 구분에 있어 제안 문화코드는 물질문화가 중요하고, 활성 문화코드는 관념문화와 행동문화가 중요하다.

[표 44] 문화유형 분석표: DESIGN FOR FOOD+ 전시 이벤트

CCBD 2단계 문화분석 과정 3: 문화유형 구분 [중요도 기준: 0=중요하지 않음, 1=보통임, 2=중요함]				
문화유형	문화코드(Cc) 구분			
	일반 문화코드 (GCc)	제안 문화코드 (PCc)	활성 문화코드 (ACc)	비활성 문화코드 (ICc)
물질문화	N/A	2	1	N/A
행동문화	N/A	1	2	N/A
관념문화	N/A	1	2	N/A

로컬 브랜드의 브랜드 터치포인트 디자인 특성

[3단계 문화전략: 과정 1(3장)·과정 2(7장)·과정 3(2장·8장) 참조]

브랜드 터치포인트 디자인 특성은 먼저 9장의 [표 25] CCBD 3 단계 문화전략 과정 1: 브랜드디자인 기능 [브랜드디자인 기능 전략 표]를 사용하여 조사한다. [표 45]는 DESIGN FOR FOOD+ 전시 이벤트의 문화 분석인 문화 특성, 문화코드, 문화유형을 기준으로 브랜드디자인 기능인 본원적 기능과 파생적 기능을 분석한 표이다 [3장 참조].

[표 45] 브랜드디자인 기능 전략 표: DESIGN FOR FOOD+ 전시 이벤트

문화분석	CCBD 3 단계 문화전략 과정 1: 브랜드디자인 기능	
	브랜드디자인 기능	
	본원적 기능(PF)	파생적 기능(DF)
문화코드 및 문화특성	활성 문화코드 •신념CM: 공모전 수상작 전시 •지역CM: 밀라노와 음식 •관습CG: 밀라노에서 새로운 개념의 이벤트로 발전	제안 문화코드 •예술CF: 현대 산업 디자인, 음식에 관련된 산업 디자인 •전통CF: 이탈리아 지역의 다양한 음식 •언어CD: 국제적인 이벤트: 국제공통어인 영어 사용
문화유형	행동문화, 관념문화	물질문화

브랜드 터치포인트 디자인 특성은 9장의 [표 26] CCBD 3 단계 문화전략 과정 2: 브랜드 터치포인트 디자인 유형 [브랜드 터치포인트 디자인 유형 전략 표]를 사용하여 조사한다. [표 46]은 DESIGN FOR FOOD+ 전시 이벤트의 브랜드 터치포인트 디자인 유형을 기준으로 브랜드디자

인 기능인 본원적 기능과 파생적 기능을 분석한 표이다 [7장 참조].

[표 46] 브랜드 터치포인트 디자인 유형 전략 표: DESIGN FOR FOOD+ 전시 이벤트

CCBD 3 단계 문화전략 과정 2: 브랜드 터치포인트 디자인 유형			
브랜드 터치포인트 디자인 유형 본원적 기능(PF)		브랜드디자인 기능 파생적 기능(DF)	
이해 정보	지속 기능 디자인	•신념CM: 공모전 수상작 전시	•예술CF: 현대 산업 디자인, 음식에 관련된 산업 디자인 •언어CD: 국제적인 이벤트: 국제공통어인 영어 사용
	단기 기능 디자인		•전통CF: 이탈리아 지역의 다양한 음식
욕구 정보	동기 부여 디자인	•지역CM: 밀라노와 음식 •관습CG: 밀라노에서 새로운 개념의 이벤트로 발전	•전통CF: 이탈리아 지역의 다양한 음식
	자극 반응 디자인	•관습CG: 밀라노에서 새로운 개념의 이벤트로 발전	•예술CF: 현대 산업 디자인, 음식에 관련된 산업 디자인
감성 정보	소프트 주제 디자인	•관습CG: 밀라노에서 새로운 개념의 이벤트로 발전	•언어CD: 국제적인 이벤트: 국제공통어인 영어 사용
	하드 주제 디자인	N/A	N/A

브랜드 터치포인트 디자인 특성은 9장의 [표 27] CCBD 3 단계 문화전략 과정 3: 시각문화코드 구분 전략 표 [시각문화코드 구분 전략 표]를 사용하여 조사한다. [표 47]은 DESIGN FOR FOOD+ 전시 이벤트의 문화코드와 시각 문화코드를 분석한 표이다 [2장·8장 참조].

[표 47] 시각문화코드 구분 전략 표: DESIGN FOR FOOD+ 전시 이벤트

CCBD 3 단계 문화전략 과정 3: 시각문화코드 구분 전략 표						
문화코드(Cc)		시각문화코드(VCc)				
구분	요소	일반시각 문화코드 (GVCc)	제안시각 문화코드 (PVCc)	활성시각 문화코드 (AVCc)	비활성시각 문화코드 (IVCc)
일반 문화코드	N/A				
제안 문화코드	• 예술CF: 현대 산업 디자인, 음식에 관련된 산업 디자인 • 전통CF: 이탈리아 지역의 다양한 음식 • 언어CD: 국제적인 이벤트: 국제공통어인 영어 사용	레이아웃 타이포 그래피 형태 스타일	심벌 시각표현 서체 색채 이미지 패턴 스타일	공모전 로고 시각표현	N/A
활성 문화코드	• 신념CM: 공모전 수상작 전시 • 지역CM: 밀라노와 음식 • 관습CG: 밀라노에서 새로운 개념의 이벤트로 발전				
비활성 문화코드	N/A				

[그림 101] ~ [그림 106]은 밀라노 브랜드디자인 회사인 Esseblu (www.esseblu.it)가 작업한 이탈리아 밀라노의 DESIGN FOR FOOD+ 전시 이벤트를 위해 만든 브랜드디자인인 브랜드 터치포인트 디자인이다. 다양한 브랜드 터치포인트 디자인은 이벤트를 활성화시키고, 참가자들을 행사장으로 유도하며, 기억하게 하여 다음 해의 행사를 기다리게 하였다. 지역의 특색을 보여주는 상징적인 이미지를 사용하지 않고 공모전의 상징적인 이미지를 사용하였다.

자료 제공: ESSEBLU, Milano, Italia

[그림 101] Compasso d'Oro 산업디자인 공모전 심벌과 이벤트 네임이 배합된 이벤트
아이덴티티 마크

자료 제공: ESSEBLU, Milano, Italia

[그림 102] DESIGN FOOD을 강조한 로고타이프, 빨강 주색, 다양한 색상의 패턴

자료 제공: ESSEBLU, Milano. Italia

[그림 103] 빨강 주색과 볼드체 DEISGN FOOD의 시각 임팩트가 높은 유도 사인과 배너

자료 제공: ESSEBLU, Milano. Italia

[그림 104] 패턴과 로고타이프를 강조한 행사 사인

자료 제공: ESSEBLU, Milano, Italia

[그림 105] 이벤트 홀의 유도 사인, 홍보 사인, 행사 사인과 고전 건축 환경의 조화

자료 제공: ESSEBLU, Milano, Italia

[그림 106] 용기 디자인 전시와 디자인 설명 사인

제15장

지역 브랜드의
문화코드 브랜드디자인 전략

　시장은 판매자인 브랜드와 구매자인 소비자 사이에 상품과 서비스가
거래되고 가격이 결정되는 공간이다. 그래서 항상 시장의 특성과 기능
에 따라 브랜드 전략은 달라져야 한다. 브랜드는 변화하는 소비자와 사
회경제 기호를 재빨리 포착하여 소비자의 욕구를 충족할 수 있는 핵심
가치를 브랜드에 부여하여 치열한 시장에서 주도권을 가져야한다. 특히
오늘날 시장은 대부분 판매자인 브랜드 기준의 시장이 아니고 구매자인
소비자 기준의 시장이 되고 있다. 세계화와 규제 완화, 대체 상품의 등장
이 맞물리면서 갈수록 시장 경쟁이 치열해지고 있기 때문이다.[124]

　지역 브랜드는 활성 문화코드인 지역의 이미지를 브랜드에 반영한다.
로컬 브랜드와 유사한 점이 많지만, 지역 브랜드는 서울, 경기도, 캘리포
니아, 제주도, 파리, 동경과 같은 도시 또는 도(주) 개념의 지역을 소비자
시장으로 두고 있으며 지역 브랜드의 활성 문화코드 기능은 지역을 대표
하는 강한 상징적 체계를 갖고 있다. 지역 브랜드는 그 지역에서 제조하

---

124 채수환(역)(2014), Kahn, Barbara E.(저)(2013). 1초 안에 떠오르는 글로벌 브랜드의 성
　　공 비밀: 끊임없는 성장을 위한 전략적 브랜드 관리(Global Brand Power Leveraging
　　Branding for Long-Term Growth, Wharton Digital Press). 매일경제신문사. pp. 13~15.

고 판매하고 있는 상품이나 그 지역에서만 서비스를 제공하고 있는 프랜차이즈 브랜드이다.

1948년 미국 캘리포니아에 창업한 '인앤아웃 버거'(In-N-Out Burger)는 캘리포니아 해변가를 연상하게 하는 햄버거 패스트푸드 프랜차이즈이다. 인앤아웃 버거의 메뉴는 햄버거, 치즈 버거, 더블 더블 등 세 가지 햄버거와 세 가지 종류의 밀크 쉐이크, 감자 튀김, 음료수가 있다. 인앤아웃 버거의 브랜드 스타일은 미국 50년대 스타일이다. 두껍고 강한 그래픽, 네온사인, 빨강과 노랑, 야자수 나무는 인앤아웃 버거의 활성시각 문화코드로서 캘리포니아 지역의 상징적인 문화코드이다. 소비자들은 이런 활성시각 문화코드를 보고 브랜드를 판단한다. 특히 활성 문화코드인 야자수 나무를 포장지, 일회용 컵, 일회용 용기에 사용하여 인앤아웃 버거의 문화와 캘리포니아 문화의 연관성을 만들었다. 소비자들은 인앤아웃 버거를 보고 캘리포니아를 대표하는 햄버거라고 인식할 것이고 야자수 나무는 인앤아웃 버거의 브랜드 연상과 브랜드 개성에 영향을 준다.

지역의 대표적인 이미지를 브랜드의 활성 문화코드이며 브랜드 연상 이미지로 사용하여 브랜드의 품질을 보증 받는다. 파리바게트 브랜드는 크라상과 바게뜨의 원산지인 파리의 지역 대표성과 품질에 대한 이미지를 활성시각 문화코드인 현대적인 파리를 상징하는 대문자 산세리프 로고타이프, 프랑스를 상징하는 파랑, 추상적인 에펠타워 엡스트랙트 마크를 통해 보유하였다.[125] 미국 아마존 온라인 쇼핑 브랜드는 아마존 지역의 특성인 규모를 느끼게 하였다. 수많은 상품을 인터넷 쇼핑으로 쉽게

125　브랜드메이저(2008). 히트상품을 만드는 브랜딩 트렌드 30 까다로운 소비자를 사로잡는 브랜드의 비밀. 김앤김북스. pp. 66~71.

구매할 수 있다. 같은 시기에 같은 장소에서 함께 보이는 것만으로도 긍정적인 연상의 효과가 발생한다.[126]

'벅키'(Bucky: Buckwheat(메밀) 단어의 접두사)브랜드는 천연 메밀(Buckwheat)로 채워진 편안한 베개를 디자인, 제조, 판매하기 위해 1992년 미국 시애틀에 설립된 지역 브랜드였다. 벅키 브랜드의 독특한 형태와 기능을 겸비한 단순한 디자인인 U자형의 베개는 편안함의 기준이 되었다. 벅키 브랜드의 U자형 베개는 고객들에게 바쁜 일상생활과 연관된 스트레스로부터 벗어날 수 있는 편안함을 주었다. 벅키 브랜드는 지역의 소매 업체에서 시작하여 미국 전역의 소매 업체들의 관심을 빠르게 사로잡았다. 그 이후로, 벅키는 자연적이고 편안한 건강 및 여행 제품 라인을 확장하고 가정, 직장, 여행 중에 사용할 수 있는 필수 제품으로 발전시켰다. 그리고 벅키 브랜드는 엄격한 품질 관리 및 재고 관리와 변화하는 고객의 욕구 사항에 대한 신속한 대응을 통해 특별한 제품 개발과 디자인을 주도하는 여행용 필수 제품의 브랜드 리더가 되었다.

지역 브랜드에서 내셔널 브랜드로 발전한 벅키 브랜드 사례를 다음과 같이 분석하였다.

---

126 홍성준(2005). 차별화의 법칙 소비자를 유혹하는 24가지 키워드. 새로운제안. pp. 86~88.

지역 브랜드와 브랜드 유형의 특성

[기초단계: 2장 참조]

[표 48]은 벅키 브랜드를 분류한 브랜드 유형 구분 표이다. 벅키 브랜드의 브랜드 유형은 지역 브랜드, 오프라인 브랜드로 시작하여 내셔널 브랜드, 크로스오버 브랜드로 발전한 제품브랜드, 차별 브랜드, 일반 브랜드, 기능성 브랜드이다.

[표 48] 브랜드 유형 구분 표: 벅키 브랜드

브랜드 유형	브랜드 종류	브랜드의 브랜드 포지셔닝
판매 목적	제품 브랜드	벅키 브랜드는 편안하게 잠을 잘 수 있는 U자형 베게임.
신뢰	차별 브랜드	벅키 브랜드는 천연 메밀로 채워진 편안한 베개를 디자인, 제작, 판매함.
판매 지역	내셔널 브랜드	현재 미국 전역의 다양한 소매 업체 매장에서 판매함.
	지역 브랜드	미국 서부 지역의 소매 업체를 통한 판매로 시작함.
가격	일반 브랜드	벅키 브랜드는 유사 브랜드와 비슷한 가격 범위 내에서 판매함.
사업 영역	크로스오버 브랜드	다양한 소매 업체 매장과 온라인 쇼핑 업체에서 판매하고 있음. 벅키 브랜드는 자체 온라인 쇼핑 홈페이지를 운영 하고 있음.
편익	기능성 브랜드	벅키 브랜드는 소비자들의 일상생활에 있어 편안한 휴식에 도움이 되는 동기 부여 역할을 함.

지역 브랜드의 소비자 특성

[1단계 문화조사: 과정 1(4장)·과정 2(5장) 참조]

　[표 49]는 벅키 브랜드의 환경적 요인과 개인적 요인을 조사한 표이다. 타깃 소비자들의 환경적 요인과 개인적 요인을 분석하면 벅키 브랜드의 타깃 소비자층의 특성은 자주 항공 여행을 다녀 편안한 여행을 추구하는 소비자이다.

[표 49] 의사결정과정 요인 조사표: 벅키 브랜드

구분		중요도	활동 Activities	관심 Interests	의견 Opinions	요약
CCBD 1단계 문화조사 과정 1: 의사결정과정 요인 [중요도 기준: 0=중요하지 않음, 1=보통임, 2=중요함]						
환경적 요인	성별	1	2	2	1	여성들은 베게를 들고 다니기에 문제가 없음
	직업	2	2	2	0	자주 항공 출장을 다니는 직업
개인적 요인	라이프 스타일	2	2	1	0	편안한 장거리 여행을 추구하는 소비자
	개성	1	2	1	0	여행을 즐겨하는 여행자 이미지 표현

[표 50]은 벅키 브랜드의 쾌락적 욕구와 실용적 욕구를 조사한 표이
다. 타깃 소비자들의 쾌락적 욕구와 실용적 욕구를 분석하면 벅키 브랜
드는 소비자들의 실용적 욕구를 충족하기 위해 수면에 도움을 주는 제
품을 개발하였고 불편한 항공기에서 벅키 제품을 사용하여 느끼는 편
안한 수면은 건강에 미치는 영향을 생각하게 하여 사용자들의 실용적
욕구의 생리욕구와 안전욕구를 충족시켰다.

[표 50] 욕구 요인 조사표: 벅키 브랜드

CCBD 1 단계 문화조사 과정 2: 욕구 요인 [중요도 기준: 0=중요하지 않음, 1=보통임, 2=중요함]			
매슬로의 욕구 계층		중요도	욕구 내용
쾌락적 욕구 (구체적 욕구)	자아실현	0	
	자아욕구	0	
	사회욕구	0	
실용적 욕구 (근본적 욕구)	안전욕구	2	편안한 수면은 건강에 도움을 줌
	생리욕구	2	수면에 도움이 되는 제품

지역 브랜드의 소비자 트렌드 특성

[1단계 문화조사: 과정 3(6장) 참조]

[표 51]은 벅키 브랜드의 소비자 트렌드 구분을 조사한 표이다. 타깃 소비자 트렌드 구분을 분석하면 벅키 브랜드는 성숙기에 접어든 브랜드이기에 현재 주요 표적 시장을 초기 주류 소비자(20%)와 주류 소비자(40%)에 두었고 2차 표적 시장을 후기 주류 소비자(15%)로, 전체 소비자 중에 75%를 표적 시장으로 두고 있다. 하지만 성숙기에 있는 벅키 브랜드를 활성화하기 위해 주요 표적 시장을 트렌드 추종자(10%), 초기 주류 소비자(20%), 주류 소비자(40%)에 두고 2차 표적 시장을 후기 주류 소비자(15%)와 보수적 소비자(10%)로, 전체 소비자 중에 약 95%를 표적 시장으로 두었다. 대중적인 브랜드는 약 90% 이상의 소비자 트렌드를 리드하고 있으므로 벅키 브랜드의 타깃 포지셔닝은 대중적인 브랜드로의 변화이다.

[표 51] 트렌드 구분 조사표: 벅키 브랜드

CCBD 1 단계 문화조사 과정 3: 트렌드 구분 [중요도 기준: 0=중요하지 않음, 1=보통임, 2=중요함]		
트렌드 구분	현재 소비자	타깃 소비자
트렌드 결정자 (05%)	0	0
트렌드 추종자 (10%)	0	2
초기 주류 소비자 (20%)	2	2
주류 소비자 (40%)	2	2
후기 주류 소비자 (15%)	1	1
보수적 소비자 (10%)	0	1

지역 브랜드의 문화 특성

[2단계 문화분석: 과정 1(1장·2장) 참조]

　[표 52]는 벅키 브랜드의 문화요소와 문화기능 매트릭스를 통해 문화 특성을 분석한 표이다. 발전된 문화기능은 예술과 관습이고, 지켜진 문화기능은 신념과 지역이다.

[표 52] 문화특성 구분 분석표: 벅키 브랜드

문화요소	문화기능			
CCBD 2 단계 문화분석 과정 1: 문화특성 구분 문화기능 중요도(5점-척도 구분): 1.매우 중요하지 않음, 2.중요하지 않음, 3.보통, 4.중요함, 5.매우 중요함 중요한 문화전략 요소: 중요도 4, 5 배제할 문화전략 요소: 중요도 1, 2, 3				
	지켜짐(CM)	발전됨(CG)	없어짐(CD)	융합됨(CF)
예술	1	5	1	1
문학	1	1	1	1
전통	1	1	1	1
신념	5	1	1	1
언어	1	1	1	1
관습	1	4	1	1
지역	5	1	1	1
종교	1	1	1	1
생활양식	1	1	1	1

지역 브랜드의 문화코드 특성

[2단계 문화분석: 과정 2(2장)·과정 3(1장) 참조]

[표 53]은 벅키 브랜드의 문화코드 구분을 통해 브랜드의 문화코드를 구성한 표이다. 활성 문화코드와 제안 문화코드가 가장 중요한 문화코드로서 브랜드에 영향을 미친다. 제안 문화코드와 활성 문화코드를 활용한 벅키 브랜드는 편안한 수면을 위한 기능성 베게를 디자인 및 제작하기 위해 고객의 욕구 사항에 대한 신속한 대응을 할 것이다.

[표 53] 문화코드 중요도 표: 벅키 브랜드

CCBD 2 단계 문화분석 과정 2: 문화코드 구분 문화기능 중요도(5점·척도 구분): 1.매우 중요하지 않음, 2.중요하지 않음, 3.보통, 4.중요함, 5.매우 중요함 중요한 문화전략 요소: 중요도 4, 5 배제할 문화전략 요소: 중요도 1, 2, 3		
문화코드(Cc) 구분		
문화코드 구분	중요도	문화요소
일반 문화코드(GCc)	3	
제안 문화코드(PCc)	5	• 예술CG: 소비자의 라이프스타일과 개성을 표현한 제품 • 관습CG: 편안한 수면을 위한 기능성 베게
활성 문화코드(ACc)	5	• 신념CM: 고객의 욕구 사항에 대한 신속한 대응 • 지역CM: 친환경 재료 사용
비활성 문화코드(ICc)	1	

[표 54]는 벅키 브랜드의 문화코드와 문화유형의 관계를 분석한 표이다. 문화코드 중요도 표의 제안 문화코드와 활성 문화코드를 기준으로 문화유형을 분석한 결과 제한 문화코드는 행동문화가 중요하고 활성 문화코드는 물질문화와 관념문화가 중요하다. 즉 소비자들의 브랜드 연상에 있어 벅키 브랜드는 여행자들의 편안한 수면을 돕는 제품이라고 대부분의 소비자들이 생각해야 한다.

[표 54] 문화유형 분석표: 벅키 브랜드

CCBD 2 단계 문화분석 과정 3: 문화유형 구분 [중요도 기준: 0=중요하지 않음, 1=보통임, 2=중요함]				
	문화코드(Cc) 구분			
문화유형	일반 문화코드 (GCc)	제안 문화코드 (PCc)	활성 문화코드 (ACc)	비활성 문화코드 (ICc)
물질문화	N/A	0	2	N/A
행동문화	N/A	2	1	N/A
관념문화	N/A	1	2	N/A

지역 브랜드의 브랜드 터치포인트 디자인 특성

[3단계 문화전략: 과정 1(3장)·과정 2(7장)·과정 3(2장·8장) 참조]

[표 55]는 벅키 브랜드의 문화분석인 문화 특성, 문화코드, 문화유형을 기준으로 브랜드디자인 기능인 본원적 기능과 파생적 기능을 분석한 표이다. 벅키 브랜드의 브랜드디자인에 있어 본원적 기능은 물질문화와 관념문화를 기준으로 두고, 파생적 기능은 행동문화를 기준으로 두어 연구한다.

[표 55] 브랜드디자인 기능 전략 표: 벅키 브랜드

문화분석	CCBD 3 단계 문화전략 과정 1: 브랜드디자인 기능	
	브랜드디자인 기능	
	본원적 기능(PF)	파생적 기능(DF)
문화코드 및 문화특성	활성 문화코드(ACc) •지역CM: 친환경 재료 사용 제안 문화코드(PCc) •관습CG: 편안한 수면을 위한 기능성 베게	활성 문화코드(ACc) •신념CM: 고객의 욕구 사항에 대한 신속한 대응 제안 문화코드(PCc) •예술CG: 소비자의 라이프스타일과 개성을 표현한 제품
문화유형	물질문화, 관념문화	행동문화

[표 56]은 벅키 브랜드의 브랜드 터치포인트 디자인 유형을 기준으로 브랜드디자인 기능인 본원적 기능과 파생적 기능을 분석한 표이다. 벅키 브랜드는 지속 기능 디자인, 동기 부여 디자인, 소프트 주제 디자인을 주요 유형으로 브랜드 터치포인트 디자인을 구축한다. 단기 기능 디자인과 자극 반응 디자인 유형은 제안 문화코드인 예술을 라이프스타

일과 트렌드를 적용하여 발전시켜야 한다.

[표 56] 브랜드 터치포인트 디자인 유형 전략 표: 벅키 브랜드

CCBD 3 단계 문화전략 과정 2: 브랜드 터치포인트 디자인 유형			
브랜드 터치포인트 디자인 유형		브랜드디자인 기능	
		본원적 기능(PF)	파생적 기능(DF)
이해 정보	지속 기능 디자인	활성 문화코드(ACc) •지역CM: 친환경 재료 사용 제안 문화코드(PCc) •관습CG: 편안한 수면을 위한 기능성 베게	활성 문화코드(ACc) •신념CM: 고객의 욕구 사항에 대한 신속한 대응
	단기 기능 디자인		제안 문화코드(PCc) •예술CG: 소비자의 라이프스타일과 개성을 표현한 제품
욕구 정보	동기 부여 디자인	제안 문화코드(PCc) •관습CG: 편안한 수면을 위한 기능성 베게	활성 문화코드(ACc) •신념CM: 고객의 욕구 사항에 대한 신속한 대응
	자극 반응 디자인		제안 문화코드(PCc) •예술CG: 소비자의 라이프스타일과 개성을 표현한 제품
감성 정보	소프트 주제 디자인	제안 문화코드(PCc) •관습CG: 편안한 수면을 위한 기능성 베게	제안 문화코드(PCc) •예술CG: 소비자의 라이프스타일과 개성을 표현한 제품
	하드 주제 디자인	N/A	N/A

[표 57]은 벅키 브랜드의 문화코드와 시각 문화코드를 분석한 표이다. 벅키 브랜드를 쉽게 인식할 수 있는 시각 요소인 일반시각 문화코드는 서체와 형태이다. 편안한 수면을 위한 친환경 재료로 만든 베게라는 벅키 브랜드의 일반 문화코드이며, 본원적 기능은 일반시각 문화코드인 서

체와 형태를 통해 유지해야 한다. 벅키 브랜드는 수면과 소비자의 라이프스타일과 개성을 반영한 다양한 제품을 보유하고 있기 때문에 제안시각 문화코드인 시각표현, 레이아웃, 서체, 색채, 타이포그래피, 이미지, 패턴, 텍스처, 스타일로 그 다양성을 표현해야 한다.

[표 57] 시각문화코드 구분 전략 표: 벅키 브랜드

| CCBD 3 단계 문화전략 과정 3: 시각문화코드 구분 전략 표 | | | | | |
| 문화코드(Cc) | | 시각문화코드(VCc) | | | |
구분	요소	일반시각 문화코드 (GVCc)	제안시각 문화코드 (PVCc)	활성시각 문화코드 (AVCc)	비활성시각 문화코드 (IVCc)
일반 문화코드	N/A	서체 형태	시각표현 레이아웃 서체 색채 타이포 그래피 이미지 패턴 텍스처 스타일	N/A	N/A
제안 문화코드	•예술CG: 소비자의 라이프스 타일과 개성을 표현한 제품 •관습CG: 편안한 수면을 위 한 기능성 베게				
활성 문화코드	•신념CM: 고객의 욕구 사항 에 대한 신속한 대응 •지역CM: 친환경 재료 사용				
비활성 문화코드	N/A				

[그림 107]~[그림 109]는 미국 시애틀에 위치한 글로벌 브랜드디자인 회사인 Honall Anderson(www.hornallanderson.com)이 작업한 벅키 브랜드의 브랜드 터치포인트 디자인이다. 다양한 브랜드 터치포인트 디자인인 벅키 브랜드의 소매 업체 매장에 설치한 전용 상품 진열대 디자인과 패키지디자인이다.

자료 제공: Hornall Anderson Design, Seattle, USA

[그림 107] 소비자들의 욕구를 충족시키기 위해 벅키 브랜드는 브랜드의 이미지를 감성적이며 흥미롭게 만들었다. 벅키의 상품 진열대는 기존의 일반적인 단순한 사각형의 판매 진열대에서 벗어나 벅키 제품의 부드러운 유기 형태 이미지, 촉각, 사용 경험을 적용하여 차별화된 상품 진열대 디자인을 선보였다. 소매 업체 매장에 설치한 전용 상품 진열대 디자인는 소비자들의 주목을 끌어 쉽게 진열대로 유도하고 있으며 벅스 브랜드의 브랜드 개성과 브랜드 연상을 강조하고 있다.

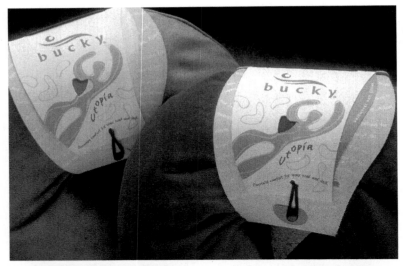

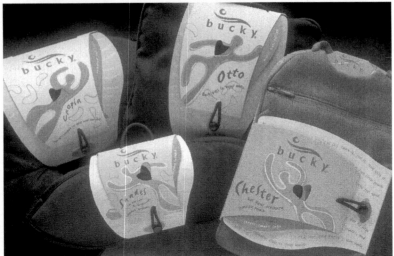

자료 제공: Hornall Anderson Design, Seattle. USA

[그림 108] 벅키 브랜드의 기존 U자형 베게 패키지디자인은 구매 전에 사용해 보고 나서 재포장하기 힘들었다. 그래서 간단하게 끈으로 제품을 고정할 수 있는 패키지를 만들자, 소비자가 쉽게 재포장할 수 있어 소비자의 편의를 도와주었고 제품 재고를 많이 줄일 수 있게 되었다. 이런 패키지디자인의 특징이 주는 소비자의 경험이 브랜드 개성과 브랜드 연상 요소가 될 수 있었다.

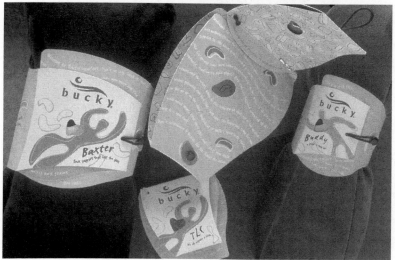

자료 제공: Hornall Anderson Design, Seattle, USA

[그림 109] 벅키 브랜드는 소비자들에게 친근하고 편안한 느낌을 전달하기 위해 유기적인 형태를 핵심 시각 요소로 사용하였다. 타이포그래피, 패턴, 일러스트레이션 이미지, 패키지의 지기구조, 색상은 유기적인 스타일을 그대로 적용하여 벅키의 브랜드디자인 스타일을 구축하고 있다.

제16장

내셔널 브랜드의
문화코드 브랜드디자인 전략

    펜실베니아 대학교의 와튼스쿨은 오랜 기간 권위 있는 마케팅 교수들이 모여 브랜드에 대해 연구하였다. 이 연구를 통해 얻은 결론은 강력한 브랜드는 기업을 성장시키며, 강력한 브랜드를 만들기 위해서는 브랜드를 잘 활용하고 관리해야 한다는 점이다. 최고의 브랜드는 시장에서 소비자들과의 관계를 통해 형성된다.[127] 그리고 국제 경제인 협의회가 1998년에 미국과 캐나다에 위치한 대기업들의 마케팅 커뮤니케이션 이사들을 대상으로 조사한 결과에 따르면, 이들의 성공적인 브랜딩을 위한 전략의 비결로, 1) 효과적인 브랜드 아이덴티티 시스템 구축, 2) 효과적인 시각적인 요소와 이미지 사용, 3) 브랜드 슬로건 사용이라고 인정하였다.[128] 브랜드를 발전시키는 가장 좋은 방법은 소비자들과의 소통이다. 소비자들의 욕구와 문화를 항상 인식하여야 올바른 소통이 가능하다. 디자이너는 소비자들의 욕구를 반영한 브랜드디자인의 요소인 효과

---

127 채수환(역)(2014), Kahn, Barbara E.(저)(2013). 1초 안에 떠오르는 글로벌 브랜드의 성공 비밀: 끊임없는 성장을 위한 전략적 브랜드 관리(Global Brand Power Leveraging Branding for Long-Term Growth, Wharton Digital Press). 매일경제신문사. pp. 12~13.

128 Knapp, Duane E. (2000). The Brand Mindset. McGraw Hill. p. 110.

적인 브랜드 아이덴티티 시스템, 시각 요소와 이미지, 브랜드 슬로건을 브랜드 터치포인트 디자인에 적용하여 소비자들의 의사결정과 경험에 영향을 주어야 한다. 내셔널 브랜드는 한 국가의 지역 중에 유사한 타깃 소비자를 찾아 널리 유통되고 있고 있는 제조업체 브랜드이다. 다양한 지역에서 통일된 내셔널 브랜드의 이미지를 소통하기 위해 일관된 브랜드 아이덴티티 시스템과 브랜드 슬로건이 필요하다. 또한 내셔널 브랜드는 로컬 브랜드, 지역 브랜드, 자체 브랜드와 경쟁해야 하기 때문에 지역 소비자들과 소통하기 위해 효과적인 시각 요소와 이미지가 필요하다. 특히 지역의 상징과 특징을 활용한 로컬 브랜드들과 지역 브랜드와 경쟁해야 하는 내셔널 브랜드는 대중들이 공감하는 관심 요소, 분야, 성격, 특성을 강조해야 한다.

통일감 있는 내셔널 브랜드의 브랜드 터치포인트 디자인은 브랜드 특유의 본질을 구축하는데 효과적이지만 지나친 통일감을 오랫동안 유지한다면 브랜드에 대한 신선함은 없어지고 지루함만 남을 것이다.[129] 내셔널 브랜드는 소비자들의 의사결정과정 요인과 욕구 요인을 파악하고 트렌드를 고려해서 문화코드를 구축하며 브랜드 터치포인트 디자인 유형에 맞추어 UX/UI, 패키지디자인, 광고, 사인, 전단지, 웹사이트 등을 개발한다. 이렇게 내셔널 브랜드는 다양한 브랜드 터치포인트 디자인에 변화를 주어 브랜드의 본질과 신선함을 유지한다. 특히 디지털 테크놀로지는 내셔널 브랜드를 위한 전략적 도구가 되어 테크놀로지 혁신을 소비자 가치로 바꾸고, 소비자 욕구와 연결하고, 성공적으로 비즈니스 가치

---

129 김경홍(2014). 좋아보이는 것들의 비밀 UX 디자인: 제품과 서비스, 기획부터 개발까지. 길벗. pp. 230~241.

를 보유하도록 뛰어난 제품 및 서비스 경험을 제공한다.[130]

　　모든 브랜드는 네 단계의 수명 주기인 도입기, 성장기, 성숙기, 쇠퇴기
를 차례대로 거쳐 발전한다. 브랜드의 도입기에서는 시장이 작고 판매가
저조하여 브랜드는 홍보비와 시간에 많이 투자한다. 브랜드의 성장기에
는 시장이 성장하고 판매가 꾸준히 높아진다. 브랜드의 성숙기에는 시
장이 크고 경쟁이 치열해진다. 브랜드의 쇠퇴기에는 시장이 축소되고 판
매가 부진해 진다.[131] 내셔널 브랜드는 한 국가의 다양한 지역에 유통하
여 시장을 확장하면서 브랜드의 성숙기에 도달하게 된다. 그리고 브랜드
의 쇠퇴기에 진입하지 않기 위해 꾸준히 소비자의 욕구, 트렌드, 문화를
적용한다. 한 국가에서 시장의 범위가 한계에 미친다면 주변 국가이나
해외에 유사 지역을 찾아 브랜드의 도입기를 다시 시작한다. 이때 대상
국가와 지역의 특징과 문화코드를 브랜딩에 적용하여 제안 문화코드와
일반 문화코드를 효과적으로 사용해야 한다.

　　'홀푸드 마켓'(Whole Foods Market)은 처음으로 자연 식품 산업이 슈퍼
마켓 형식으로 발전하는 계기를 마련한 브랜드이다. 1984년에 텍사스
오스틴에 첫 매장을 오픈하여 휴스턴, 댈러스, 뉴올리언, 서부 해안, 동
부 지역, 캐나다 등 차례대로 확장하였다. 홀푸드는 식품 소매업 이상의

---

130 Gruber, Marc; Leon, Nick de; Goerge, Gerald; Thompson, Paul (2015). "Managing by Desing". Academy of Management Journal, Vol 58. No. 1. pp. 1~7.

131 방수원, 이희수(역)(2012), Lidwell, William; Holden, Kritina; Butler, Jill(저)(2010). 디자인 불변의 법칙 125가지(Universal Principles of Design, Revised and Updated: 125 Ways to Enhance Usability, Influence Perception, Increase Appeal, Make Better Design Decisions, and Teach through Design. Rockport Publishers.). 고려문화사. pp. 150-151.

사업을 도달하기 위해 좌우명(Motto)인 "모든 음식, 모든 사람들, 모든 세상"(Whole Foods, Whole People, Whole Planet)을 강조한다. 홀푸드 마켓 브랜드는 고객 만족, 팀 구성원의 우수성과 행복, 자본 투자 수익, 환경 개선, 지역 및 더 큰 공동체 지원에 많은 노력을 한다. 이제 홀푸드 마켓 브랜드는 미국 25개 주, 콜롬비아, 캐나다에 130개 이상의 점포 프랜차이즈를 운영하는 자연 식품 슈퍼마켓의 선두 프랜차이즈 브랜드이다. 이렇게 홀푸드 마켓 브랜드는 로컬 브랜드에서 지역 브랜드로, 지역 브랜드에서 내셔널 브랜드로, 내셔널 브랜드에서 인터내셔널 브랜드로 발전한 대표적인 미국의 브랜드이다.

내셔널 브랜드인 미국 프랜차이즈 슈퍼마켓인 홀푸드 마트(Whole Foods Market) 브랜드 사례를 다음과 같이 정리하였다.

내셔널 브랜드와 브랜드 유형의 특성

[기초단계: 2장 참조]

[표 58]은 홀푸드 마켓 브랜드를 분류한 브랜드 유형 구분 표이다. 홀푸드 마켓 브랜드의 브랜드 유형은 내셔널 브랜드, 오프라인 브랜드로 제품브랜드, 차별 브랜드, 프리미엄 브랜드, 기능성 브랜드이다.

[표 58] 브랜드 유형 구분 표: 홀푸드 마켓 브랜드

브랜드 유형	브랜드 종류	브랜드의 브랜드 포지셔닝
판매 목적	제품 브랜드	홀푸드 마켓은 자연 식품을 판매하는 슈퍼마켓임
신뢰	차별 브랜드	홀푸드 마켓은 새로운 개념의 친환경 마켓
판매 지역	내셔널 브랜드	미국을 중심으로 운영하고 있음 캐나다와 콜롬비아를 포함하여 인터내셔널 브랜드이기도 함
가격	프리미엄 브랜드	경쟁 슈퍼마트보다 가격이 높고 품질을 보장함
사업 영역	오프라인 브랜드	홀푸드는 유통과 판매를 직접 마켓에서 하고 있음
편익	기능성 브랜드	건강과 환경을 고려한 소비자들이 주요 고객임

내셔널 브랜드의 소비자 특성

[1단계 문화조사: 과정 1(4장)·과정 2(5장) 참조]

[표 59]는 홀푸드 마켓 브랜드의 환경적 요인과 개인적 요인을 조사한 표이다. 타깃 소비자들의 환경적 요인과 개인적 요인을 분석하면 홀푸드 마켓 브랜드의 타깃 소비자층의 특성은 친환경에 민감하고 자연 식품 섭취와 건강에 대한 관심이 높은 중상류층과 상류층이다.

[표 59] 의사결정과정 요인 조사표: 홀푸드 마켓 브랜드

CCBD 1 단계 문화조사 과정 1: 의사결정과정 요인 [중요도 기준: 0=중요하지 않음, 1=보통임, 2=중요함]						
구분		중요도	활동 Activities	관심 Interests	의견 Opinions	요약
환경적 요인	거주지	2	2	2	1	중상류층과 상류층 지역에 운영함
	수입	2	2	2	1	소비자 수입이 높아야 함
	사회계층	2	2	1	1	중상류층과 상류층
개인적 요인	준거집단	1	1	2	0	친환경과 건강에 관심이 많은 집단의 영향
	라이프 스타일	2	2	2	0	친환경 식품을 섭취하여 건강한 신체를 유지함
	고정 관념	2	2	2	0	친환경 식품은 가격이 높고 품질이 좋음

[표 60]은 홀푸드 마켓 브랜드의 쾌락적 욕구와 실용적 욕구를 조사한 표이다. 타깃 소비자들의 쾌락적 욕구와 실용적 욕구를 분석하면 홀푸드 마켓 브랜드는 소비자들의 실용적 욕구를 충족하기 위해 건강에 도움이 되는 품질 높은 자연 식품을 제공하고 친환경에 민감한 소비자들의 푸드 마켓으로서 소비자들의 생리욕구, 안전욕구, 사회욕구를 충족하였다.

[표 60] 욕구 요인 조사표: 홀푸드 마켓 브랜드

매슬로의 욕구 계층		중요도	욕구 내용
CCBD 1 단계 문화조사 과정 2: 욕구 요인 [중요도 기준: 0=중요하지 않음, 1=보통임, 2=중요함]			
쾌락적 욕구 (구체적 욕구)	자아실현	0	
	자아욕구	0	
	사회욕구	2	친환경에 민감한 사회 집단과의 관계
실용적 욕구 (근본적 욕구)	안전욕구	2	품질 높은 자연 식품은 건강에 도움을 줌
	생리욕구	2	건강에 도움이 되는 식품

내셔널 브랜드의 소비자 트렌드 특성

[1단계 문화조사: 과정 3(6장) 참조]

[표 61]은 홀푸드 마켓 브랜드의 소비자 트렌드 구분을 조사한 표이다. 타깃 소비자 트렌드 구분을 분석하면 홀푸드 마켓 브랜드는 성장기에 들어온 브랜드이기에 현재 주요 표적 시장을 트렌드 추종자(10%)와 초기 주류 소비자(20%)에 두었고 2차 표적 시장을 주류 소비자(40%)로, 전체 소비자 중에 70%를 표적 시장으로 두고 있다. 하지만 성장기 후기에 있는 홀푸드 마켓을 활성화하기 위해 주요 표적 시장을 트렌드 추종자(10%), 초기 주류 소비자(20%), 주류 소비자(40%)로 두고 2차 표적 시장을 후기 주류 소비자(15%)로, 전체 소비자 중에 약 85%를 표적 시장으로 두었다. 주류 소비자(40%)를 주요 표적 시장으로 갖기 위해서는 일반 가격의 다양한 자연 푸드를 보유해야 한다.

[표 61] 트렌드 구분 조사표: 홀푸드 마켓 브랜드

CCBD 1 단계 문화조사 과정 3: 트렌드 구분 [중요도 기준: 0=중요하지 않음, 1=보통임, 2=중요함]		
트렌드 구분	현재 소비자	타깃 소비자
트렌드 결정자 (05%)	0	0
트렌드 추종자 (10%)	2	2
초기 주류 소비자 (20%)	1	2
주류 소비자 (40%)	1	2
후기 주류 소비자 (15%)	0	1
보수적 소비자 (10%)	0	0

내셔널 브랜드의 문화 특성

[2단계 문화분석: 과정 1(1장·2장) 참조]

　[표 62]는 홀푸드 마켓의 문화요소와 문화기능 매트릭스를 통해 문화 특성을 분석한 표이다. 발전된 문화기능은 예술과 관습이고, 지켜진 문화기능은 전통, 신념, 지역이다.

[표 62] 문화특성 구분 분석표: 홀푸드 마켓 브랜드

문화요소	CCBD 2 단계 문화분석 과정 1: 문화특성 구분 문화기능 중요도(5점·척도 구분): 1.매우 중요하지 않음, 2.중요하지 않음, 3.보통, 4.중요함, 5.매우 중요함 중요한 문화전략 요소: 중요도 4, 5 배제할 문화전략 요소: 중요도 1, 2, 3			
	문화기능			
	지켜짐(CM)	발전됨(CG)	없어짐(CD)	융합됨(CF)
예술	1	4	1	1
문학	1	1	1	1
전통	5	1	1	1
신념	5	1	1	1
언어	1	1	1	1
관습	1	4	1	1
지역	5	1	1	1
종교	1	1	1	1
생활양식	1	1	1	1

내셔널 브랜드의 문화코드 특성

[2단계 문화분석: 과정 2(2장)·과정 3(1장) 참조]

[표 63]은 홀푸드 마켓의 문화코드 구분을 통해 브랜드의 문화코드를 구성한 표이다. 활성 문화코드와 제안 문화코드가 가장 중요한 문화코드로서 브랜드에 영향을 미친다. 제안 문화코드와 활성 문화코드를 활용한 홀푸드 마켓은 고객의 건강과 친환경을 위해 프리미엄 품질과 가격의 친환경 자연 식품을 제공한다.

[표 63] 문화코드 중요도 표: 홀푸드 마켓 브랜드

CCBD 2 단계 문화분석 과정 2: 문화코드 구분			
문화기능 중요도(5점-척도 구분):			
1.매우 중요하지 않음, 2.중요하지 않음, 3.보통, 4.중요함, 5.매우 중요함			
중요한 문화전략 요소: 중요도 4, 5 배제할 문화전략 요소: 중요도 1, 2, 3			
문화코드(Cc) 구분			
문화코드 구분	중요도	문화요소	
일반 문화코드(GCc)	2		
제안 문화코드(PCc)	4	• 예술CG: 프리미엄 품질과 가격 • 관습CG: 친환경 자연 식품	
활성 문화코드(ACc)	5	• 전통CM: 농장과 어촌에서 재배한 자연 식품 • 신념CM: 소비자의 건강과 친환경 지구를 위한 마켓 • 지역CM: 로컬 자연 식품 권장	
비활성 문화코드(ICc)	2		

[표 64]는 홀푸드 마켓 브랜드의 문화코드와 문화유형의 관계를 분석한 표이다. 문화코드 중요도 표의 제안 문화코드와 활성 문화코드를 기준으로 문화유형을 분석한 결과 제한 문화코드는 행동문화가 중요하고

활성 문화코드는 물질문화, 행동문화, 관념문화가 중요하다. 즉 소비자들의 브랜드 연상에 있어 홀푸드 마켓 브랜드는 프리미엄 품질과 가격의 친환경 자연 식품을 제공하는 건강한 푸드 마켓이다.

[표 64] 문화유형 분석표: 홀푸드 마켓 브랜드

| 문화유형 | CCBD 2 단계 문화분석 과정 3: 문화유형 구분
[중요도 기준: 0=중요하지 않음, 1=보통임, 2=중요함] | | | |
| | 문화코드(Cc) 구분 | | | |
	일반 문화코드 (GCc)	제안 문화코드 (PCc)	활성 문화코드 (ACc)	비활성 문화코드 (ICc)
물질문화	N/A	1	2	N/A
행동문화	N/A	2	2	N/A
관념문화	N/A	1	2	N/A

내셔널 브랜드의 브랜드 터치포인트 디자인 특성

[3단계 문화전략: 과정 1(3장)·과정 2(7장)·과정 3(2장·8장) 참조]

[표 65]는 홀푸드 마켓 브랜드의 문화분석인 문화 특성, 문화코드, 문화유형을 기준으로 브랜드디자인 기능인 본원적 기능과 파생적 기능을 분석한 표이다. 홀푸드 마켓 브랜드의 브랜드디자인에 있어 본원적 기능은 행동문화와 관념문화를 기준으로 두고, 파생적 기능은 물질문화를 기준으로 연구한다. 즉 친자연주의 및 건강주의 소비자들이 생각하고 행동하는 방법은 같지만, 소비자들의 기본적 욕구를 충족시킬 자연 식품은 계절과 유통 장소에 따라 다르다.

[표 65] 브랜드디자인 기능 전략 표: 홀푸드 마켓 브랜드

CCBD 3 단계 문화전략 과정 1: 브랜드디자인 기능		
문화분석	브랜드디자인 기능	
	본원적 기능(PF)	파생적 기능(DF)
문화코드 및 문화특성	활성 문화코드(ACc) • 신념CM: 소비자의 건강과 친환경 지구를 위한 마켓 • 지역CM: 로컬 자연 식품 권장 제안 문화코드(PCc) • 예술CG: 프리미엄 품질과 가격 • 관습CG: 친환경 자연 식품	활성 문화코드(ACc) • 전통CM: 농장과 어촌에서 재배한 자연 식품 제안 문화코드(PCc) • 예술CG: 프리미엄 품질과 가격
문화유형	행동문화, 관념문화	물질문화

[표 66]은 홀푸드 마켓 브랜드의 브랜드 터치포인트 디자인 유형을 기준으로 브랜드디자인 기능인 본원적 기능과 파생적 기능을 분석한 표이다. 홀푸드 마켓 브랜드는 인간이 먹는 식품을 다루는 브랜드이기에 충격적인 방법으로 정서적인 불안을 느끼게 하는 하드 주제 디자인 유형은 절대 사용하지 않는다. 계절별, 공휴일, 특별한 날마다 먹는 식품이 다르다 보니 파생적 기능을 보유한 문화코드는 활성 문화코드이다. 본원적 기능은 체계적이고 통일된 제안 문화코드를 기준으로 브랜드 터치포인트 디자인이 연구되지만 시대의 트렌드에 맞게 변화를 준다. 그러나 브랜드 터치포인트 디자인에 있어 본원적 기능이며 활성 문화코드인 신념, 전통은 시대에 관계없이 일관적으로 유지해야 한다.

[표 66] 브랜드 터치포인트 디자인 유형 전략 표: 홀푸드 마켓 브랜드

브랜드 터치포인트 디자인 유형		본원적 기능(PF)	파생적 기능(DF)
		CCBD 3 단계 문화전략 과정 2: 브랜드 터치포인트 디자인 유형	브랜드디자인 기능
이해 정보	지속 기능 디자인	활성 문화코드(ACc) •신념CM: 소비자의 건강과 친환경 지구를 위한 마켓 제안 문화코드(PCc) •예술CG: 프리미엄 품질과 가격 •관습CG: 친환경 자연 식품	활성 문화코드(ACc) •지역CM: 로컬 자연 식품 권장
	단기 기능 디자인	제안 문화코드(PCc) •예술CG: 프리미엄 품질과 가격	활성 문화코드(ACc) •전통CM: 농장과 어촌에서 재배한 자연 식품 •지역CM: 로컬 자연 식품 권장
욕구 정보	동기 부여 디자인	활성 문화코드(ACc) •전통CM: 농장과 어촌에서 재배한 자연 식품 제안 문화코드(PCc) •관습CG: 친환경 자연 식품	활성 문화코드(ACc) •전통CM: 농장과 어촌에서 재배한 자연 식품 •지역CM: 로컬 자연 식품 권장
	자극 반응 디자인	활성 문화코드(ACc) •신념CM: 소비자의 건강과 친환경 지구를 위한 마켓	활성 문화코드(ACc) •전통CM: 농장과 어촌에서 재배한 자연 식품 •지역CM: 로컬 자연 식품 권장
감성 정보	소프트 주제 디자인	활성 문화코드(ACc) •신념CM: 소비자의 건강과 친환경 지구를 위한 마켓제안 문화코드 제안 문화코드(PCc) •관습CG: 친환경 자연 식품	활성 문화코드(ACc) •전통CM: 농장과 어촌에서 재배한 자연 식품 •지역CM: 로컬 자연 식품 권장
	하드 주제 디자인	N/A	N/A

[표 67]은 홀푸드 마켓 브랜드의 문화코드와 시각 문화코드를 분석한 표이다. 홀푸드 마켓 브랜드의 활성시각 문화코드인 시각표현, 서체, 색채, 이미지, 텍스처, 스타일은 홀푸드 마켓 브랜드의 연상 단어인 자연과 건강을 기준으로 선정해야하기에 도시적, 기계, 과학, 공포 등과 같은 연상 시각 요소는 사용하지 않는다. 활성시각 문화코드와 일반시각 문화코드는 유사한 특성을 보유한 시각 요소들을 사용한다. 제안시각 문화코드는 식품의 다양한 용도와 특성 그리고 홀푸드 마켓 브랜드의 브랜드 개성을 기준으로 변화를 주어야 한다.

[표 67] 시각문화코드 구분 전략 표: 홀푸드 마켓 브랜드

| CCBD 3 단계 문화전략 과정 3: 시각문화코드 구분 전략 표 | | | | | |
| 문화코드(Cc) | | 시각문화코드(VCc) | | | |
구분	요소	일반시각 문화코드 (GVCc)	제안시각 문화코드 (PVCc)	활성시각 문화코드 (AVCc)	비활성시각 문화코드 (IVCc)
일반 문화코드	N/A	시각표현 서체 색채 이미지 텍스처 스타일	시각표현 레이아웃 서체 색채 타이포 그래피 이미지 패턴 텍스처 형태 스타일	시각표현 서체 색채 이미지 텍스처 스타일	N/A
제안 문화코드	• 예술CG: 프리미엄 품질과 가격 • 관습CG: 친환경 자연 식품				
활성 문화코드	• 전통CM: 농장과 어촌에서 재배한 자연 식품 • 신념CM: 소비자의 건강과 친환경 지구를 위한 마켓 • 지역CM: 로컬 자연 식품 권장				
비활성 문화코드	N/A				

[그림 110]~[그림 114]는 일본 동경에 위치한 글로벌 브랜드디자인 회사인 Ian Lynam Design(www.ianlynam.com)이 작업한 홀푸드마켓 브랜드의 브랜드 터치포인트 디자인이다. 홀푸드 마켓 브랜드의 브랜드 서체와 홀푸드 마켓 브랜드 서체를 사용한 웹사이트, 텔레비전 광고, 웹 광고, 웹 동영상 광고, 사인, 패키지디자인이다.

자료 제공: Ian Lynam Design, Tokyo, Japan

[그림 110] 홀푸드 마켓 브랜드의 브랜드 서체를 사용한 웹사이트
2014년 공휴일 광고 캠페인에 사용하기 위해 감성적인 손 글씨체로 브랜드 서체(Brand Typeface)를 개발하여 홀푸드 마켓의 소비자들에게 홀푸드의 가치관을 소통하였다.

자료 제공: Ian Lynam Design, Tokyo, Japan

[그림 111] 홀푸드 마켓 브랜드의 브랜드 서체를 사용한 텔레비전 광고

자료 제공: Ian Lynam Design, Tokyo, Japan

[그림 112] 홀푸드 마켓 브랜드의 브랜드 서체를 사용한 웹 동영상 광고

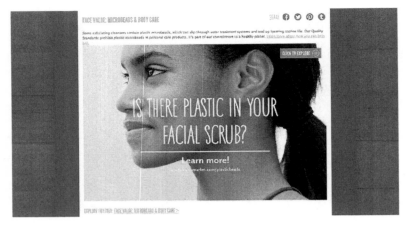

[그림 113] 홀푸드 마켓 브랜드의 브랜드 서체를 사용한 웹 광고

[그림 114] 홀푸드 마켓 브랜드의 브랜드 서체를 사용한 패키지디자인 및 사인

제17장

글로벌 브랜드의
문화코드 브랜드디자인 전략

　브랜드 디자이너는 브랜드에 영혼을 넣어 살아 있는 브랜드로 발전시키기 위해 브랜드의 구성 요소를 구축하고 그 과정에 있어 시간을 두고 끊임없는 노력을 해야 한다. 브랜드의 구성 요소는 상표, 로고, 기업, 기억의 단서, 위험 감소자, 아이덴티티 시스템, 소비자 마음속의 이미지, 가치 시스템, 개성, 관계, 부가가치, 진화하는 실체라는 12가지이다.[132] 브랜드의 12가지 구성 요소는 문화의 요소와 친밀한 관계가 있으며 문화코드 브랜드디자인 방법론(CCBD)의 기본적인 문화코드를 설명하고 있다. 문화코드와 문화코드 변화에 의해 만들어진 브랜드디자인은 차별화의 관점, 부가 가치의 관점, 상호작용적인 관계의 관점에서 중요한 역할을 한다. 그리고 브랜드의 구성 요소를 보유한 브랜드디자인이 브랜드에 영향을 줄 수 있는 조건은 경제 발전, 시장 성숙, 소비자의 욕구(요구), 경쟁, 상표권 보호, 미디어의 추천, 적당한 판매상황 등이 있다.[133]

---

132 윤경구(2009). 아커 켈러 캐퍼러 브랜드 워크숍. 유나이티드북스. pp. 47~48.

133 김유경(역)(2003), Anholt, Simon(저)(2003). 국가 브랜드 국가 이미지 글로벌 브랜드를 만들기 위해 기업과 정부가 할 일(Brand New Justice: The Upside of Global Branding, Routledge). 커뮤니케이션북스. pp. 57~59.

그러므로 항상 브랜드 영향 조건을 조사하고 브랜드와 브랜드디자인을 조절해야 한다. 특히 로컬 브랜드가 지역 브랜드로, 지역 브랜드가 내셔널 브랜드로 내셔널 브랜드가 글로벌 브랜드로 발전하면서 새로운 문화권에서 성공하기 위해서는 지역에 대한 통찰과 지식이 필요하다. 문화인류학에서는 인간이 살아가기 위해서 만든 모든 것들을 '문화'라고 한다. 그중에서도 도구나 건축처럼 물질적인 것들을 가시적 문화, 또는 문명으로 구분한다. 이렇게 보면 디자인은 가시적 문화 또는 문명을 만드는 문화적 행위에 속한다. 즉, 단지 기업을 위한 상품을 만드는 것이 아니라 문화를 만드는 활동이다.[134] 그래서 글로벌 브랜드의 브랜드 터치포인트 디자인을 고려할 때 브랜드의 본질인 브랜드의 구성 요소를 반영함과 동시에 지역의 문화와 소비자들의 특성을 존중해야 한다.[135]

"브랜드는 단순하고 어필할 수 있어야 하고 흥미 있고 영속성 있는 시각적 요소를 가져야 한다."[136] 특히 글로벌 브랜드는 브랜드 영향 요소가 다른 다양한 문화권(언어권)에서 긍정적인 브랜드의 정체성을 유지해야 한다. 다양한 문화권에서도 인지할 수 있는 본원적 기능과 경쟁 브랜드와 경쟁할 수 있는 파생적 기능을 갖춘 브랜드와 브랜드의 브랜드 터치포인트 디자인을 구축하는 것은 그렇게 쉽지 않다. 브랜드의 기본 브랜드 터치포인트 디자인의 특징은 다음과 같다. 기본 브랜드 터치포인트

---

134 최경원(2014). 디자인 인문학. 허밍버드. p. 108.

135 Best, Kathryn (2006). Design Management: Managing Design Strategy, Process and Implementation. AVA Publishing. pp. 166~169.

136 정인식, 구승회(역)(2006), Roll, Martin(저)(2005). 아시아의 글로벌 브랜드 전략과 과제 그리고 희망(Asian Brand Strategy How Asia Builds Strong Brands, Palgrave MacMillan). 시그마프레스. p. 150.

디자인의 특징은 글로벌 브랜드 개발에 있어 필수 조건이기도 하다.

- 이제 브랜드가 러브마크(Love Mark)로 불리는 시대다. 특정 브랜드와 소비자들의 친밀도를 나타낸다.[137]
- 브랜드 터치포인트 디자인은 브랜드의 철학을 반영해야 하며 타깃 소비자들과 적절한 관련성을 지녀야 한다.
- 브랜드 터치포인트 디자인은 소비자들의 신뢰와 믿음을 얻기 위해 브랜드의 본원적 기능과 파생적 기능을 전달해야 한다.
- 브랜드 터치포인트 디자인은 소비자들의 욕구를 소통하고 소비자의 복합적 의사결정 과정에 영향을 줄 수 있어야 한다.
- 브랜드 터치포인트 디자인은 명확한 방법으로 브랜드 아이덴티티, 개성, 가치를 효과적으로 전달할 수 있어야 한다.
- 브랜드 터치포인트 디자인은 브랜드 연상 작용을 극대화하여 브랜드를 식별할 수 있게 하여야 한다.

소매 시장이 특정 국가에 머물지 않고 세계 시장으로 확대되자 브랜드의 성장 속도도 그만큼 빨라졌다. 기업들은 지속적인 성장과 수익을 위해서 장기적이면서도 체계적인 글로벌 브랜드 전략을 수립해야 한다는 사실을 인식하기 시작했다.[138] 20세기에 등장한 새로운 패턴의 문화 현상으로 소비문화의 기본 방침은 신자본주의, 경제민주주의, 미국식 세계화로 발전하였다. 글로벌 문화는 세계화, 곧 '글로벌라이제이션'

---

137 브랜드메이저(2008). 히트상품을 만드는 브랜딩 트렌드 30 까다로운 소비자를 사로잡는 브랜드의 비밀. 김앤김북스. p. 162.

138 채수환(역)(2014), Kahn, Barbara E.(저)(2013). 1초 안에 떠오르는 글로벌 브랜드의 성공 비밀: 끊임없는 성장을 위한 전략적 브랜드 관리(Global Brand Power Leveraging Branding for Long-Term Growth, Wharton Digital Press). 매일경제신문사. p. 11.

(globalization) 과정에서 생산된, '전 세계를 무대로 하는' 문화를 자칭하는데, 이는 경제 강국들이 문화를 경제 시장의 핵심 요소로 여기게 되면서 등장한 개념이다. 글로벌 문화에는 국적이 없다. 이제 문화를 사고파는 시대가 된 것이다.[139] 스타벅스, 나이키, 아디다스, 잠바주스, 현대자동차, 삼성 전자제품, 애플, 맥도날드 등 로컬 브랜드에서 글로벌 브랜드로 발전한 브랜드는 문화를 경제 시장의 핵심 요소로 사용하여 글로벌라이제이션을 실행하고 있다.

고소득 국가이며 경제 강국인 미국, 일본, 독일, 영국, 프랑스, 이탈리아, 캐나다, 호주, 대한민국은 창의성, 디자인, R&D, 브랜딩, 소비자가 있고, 저소득 국가는 일용품, 노동자, 소비자가 있다. 가난한 나라의 소비자들은 돈은 없지만 그 수가 많고 자발적이며, 경제 강국의 이미지를 사고 싶다는 강한 욕망이 있어 글로벌 브랜드를 구매하고 있다.[140]

일반적으로 저소득 국가의 기업은 브랜드 수출로 부자가 될 수 없는 이유가 있다. 다음은 이에 대한 가장 보편적인 이유이다.[141]

1. 저소득 국가의 기업은 좋은 품질의 제품이나 서비스를 생산할 능력이 없다.
2. 저소득 국가의 기업이 좋은 제품이나 서비스를 만든다 해도 브랜드로 전 세계에 판매할 능력이 없다.

---

139 박치완, 김평수(2011). 문화콘텐츠와 문화코드 글로컬시대를 디자인하다 문화콘텐츠학 총서 8. 한국외국어대학교출판부. pp. 365~366.

140 김유경(역)(2003), Anholt, Simon(저)(2003). 국가 브랜드 국가 이미지 글로벌 브랜드를 만들기 위해 기업과 정부가 할 일(Brand New Justice: The Upside of Global Branding, Routledge). 커뮤니케이션북스. pp. 32~35.

141 Ibid., pp. 14~16.

3. 저소득 국가의 기업은 세계적인 브랜드를 만들 만한 전문적인 기술이 없다.

4. 저소득 국가의 기업이 그럴 능력이 있다 해도 경제 강국의 소비자들은 저소득 국가의 브랜드를 구매하지 않는다.

5. 저소득 국가의 기업이 능력이 있고 경제 강국의 소비자들이 저소득 국가의 브랜드를 구매하여도 최종 수익은 국가 경제에 도움을 주지 못할 것이고, 단지 소수의 부패한 개개인들이 소유할 것이다.

'하드록'(Hard Rock)브랜드는 1971년 이삭 티그레트(Isaac Tigrett)와 피터 모튼(Peter Morton)이 런던에 설립한 테마 레스토랑(Theme Restaurant) 체인인 하드록 카페(Hard Rock Cafe)에서부터 시작 되었다. 1979년부터 매장 벽면에 록앤롤(rock and roll) 기념품을 장식하기 시작했는데, 이것은 다른 체인점에 퍼져 브랜드의 활성 문화코드로서 전통이 되었다. 2007년에 플로리다 세미놀(Seminole) 부족에게 매각하여 2015년 12월에 플로리다 올랜도에 하드록 본사를 세웠으며 현재 75개국에 191개의 지역에서 181개의 하드록 카페, 25개의 호텔, 11개의 카지노를 운영하는 글로벌 브랜드로 발전하였다.

글로벌 브랜드를 설명하고자 미국 하드록 브랜드 사례를 다음과 같이 정리하였다.

글로벌 브랜드와 브랜드 유형의 특성

[기초단계: 2장 참조]

[표 68]은 하드록 브랜드를 분류한 브랜드 유형 구분 표이다. 하드록 브랜드의 판매 목적인 제품, 서비스, 문화로 록앤롤 음악 장르를 상징하는 문화코드를 사용하여 테마 레스토랑 카페, 패션 상품 및 기념품 매장, 호텔, 카지노를 운영하고 있다. 하드록 브랜드는 프리미엄 글로벌 브랜드로 상징적 브랜드이며 경험성 브랜드인 통합 브랜드와 차별 브랜드이다. 이렇게 경제 선진국의 글로벌 브랜드는 문화와 스토리를 보유하고 있기 때문에 소비자들은 그 문화와 스토리를 동경하고 소유하고 싶은 욕망이 있다. 그러므로 이런 글로벌 브랜드는 제품 브랜드, 서비스 브랜드, 문화 브랜드로서의 판매 목적을 갖고 있다. 또한 소비자들은 글로벌 브랜드로 통해 상징적 가치를 원하고 간접적 문화 경험을 원한다.

[표 68] 브랜드 유형 구분 표: 하드록 브랜드

브랜드 유형	브랜드 종류	브랜드의 브랜드 포지셔닝
판매 목적	제품 브랜드	패션 상품 및 기념품을 판매함
	서비스 브랜드	카페, 매장, 호텔, 카지노를 운영함
	문화 브랜드	록앤롤 음악 장르를 상징하는 문화코드를 공유함
신뢰	통합 브랜드	패밀리 브랜드로 카페, 매장, 호텔, 카지노를 운영함
	차별 브랜드	록앤롤 음악 장르를 기준으로 테마형 카페, 매장, 호텔, 카지노를 운영함
판매 지역	글로벌 브랜드	전 세계 75개국에 191개의 지역에서 카페, 호텔, 카지노를 운영하고 있음
가격	프리미엄 브랜드	소비자의 잠재 욕구를 충족시키는 역할을 하고 있음
사업 영역	오프라인 브랜드	하드록 브랜드는 전통적인 유통과 판매를 운영 하고 있음
편익	상징적 브랜드	소비자의 욕구 충족 요소로서 록앤롤 장르의 특성을 원함
	경험성 브랜드	하드록 브랜드 경험을 통해 소비자의 잠재 욕구를 충족함

글로벌 브랜드의 소비자 특성

[1단계 문화조사: 과정 1(4장)·과정 2(5장) 참조]

　[표 69]는 하드록 브랜드의 환경적 요인과 개인적 요인을 조사한 표이다. 타깃 소비자들의 환경적 요인과 개인적 요인을 분석하면 하드록 브랜드의 타깃 소비자층의 특성은 록앤롤 장르의 가수와 노래의 자유롭고 역동적인 표현과 개성을 경험하고 싶은 20~30대 소비자들과 젊은 추억을 다시 재회하고 싶은 40~50대 소비자들이다.

[표 69] 의사결정과정 요인 조사표: 하드록 브랜드

CCBD 1 단계 문화조사 과정 1: 의사결정과정 요인 [중요도 기준: 0=중요하지 않음, 1=보통임, 2=중요함]					
구분		중요도	활동 Activities	관심 Interests	의견 Opinions	요약
환경적 요인	연령	2	2	2	0	20대 소비자의 미국 문화에 대한 관심
	직업	1	1	2	0	대학생들의 자유로운 생각과 행동과 연관됨
	문화	2	2	2	0	동경하는 미국 서구 문화와 록앤롤 스토리
	연령 집단	2	2	2	1	20대의 새로운 테마 30대의 자유로운 장소 40~50대의 추억
	준거 집단	2	2	1	1	록앤롤 가수와 미녀들
개인적 요인	라이프 스타일	2	2	2	1	자유로운 표현과 의사의 가치
	개성	2	1	2	1	록앤롤 가수와 음악의 개성과 이미지
	고정 관념	2	2	2	1	록앤롤 음악 장르의 실제 스토리와 상징

[표 70]은 하드록 브랜드의 쾌락적 욕구와 실용적 욕구를 조사한 표이다. 타깃 소비자들의 쾌락적 욕구와 실용적 욕구를 분석하면 하드록 브랜드는 소비자들의 욕구를 충족하기 위해 록앤롤 장르의 다양한 문화코드를 하드록 브랜드인 테마 레스토랑, 매장, 호텔, 카지노를 통해 직접 경험하게 하여 록앤롤 문화에 일부분이 되게 한다.

[표 70] 욕구 요인 조사표: 하드록 브랜드

CCBD 1 단계 문화조사 과정 2: 욕구 요인 [중요도 기준: 0=중요하지 않음, 1=보통임, 2=중요함]			
매슬로의 욕구 계층		중요도	욕구 내용
쾌락적 욕구 (구체적 욕구)	자아실현	1	
	자아욕구	2	자신의 록앤롤 아이돌을 동경하는 욕구
실용적 욕구 (근본적 욕구)	사회욕구	2	록앤롤 장르를 경험하고 싶어 하는 욕구
	안전욕구	0	
	생리욕구	0	

글로벌 브랜드의 소비자 트렌드 특성

[1단계 문화조사: 과정 3(6장) 참조]

　[표 71]은 하드록 브랜드의 소비자 트렌드 구분을 조사한 표이다. 타깃 소비자 트렌드 구분을 분석하면 하드록 브랜드는 성숙기에 접어든 브랜드이기에 현재 주요 표적 시장을 트렌드 추종자(10%)와 초기 주류 소비자(20%)에 두었고 2차 표적 시장을 주류 소비자(40%)로 두어 전체 소비자 중에 70%를 표적 시장으로 두고 있다. 하지만 하드록 브랜드를 활성화하기 위해 하드록 브랜드의 주요 표적 시장은 트렌드 결정자(5%), 트렌드 추종자(10%), 초기 주류 소비자(20%), 주류 소비자(40%)로 두고 2차 표적 시장을 후기 주류 소비자(15%)로 두어 전체 소비자 중에 약 90%를 표적 시장으로 두었다.

[표 71] 트렌드 구분 조사표: 하드록 브랜드

CCBD 1 단계 문화조사 과정 3: 트렌드 구분 [중요도 기준: 0=중요하지 않음, 1=보통임, 2=중요함]		
트렌드 구분	현재 소비자	타깃 소비자
트렌드 결정자 (05%)	0	1
트렌드 추종자 (10%)	2	2
초기 주류 소비자 (20%)	2	2
주류 소비자 (40%)	1	2
후기 주류 소비자 (15%)	0	1
보수적 소비자 (10%)	0	0

글로벌 브랜드의 문화 특성

[2단계 문화분석: 과정 1(1장·2장) 참조]

[표 72]는 하드록 브랜드의 문화요소와 문화기능 매트릭스를 통해 문화 특성을 분석한 표이다. 록앤롤 문화코드에 중요한 문화요소는 예술, 전통, 신념, 언어, 관습, 생활양식이다. 현대 문화에 적응하기 위해 예술과 생활양식은 융합되어야 하고 예술과 전통은 발전해야 한다.

[표 72] 문화특성 구분 분석표: 하드록 브랜드

문화요소	CCBD 2 단계 문화분석 과정 1: 문화특성 구분 문화기능 중요도(5점-척도 구분): 1.매우 중요하지 않음, 2.중요하지 않음, 3.보통, 4.중요함, 5.매우 중요함 중요한 문화전략 요소: 중요도 4, 5 배제할 문화전략 요소: 중요도 1, 2, 3			
	문화기능			
	지켜짐(CM)	발전됨(CG)	없어짐(CD)	융합됨(CF)
예술	5	4	1	4
문학	1	1	1	1
전통	5	2	1	1
신념	5	3	1	1
언어	5	2	1	1
관습	5	1	1	1
지역	1	1	1	1
종교	1	1	1	1
생활양식	5	3	1	5

글로벌 브랜드의 문화코드 특성

[2단계 문화분석: 과정 2(2장)·과정 3(1장) 참조]

　[표 73]는 하드록 브랜드의 문화코드 구분을 통해 브랜드의 문화코드를 구성한 표이다. 활성 문화코드와 일반 문화코드는 유사한 요소들을 공유하여 하드록 브랜드의 문화를 강하게 만든다. 제안 문화코드는 시대에 따라 젊은 소비자 층의 이해를 높이기 위해 발전한다.

[표 73] 문화코드 중요도 표: 하드록 브랜드

CCBD 2 단계 문화분석 과정 2: 문화코드 구분		
문화기능 중요도(5점-척도 구분):		
1.매우 중요하지 않음, 2.중요하지 않음, 3.보통, 4.중요함, 5.매우 중요함		
중요한 문화전략 요소: 중요도 4, 5 배제할 문화전략 요소: 중요도 1, 2, 3		
문화코드(Cc) 구분		
문화코드 구분	중요도	문화요소
일반 문화코드(GCc)	5	활성 문화코드와 같음
제안 문화코드(PCc)	5	• 예술CG&CF: 현 트렌드에 맞는 록앤롤 스타일로 발전과 융합 • 생활양식CF: 젊은 소비자들이 이해할 수 있는 정보와 융합
활성 문화코드(ACc)	5	• 예술CM: 록앤롤 장르의 예술적 가치 공유 • 전통CM: 록앤롤 스토리를 전달하여 전통을 지킴 • 신념CM: 록앤롤 장르의 자유로운 표현과 행동 공유 • 언어CM: 록앤롤 시대의 유행어 및 말투 지킴 • 관습CM: 록앤롤 스타일과 음악 공유 • 생활양식CM: 록앤롤 스타들의 패션, 음식, 행동 공유
비활성 문화코드(ICc)	1	N/A

[표 74]는 하드록 브랜드의 문화코드와 문화유형의 관계를 분석한 표이다. 문화코드 중요도 표의 제안 문화코드와 활성 문화코드를 기준으로 문화유형을 분석한 결과 제한 문화코드는 물질문화와 행동문화가 중요하고 활성 문화코드는 물질문화, 행동문화, 관념문화가 중요하다. 즉 소비자들의 브랜드 연상에 있어 하드록 브랜드는 사물, 기술, 행동, 사고를 통해 록앤롤 문화와 역사적 가치를 유지하고 소비자들이 이해하기 쉬운 사물과 행동을 통해 록앤롤과 하드록 브랜드를 친근한 브랜드로 만든다.

[표 74] 문화유형 분석표: 하드록 브랜드

CCBD 2 단계 문화분석 과정 3: 문화유형 구분 [중요도 기준: 0=중요하지 않음, 1=보통임, 2=중요함]				
문화유형	문화코드(Cc) 구분			
	일반 문화코드 (GCc)	제안 문화코드 (PCc)	활성 문화코드 (ACc)	비활성 문화코드 (ICc)
물질문화	1	2	2	N/A
행동문화	1	2	2	N/A
관념문화	1	1	2	N/A

글로벌 브랜드의 브랜드 터치포인트 디자인 특성

[3단계 문화전략: 과정 1(3장)·과정 2(7장)·과정 3(2장·8장) 참조]

[표 75]는 하드록 브랜드의 문화분석인 문화 특성, 문화코드, 문화유형을 기준으로 브랜드디자인 기능인 본원적 기능과 파생적 기능을 분석한 표이다. 하드록 브랜드의 브랜드디자인에 있어 본원적 기능은 물질문화, 행동문화, 관념문화를 기준으로 두고, 파생적 기능은 물질문화와 행동문화를 기준으로 두어 연구한다.

[표 75] 브랜드디자인 기능 전략 표: 하드록 브랜드

문화분석	CCBD 3 단계 문화전략 과정 1: 브랜드디자인 기능	
	브랜드디자인 기능	
	본원적 기능(PF)	파생적 기능(DF)
문화코드 및 문화특성	활성 문화코드(ACc) • 예술CM: 록앤롤 장르의 예술적 가치 공유 • 전통CM: 록앤롤 스토리를 전달하여 전통을 지킴 • 언어CM: 록앤롤 시대의 유행어 및 말투 지킴 • 관습CM: 록앤롤 스타일과 음악 공유 • 생활양식CM: 록앤롤 스타들의 패션, 음식, 행동 공유	활성 문화코드(ACc) • 신념CM: 록앤롤 장르의 자유로운 표현과 행동 공유 제안 문화코드(PCc) • 예술CG&CF: 현 트렌드에 맞는 록앤롤 스타일로 발전과 융합 • 생활양식CF: 젊은 소비자들이 이해할 수 있는 정보와 융합
문화유형	물질문화, 행동문화, 관념문화	물질문화, 행동문화

[표 76]은 하드록 브랜드의 브랜드 터치포인트 디자인 유형을 기준으로 브랜드디자인 기능인 본원적 기능과 파생적 기능을 분석한 표이다. 하드록 브랜드는 브랜드 터치포인트 디자인 유형인 이해 정보, 욕구 정

보, 감성 정보를 모두 사용할 수 있다. 브랜드디자인의 본원적 기능은 활성 문화코드인 예술, 전통, 신념, 언어, 관습, 생활양식 등을 사용하고 파생적 기능은 활성 문화코드인 신념과 제안 문화코드인 예술, 생활양식을 사용한다.

[표 76] 브랜드 터치포인트 디자인 유형 전략 표: 하드록 브랜드

CCBD 3 단계 문화전략 과정 2: 브랜드 터치포인트 디자인 유형		
브랜드 터치포인트 디자인 유형	브랜드디자인 기능	
	본원적 기능(PF)	파생적 기능(DF)
이해 정보 / 지속 기능 디자인	활성 문화코드(ACc) •예술CM: 록앤롤 장르의 예술적 가치 공유 •전통CM: 록앤롤 스토리를 전달하여 전통을 지킴	활성 문화코드(ACc) •신념CM: 록앤롤 장르의 자유로운 표현과 행동 공유 제안 문화코드(PCc) •예술CG&CF: 현 트렌드에 맞는 록앤롤 스타일로 발전과 융합 •생활양식CF: 젊은 소비자들이 이해할 수 있는 정보와 융합
이해 정보 / 단기 기능 디자인		
욕구 정보 / 동기 부여 디자인	•신념CM: 록앤롤 장르의 자유로운 표현과 행동 공유 •언어CM: 록앤롤 시대의 유행어 및 말투 지킴	
욕구 정보 / 자극 반응 디자인		
감성 정보 / 소프트 주제 디자인	•관습CM: 록앤롤 스타일과 음악 공유 •생활양식CM: 록앤롤 스타들의 패션, 음식, 행동 공유	
감성 정보 / 하드 주제 디자인		

[표 77]은 하드록 브랜드의 문화코드와 시각 문화코드를 분석한 표이다. 하드록 브랜드를 쉽게 인식할 수 있는 시각 요소인 활성시각 문화코드는 시각표현, 서체, 색채, 이미지, 스타일이다. 특히 록앤롤 시대에 사용한 활성시각 문화코드인 기존 서체와 스타일은 브랜드 터치포인트 디자인에 있어 필수 요소이다. 제안시각 문화코드인 시각표현, 레이아웃, 색채, 타이포그래피, 이미지, 패턴, 텍스처, 형태는 다양한 조건인 시간

과 장소에 의해 다양한 방법으로 표현될 수 있다. 특히 레이아웃, 타이포그래피, 패턴, 텍스처, 형태는 자유롭게 록앤롤 장르와 하드록 브랜드를 표현할 수 있는 제안시각 문화코드이다.

[표 77] 시각문화코드 구분 전략 표: 하드록 브랜드

CCBD 3단계 문화전략 과정 3: 시각문화코드 구분 전략 표						
문화코드(Cc)		시각문화코드(VCc)			
구분	요소	일반시각문화코드 (GVCc)	제안시각문화코드 (PVCc)	활성시각문화코드 (AVCc)	비활성시각문화코드 (IVCc)
일반문화코드	N/A	시각표현 서체 색채 이미지 스타일	시각표현 레이아웃 색채 타이포그래피 이미지 패턴 텍스처 형태	시각표현 서체 색채 이미지 스타일	시각표현 색채 이미지
제안문화코드	•예술CG&CF: 현 트렌드에 맞는 록앤롤 스타일로 발전과 융합 •생활양식CF: 젊은 소비자들이 이해할 수 있는 정보와 융합				
활성문화코드	•예술CM: 록앤롤 장르의 예술적 가치 공유 •전통CM: 록앤롤 스토리를 전달하여 전통을 지킴 •신념CM: 록앤롤 장르의 자유로운 표현과 행동 공유 •언어CM: 록앤롤 시대의 유행어 및 말투 지킴 •관습CM: 록앤롤 스타일과 음악 공유 •생활양식CM: 록앤롤 스타들의 패션, 음식, 행동 공유				
비활성문화코드	N/A				

[그림 115]~[그림 127]은 캘리포니아에 위치한 글로벌 브랜드디자인 회사인 Meat and Potatoes, Inc.(www.meatoes.co)이 작업한 미국 라스베이거스 하드록 호텔카지노(Hard Rock Hotel & Casino, Las Vegas)와 하드록 브랜드의 브랜드디자인이다.

자료 제공: Meat and Potatoes, Inc., California, USA

[그림 115] 미국 라스베이거스 하드록 호텔카지노 로고 디자인
하드록 로고는 많은 역사와 브랜드 가치를 지니고 있기 때문에, 원래 로고의 특성을 유지하는 것이 중요하다. 타이포그래피, 색상, 디자인 효과는 구식이었고 브랜드의 방향과 맞지 않았다. M+P에 의한 하드록의 새로운 브랜딩은 온-오프 커뮤니케이션 전반에 걸쳐 시행되었다.

자료 제공: Meat and Potatoes, Inc., California, USA

[그림 116] 미국 라스베이거스 하드록 호텔카지노
M+P는 하드록 호텔카지노가 음악의 기원을 받아들이고, 전반적으로 새롭고 향상된 고객 경험을 만들어 내도록 장려했다. M+P는 하드록 호텔카지노를 통해 다시 라스베이거스의 힙하고 커팅에지 한 이미지를 연출하려고 노력했다.

자료 제공: Meat and Potatoes, Inc., California, USA

[그림 117] 미국 라스베이거스 하드록 호텔카지노 비주얼 아이덴티티 시스템
간소화된 브랜드의 시그니처 마크인 로고타이프와 타이포그래피는 브랜드의 기존 브랜드 자산을 개선하는 동시에 브랜드 커뮤니케이션을 강화시켰다.

자료 제공: Meat and Potatoes, Inc., California, USA

[그림 118] 미국 라스베이거스 하드록 호텔카지노의 기업 커뮤니케이션
비닐로 포장된 직원용 핸드북에서부터 소유주가 미시시피 강 서쪽으로 확장할 수 있도록 해 주는 책에 이르기까지, 더 이상 '기업'이라고 느끼지 않아도 된다는 것을 증명했다.

자료 제공: Meat and Potatoes, Inc., California, USA

[그림 119] 미국 라스베이거스 하드록 호텔카지노의 브랜드 가이드
하드록 프랜차이즈 브랜드 가이드는 하드록 브랜드 표준의 전통과 중요성을 전달하기 위한 도구로 개발되었고 하드록 호텔 개발에 필요한 브랜드 표준과 특성을 안내하였다.

자료 제공: Meat and Potatoes, Inc., California, USA

[그림 120] 호텔 화장실용품 패키지디자인

자료 제공: Meat and Potatoes, Inc., California, USA

[그림 121] 하드록 장소에 필요한 웨이파인딩 사인 시스템(wayfinding signage system)

자료 제공: Meat and Potatoes, Inc., California, USA

[그림 122] 록앤롤 스타의 로고타이프와 상징적인 이미지를 사용한 카지노 칩

자료 제공: Meat and Potatoes, Inc., California, USA

[그림 123] 미국 라스베이거스 하드록 바이닐 클럽
하드록 바이닐 클럽은 색다른 개념의 클럽이다. 브랜딩과 광고는 바이닐 클럽에 대한
비전을 강화하였다. 1995년에 하드록이 문을 연 이후로 바이닐 클럽은 라스베이거스
음악 세계에 또 다른 지평을 열었다.

[그림 124] 미국 라스베이거스 하드록 호텔카지노 광고
광고 디자인은 원래 하드록 페르소나인 'tongue-in-cheek' 즉 실제 표현이나 행동 그
대로가 아니라 유머 혹은 진지하게 의도하지 않는 행동이나 표현을 묘사하는 표현 형
태이다. 그것을 11개의 개념으로 만들었고 각 개념을 음악 참고 자료로 사용하여 하드
록 호텔카지노는 라스베어가스의 모든 음악과 개성을 대표하는 곳이라는 이미지를 강
화시켰다.

자료 제공: Meat and Potatoes, Inc., California, USA

[그림 125] 하드록 브랜드 매장

자료 제공: Meat and Potatoes, Inc., California, USA

[그림 126] 하드록 브랜드의 직원 유니폼 디자인

자료 제공: Meat and Potatoes, Inc., California, USA

[그림 127] 미국 라스베이거스 하드록 호텔카지노 공연 광고

맺음말

기업이 글로벌 브랜드를 구축하기 위해 소비자들의 삶에 있어 일부분이 되도록 노력해야 하는 이유는 브랜드 개발에 있어 공통적인 분모는 소비자이기 때문이다. 글로벌 브랜드는 전 세계 소비자의 삶의 일부분으로 실용적 욕구나 쾌락적 욕구를 충족시킬 수 있는 브랜드이다. 그러므로 시대와 장소에 따라 변화하는 소비자들의 욕구와 라이프스타일을 정확히 파악하여 지속가능한 커뮤니케이션을 유지해야 소비자들의 브랜드가 될 수 있다.

이런 노력은 소비자들의 문화와 그 문화를 만드는 문화코드를 연구하는 과정인 문화코드 브랜드디자인 방법론(CCBD)을 활용하여 실현시킬 수 있다. 본 책에서는 다음과 같은 문화코드와 시각 문화코드 공식을 기본 이론으로, CCBD방법론인 문화조사, 문화분석, 문화전략 과정을 거쳐 브랜드 터치포인트 디자인을 완성하고 이를 통해 브랜드를 구축하는 방법을 자세하게 설명하였다.

- 문화코드:

    PCc -> ICc -> GCc -> ACc
- 시각 문화코드:

    PVCc + GVCc = IVCc -> GVCc -> GCc -> AVCc

이런 과정을 거친 브랜드는 소비자들의 문화코드가 되기도 하고, 소비자들의 인생의 일부분이 될 수 있는 우수한 글로벌 브랜드가 되기도 한다.

그렇다면 기업이 CCBD 방법론을 효과적으로 실천하여 글로벌 브랜드가 되려면 어떤 노력을 해야 할까?

첫째, 소비자의 문화를 조사하고 분석할 수 있는 융·복합 조직인 크리에이티브 매니지먼트(Creative Management)를 구성해야 한다. 브랜드를 구축하는데 있어 디자인을 알고 있는 전략 조직과 전략을 아는 브랜드 디자인 조직이 같이 협력하여 타깃 소비자들과 브랜드의 활성 문화코드(ACc), 일반 문화코드(GCc), 활성시각 문화코드(AVCc), 일반시각 문화코드(GVCc)를 연구하고 트렌드와 환경 조건을 기준으로 제안 문화코드(PCc)와 제안시각 문화코드(PVCc)를 연구한다.

둘째, 브랜드의 커뮤니케이션 방법인 브랜드 터치포인트 디자인 시스템을 구축해야 한다. 이제는 브랜드 저작권 관리와 미디어/테크놀로지를 통한 다양한 커뮤니케이션 방법이 중요한 시대이다. 독특하고 실용적인 브랜드 터치포인트 디자인 전략을 구축하는데 있어 인문학 중심 디자이너, 공학 중심 디자이너, 예술 중심 디자이너가 한 팀이 되어 지속적인 커뮤니케이션 사슬을 단기와 장기 전략으로 나누어 연구해야 한다. 또한 커뮤니케이션 시뮬레이션을 가능하게 하여 시장에서 성공할 수 있는 가능성을 높여야 한다.

셋째, 브랜드 터치포인트 디자인을 개발할 수 있는 다양한 기본적인 오감 요소 데이터를 모아놓은 데이터베이스를 구축해야 한다. 융·복합 조직인 크리에이티브 매니지먼트의 전문가 멤버들이 브랜드와 관련된 오감 요소 데이터를 쉽게 접속하고 활용할 수 있게 하여 개인 및 조직의 창의적 활동과 문화코드 전략을 효율적으로 도와야 한다.

앞의 세 가지 제안은 5년에서 10년 내에 가능할 거라고 짐작한다. 그렇지만 글로벌 시장에서의 좀 더 빠른 성공을 위해 지금부터 기업은 그 특성에 적합한 글로벌 브랜드 운영 및 관리에 필요한 전문 융·복합 조직인 크리에이티브 매니지먼트 팀을 조직해야 한다. 처음에는 2~5명의 전문가가 모여 CCBD방법론과 문화코드를 연구하고, 브랜드 터치포인트 디자인 시스템을 연구하고, 저작권을 관리하고, 기본적인 오감 요소 데이터를 모으는 작업을 한다. 이런 작업은 한순간에 이루어지지 않는다. 시간과 노력이 필요하다. 본 책의 글로벌 브랜드 사례인 나이키, 아디다스, 맥도날드, 돌, 하드록, 코카콜라, 파슬, 스타벅스, 잠바주스 등을 보면 모두 로컬 브랜드로 시작하여 시간과 노력을 거쳐 글로벌 브랜드가 되었다는 것을 알 수 있을 것이다.

21세기의 세계는 작아지고 있다. 다양한 브랜드가 여러 국가에서 활동하고 있다. 그리고 글로벌 브랜드는 국가 경제 부흥에 큰 역할을 하고 있다. 이제 우리도 다양한 글로벌 브랜드를 구축해야할 시대에 살고 있다. 미국의 맥도날드, 스타벅스, 잠바주스, 나이키 브랜드처럼 지역 소비자들의 욕구를 충족시키는 로컬 브랜드로 시작했지만, 후일에는 다양한 문화권 소비자들의 욕구를 충족시키는 글로벌 브랜드가 될 수 있다는 사고를 가져야 한다. 또한 문화코드와 전략을 아는 브랜드디자인 전문가를 많이 양성해야한다.

이제 디자인은 단순한 예술이 아닌 '논리적인 감각'(Logical Sensibility)이라는 것을 명심하자 ■

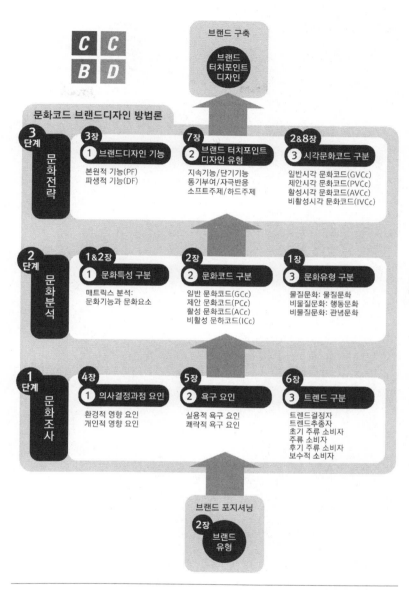

[그림 128] 문화코드 브랜드디자인 방법론(CCBD) 전체 구성도

부록

찾아보기

참고문헌

- Aaker, David A. (1991). Managing Brand Equity. New York: The Free Press.

- Baisya, Rajat Kanti (June 2014). "Future of Aesthetics in Marketing". Review of Management. Vol. 4, No. 1/2. pp. 53-56.

- Baldwin, Jonathan and Roberts, Lucienne (2006). Visual Communication: From Theory to Practice. AVA Publishing.

- Best, Kathryn (2006). Design Management: Managing Design Strategy, Process and Implementation. AVA Publishing.

- Bruce, Margaret and Bessant, John (2002). Design in Business: Strategic Innovation Through Design. Financial Times Management.

- Davis, Melissa (2009). The Fundamentals of Branding. AVA Publishing.

- Davis, Meredith and Hunt, Jamer (2017). Visual Communication Design: An Introduction to Design Concepts in Everyday Experience. Bloomsbury Visual Arts.

- Franzen, G. (1994). Advertising effectiveness. Henley-on-Thames, Oxfordshire, UK: NTC Publications.

- Gains, Neil (2013). Brand EsSense: Using Sense, Symbol and Story to Design Brand Identity. Kogan Page.

- Gaulin, Steven J. C. and Donald H. McBurney (2003). Evolutionary Psychology. Prentice Hall. Chapter 6, pp. 121-142.

- Gerber, Linda (2011). Sociology. Toronto: Pearson.

- Gruber, Marc; Leon, Nick de; Goerge, Gerald; Thompson, Paul (2015). "Managing by Desing". Academy of Management Journal, Vol 58. No. 1. pp. 1~7.

- Hair, Joseph F. Jr., and Anderson, Rolph E. "Culture, Acculturation and Consumer Behavior: An Empirical Study," in Boris W. Becker and Helmut Becker, eds., Combined Proceedings of the American Marketing Association, Series No. 34 (Chicago: American Marketing Association, 1972).

- Healey, Matthew (2010). What is Branding? Essential Design Handbooks. RotoVision.

- Holt, D. B. (2004). How Brands Become Icons: The Principles of Cultural Branding. Boston: Harvard Business School Press.

- Kapferer, Jean-Noël (2012). The New Strategic Brand Management: Advanced Insights and Strategic Thinking (New Strategic Brand Management: Creating & Sustaining Brand Equity). 5th Edition. Kogan Page.

- Knapp, Duane E. (2000). The Brand Mindset. McGraw Hill.

- Martin, B.A.S., & Gnoth, J. (2009). "Is the Marlboro man the only alternative ? The role of gender identity and self-construal salience in evaluations of male modles", Marketing Letters, 20(4), 353-367.

- Maslow, A.H. (1943). "A theory of human motivation". Psychological Review. 50 (4): 370-96.

- McCracken, G. (1986). "Culture and Consumption: A theoretical account of the structure and movement of the cultural meaning of consumer goods", Journal of Consumer Research, 19.

- Mick, D. C. & Buhl, C. (1992). "A meaning-based model of advertising experience". Journal of Consumer Research, 19.

- Naisbitt, John (1984). Megatrends: Ten New Directions Transforming Our Lives. Warner Books.

- Neumeier, Marty (2005). The Brand Gap: How to Bridge the Distance Between Business Strategy and Design. 2nd Edition. New Riders.

- Peterson, Richard A. (1976). "The Production of Culture: A Prologomenon in the Production of Culture," in Richard A. Peterson., ed., Sage Contemporary Social Science Issues. Beverly Hills: Sage.

- Rokeach, Milton J. (January 1968). "A Theory of Organization and Change Within Value-Attitude Systems", Journal of Social Issues 24.

- Roman, K. (2009). The Kings of Madison Avenue. New York: St. Martins Press.

- Samara, Timothy (2007). Design Elements: A Graphic Style Manual. Rockport Publishers.

- Sless, David (1981). Learning and Visual Communication. Wiley.

- UNESCO (2002). UNESCO Universal Declaration on Cutural Diversity. 2001년 11월 2일 파리 UNESCO 컨퍼런스.

- Wheeler, Alina and Katz, Joel (2011). Brand Atlas: Branding Intelligence Made Visible. Wiley.

- Williams, Raymond (1983). Keywords: A Vocabulary of Culture and Society, Rev. Ed.

- Womack, Mari (2005). Symbols and Meaning: A Concise Introduction. California: AltaMira Press.

- Woodward, Ian (2007). Understanding Material Culture. New York, New York: SAGE Publications Ltd.

- 고성연(역)(2014), Brown, Tim; Katz, Barry(저)(2009). 디자인에 집중하라 기획에서 마케팅까지 (hange by Design How Design Thinking Transforms Organizations and Inspires Innovation, Harper Business). 김영사.

- 김경홍(2014). 좋아보이는 것들의 비밀 UX 디자인 : 제품과 서비스, 기획부터 개발까지. 길벗.

- 김상철, 김정수(역)(2007), Rapaille, Clotaire(저)(2006). 컬처코드(The Culture Code, Broadway Books.). 리더스북스.

- 김성환, 박민석, 정용길, 조봉진, 황의록(역)(2007), Assael, Henry(저)(2004). 소비자 행동론(Consumer Behaviors, MA: Houghton Mifflin.). 한티미디어.

- 김유경(역)(2003), Anholt, Simon(저)(2003). 국가 브랜드 국가 이미지 글로벌 브랜드를 만들기 위해 기업과 정부가 할 일(Brand New Justice: The Upside of Global Branding, Routledge). 커뮤니케이션북스.

- 김유경, 전성률(역), Mooij, Meneke de(저)(2007). 글로벌 브랜드 커뮤니케이션 (Global Marketing and Advertising, SAGE Publications, Inc). 나담.

- 깅승욱(역), Mazzar, M.J.(저)(2000). 트렌드 2005. 경영정신.

- 대흥기획 마케팅컨설팅그룹(역)(2014), Settle, Robert B; Alrek, Pamela L.(저)(1986). 소비의 심리학(Wht They Buy. Wiley). 세종서적.

- 박치완, 김평수(2011). 문화콘텐츠와 문화코드 글로컬시대를 디자인하다, 문화콘텐츠학 총서 8. 한국외국어대학교출판부.

- 박희라(역)(2009), Levinson, Jay Conrad; Levinson, Jeannie; Levinson, Amy(저)(2007). 게릴라 마케팅 마케팅 전쟁에서 열정과 민첩함으로 승부하는 게릴라 마케터들의 지침서(Guerrilla Marketing Easy and Inexpensive Strategies for Making Big Profits from Your Small Business, Mariner Books). 비즈니스북스.

- 방수원, 이희수(역)(2012), Lidwell, William; Holden, Kritina; Butler, Jill(저)(2010). 디자인 불변의 법칙 125가지(Universal Principles of Design, Revised and Updated: 125 Ways to Enhance Usability, Influence Perception, Increase Appeal, Make Better Design Decisions, and Teach through Design. Rockport Publishers.). 고려문화사.

- 브랜드메이저(2008). 히트상품을 만드는 브랜딩 트렌드 30 까다로운 소비자를 사로잡는 브랜드의 비밀. 김앤김북스.

- 서정희(2005). 소비자트렌드 예측의 이론과 방법. 내하출판사.

- 안광호, 유창조, 전승우(역)(2016), Kotler, Philip; Armstrong, Gary(저)(2014). Kotler의 마케팅 원리(Principles of Marketing,Global Edition, 15th Edition, Pearson Education Limited). 시그마프레스.

- 안장원(역)(2008), Gobe, Marc(저)(2007). 감성 디자인 감성 브랜딩 뉴트렌드 (Brand Jam: Humanizing Brands Through Emotional Design, Allworth Press). 김앤김 북스.

- 우석봉(2007). 브랜드 심리학. 학지사.

- 원유진(역)(2002), The Kellogg Marketing Faculty, Northwestern University(저)(2001). 마케팅 바이블(Kellogg On Marketing, John Wiley & Sons, Inc.). 세종연구원.

- 윤경구(2009). 아커 켈러 캐퍼러 브랜드 워크숍. 유나이티드북스.

- 윤경구, 금은영, 신원학(역)(2013), Schmitt, Bernd H.(저)(2011). 번 슈미트의 체험 마케팅 감각 감성 인지 행동 관계 모듈을 활용한 총체적 체험의 창출(Experiential Marketing: How to Get Customers to Sense, Feel, Think, Act, Free Press). 김앤김북스.

- 이온화(역)(2004), Horx, Matthias(저)(2003). 미래, 진화의 코드를 읽어라(Future Fitness, Germany: Eichborn). 넥서스.

- 이진원(역), Vejlgaard, Henrik(저)(2008). 트렌드를 읽는 기술(Anatomy of a Trend, Confetti Publishing Inc.). 비즈니스북스.

- 이학식, 안광호, 하영원(2015). 소비자행동: 마케팅전략적 접근. 집현재.

- 인터브랜드(2015). 의미부여의 기술. 엔트리.

- 인피니트 그룹(역)(2007), Schimitt, Bernd(저)(1997). 번 슈미트의 미학적 마케팅: 브랜드, 아이덴티티, 이미지의 전략적 관리(Marketing Aesthetics: The Strategic Management of Brands, Identity, and Image, NY: Simon & Schuster, Inc.). 김앤김북스.

- 정인식, 구승회(역)(2006), Roll, Martin(저)(2005). 아시아의 글로벌 브랜드 전략 과 과제 그리고 희망(Asian Brand Strategy How Asia Builds Strong Brands, Palgrave MacMillan). 시그마프레스.

- 정재학, 케빈 리(2015). 마케팅 성공사례 상식사전 삼성 기아 스타벅스 나이키 고 객의 마음을 훔친 56가지 마케팅 이야기!. 길벗.

- 조애리, 강문순, 김진옥, 박종성, 유정화, 윤교찬, 최인환, 한애경(역)(2008), Baldwin, Elaine; Longhurst, Brian; McCracke, Scott; Ogborn, Mies; Smith, Creg(저)(2004). 문화코드, 어떻게 읽을 것인가?(Introducing Cultural Studies, Pearson Education, Ltd.). 한울 아카데미.

- 채수환(역)(2014), Kahn, Barbara E.(저)(2013). 1초 안에 떠오르는 글로벌 브랜드의 성공 비밀: 끊임없는 성장을 위한 전략적 브랜드 관리(Global Brand Power Leveraging Branding for Long-Term Growth, Wharton Digital Press). 매일경제신문사.

- 최경원(2014). 디자인 인문학. 허밍버드.

- 최인영(2013). 브랜드디자인: 브랜딩을 위한 커뮤니케이션 디자인. 미진사.

- 추미란(역)(2015), Karjaluoto, Eric(저)(2014). 실용적인 비주얼 커뮤니케이션을 위한 디자인 방법론(Design Method: A Philosophy and Process for Functional Visual Communication. Pearson Education). 정보문화사.

- 홍성준(2005). 차별화의 법칙 소비자를 유혹하는 24가지 키워드. 새로운제안.

자료 제공자

- [그림 3] 자료 출처: 플래터즈 넛(Platers Nut) 회사의 브랜드 마스코트, www.Ligu.net

- [그림 6] 자료 출처: 말보로(Marlboro) 담배 잡지 광고, https://sosc111.wordpress.com/2018/02/13/the-marlboro-man/

- [그림 19] 자료 출처: 타이드(Tide) 세정제 패키지디자인, https://tide.com/en-us/shop/type/liquid/tide-original-liquid

- [그림 83] 자료 출처: 안나수이(Anna Sui) 패키지디자인, http://www.annasui.com/en/#/asclassic

- [그림 85] 자료 출처: 지안니노토(Gianninoto Associates) 광고 회사의 돌(Dole) 로고타이프, http://www.dole.com/AboutDole

- [그림 86] 자료 출처: 랜도(Landor Associates) 디자인 회사가 디자인 한 돌(Dole) 로고타이프, http://www.dole.com/AboutDole

- [그림 88] 자료 출처: 버버리(Burberry) 시그니쳐 마크, http://1000logos.net/wp-content/uploads/2016/10/Burberry-Logo-History.jpg

- [그림 90] 자료 출처: 미국 장모김치(Mother-in-Law's Kimchi (MILKimchi)) 패키지디자인, https://milkimchi.com/collections/kimchi

- [그림 102] 자료 출처: 맥도날드(McDonald's)의 브랜드 아이덴티티 마크, https://www.mcdonalds.com/us/en-us.html

- [그림 103] 자료 출처: 아마존(Amazon) 온라인 쇼핑몰 브랜드 아이덴티티 마크, www.amazon.com

- Artetype : Nicholas John Stevens Sankt Paulsgatan 28 B 11848 Stockholm, Sweden

- BURO-GDS Ellen Tongzho Zhao Elamine Maecha 8720 Eliot Avenue Rego Park, NY 11374 USA

- Cahan & Associates 477 Belvedere Street SanFrancisco, CA 94117 USA

- Carlos Zamora Design 1834 Lafayette Avenue St. Louis, MO 63104 USA

- Esseblu Via Antonio Cecchi 8 20146 Milano, Italy

- Fabrica Via Postioma 54/F I-31020 Catenadi Villorba-TV, Italy

- Frank + Victor Design North Lamar, Suite 2008 Austin, TX 78703 USA

- Hamagami/Carroll, Inc. 2256 Barry Ave. Los Angeles, CA 90064 USA

- Honall Anderson 710 2nd Avenue, Suite 1300 Seattle, WA 98104 USA

- Hyun-Jung Kim Fossil Richmond, TX, USA

- Ian Lynam Graphic Design 3-39-11 Hatagaya, Shibuya-ku Tokyo 151-0072 Japan

- Inyong Choi Hanyang University, Korea

- Jill Bell Brandlettering 9001 Pawnee Lane Leawood, KS 66206 USA

- John Coy Los Angeles, CA, USA

- Kame Design Joachim Müller-Lancé

- Meat and Potatoes, Inc. 10061 Riverside Drive. No. 788 Toluca Lake, CA 91602 USA

- Nanyang Technological University Jesvin PuayhwaYeo 50 Nanyang Avenue, 639798 Singapore

- Nathan Ezra Trimm 5931 Worth Street Dallas, TX 75214 USA

- Studio AND Jean-Benoit Levy 2278 15th Street, Apt. 4 San Francisco, CA 94114 USA

- Subcommunication 24 Mont-Royal West Avenue, Suite 1003, Montréal, Québec, H2T2S2 Canada

- Tarallo Design Donald Tarallo 220 Bedford Street, Unit A9 Bridgewater, MA 02324 USA

- Todd Blank Design 1539 Filbert Street San Francisco, CA 94123 USA

- Tornado Design Al Quattrocchi and Jeff Smith 8800 Venice Blvd., Suite 216 Los Angeles, CA 90034 USA

감사의 글

이 책을 완성하는데 있어 감사해야 할 소중한 지인들이 많이 계십니다. 이 책은 제가 10대였을 때 경험한 다문화와 다인종 환경, 미국에서 외국인들과의 생활 경험, 다양한 배경을 갖고 있는 국내외 클라이언트들과의 소통 그리고 협력, 30년의 국내외 실무 경력, 20년의 국내외 교육 경력을 통해 만들어진 소중한 내용입니다. 이렇게 제 인생을 걸으면서 지켜온 소중한 지인들인 국내외 디자이너, 교육자, 제자들이 작은 대화에서부터 자료 제공까지 다양한 방법으로 이 책을 완성하는데 많은 도움을 주셨습니다. 제게 도움을 주신 한 분 한 분께 직접 감사의 인사를 드리고 싶지만, 짧게나마 글로 인사드립니다. 제 마음 속에 항상 소중히 간직하겠습니다.

이 책의 시작은 보셨지만 결과를 보지 못하시고 하늘나라로 가신 존경하고 사랑하는 어머님과 장모님께 감사와 사랑의 마음을 전합니다. 늘 든든한 마음의 후원자이셨고 영원한 사랑을 보여주셨습니다.

나와 인생을 함께하면서 내가 힘들 때 항상 내 옆에서 사랑의 마음으로 후원해 주며, 이 책에 필요한 지적인 조언을 아끼지 않았던 사랑하는 아내와 나에게 기쁨과 용기를 주며, 감성이 풍부한 사춘기에 '자기주도학습'을 터득한 자랑스러운 딸에게 감사와 사랑의 마음을 전합니다. 그리고 이 기쁨을 함께 하기를 원합니다.

그리고 항상 기도의 응답을 주시는 하나님께 이 모든 영광과 기쁨을 드립니다. 진심으로 감사합니다.